똑똑!

초등 연극 수업

어떻게*
하나요?

똑똑! 초등 연극 수업 어떻게 하나요?

초판 1쇄 발행 | 2019년 3월 8일
초판 2쇄 발행 | 2019년 6월 10일

지 은 이 | 오판진 외
펴 낸 이 | 정봉선
편집기획 | 권이준
편 집 장 | 황인옥
책임편집 | 유동근

펴 낸 곳 | 정인출판사
주   소 | 서울시 동대문구 천호대로 16가길 4
전   화 | (02)922-1334
팩   스 | (02)925-1334
홈페이지 | www.pjbook.com
이 메 일 | junginbook@naver.com

등   록 | 1999년 11월 20일 제303-1999-000058호
ISBN | 979-11-88239-16-0 93370

* 책값은 뒤표지에 있습니다.

똑똑!
초등 연극 수업
어떻게* 하나요?

•소꿉놀이 지음•

교육 연극 수업
어떻게 할까?

정인

차 례

머리말

이 책에는 교육연극을 통해 학생들을 성장시킬 방안을 연구하는 교사모임 〈소꿉놀이〉의 수업의 흔적들이 담겨있습니다. 2019년 3월부터 초등학교 5학년과 6학년 국어 교과에 연극 단원이 신설되고, 학예회 연극 지도에 관한 정보가 있어야 하시는 분에게, 『교육연극 수업 어떻게 할까?』가 절판되어 수업 설계에 관해 대답하려고 이 책을 쓰게 되었습니다.

2015 개정 교육과정에 근거하여 초등에서는 연극 활동으로 자신을 표현하고 타인을 이해하는 인문학적 소양의 성장을 위해 국어 수업에 총 30차시를 운영할 예정입니다. 5학년 2학기와 6학년 1학기, 2학기에 배정되었으며, 성취기준은 다음과 같습니다. (6국05-04) 일상생활의 경험을 이야기나 극의 형식으로 표현한다. 5학년에서는 즉흥표현에 초점을 두고 있으며, 공연을 목표로 하지 않습니다. 5-2 연극 단원의 학습 목표는 '여러 가지 마음을 다양한 방법으로 표현할 수 있다.'입니다. 6학년 1학기에는 희곡 쓰기에 초점이 있고, 희곡을 낭독하도록 하였습니다. 6-1 연극 단원의 학습 목표는 '우리 경험을 바탕으로 하여 극본을 쓸 수 있다.'입니다. 6학년 2학기에는 연극 공연에 초점이 있고, 연기와 무대에서 공연하는 경험을 하도록 하였습니다. 6-2 연극 단원의 학습 목표는 '극본을 읽고 연극을 할 수 있다.'입니다. 교과서에 제시된 연극 단원이 교육과정 자료인 것처럼, 책에서 만나게 될 연극 단원 실제 역시 교수 · 학습 자료로 활용하시면 됩니다.

학예회에서 연극을 공연하기는 쉽지 않습니다. 아이들이 연극 공연을 만들도록 지도해 본 경험이 없는 교사들은 더욱더 당황스럽습니다. 그래서 이 책에서는 소꿉놀이 선생님들이 경험한 학예회 연극 공연 지도 사례를 정리해 두어 참고하시도록 했습니다. 혹자는 연극 만들기의 일반론을 알려달라고 요청하지만, 그런 것은 없습니다.

연극 만들기 지도에 왕도는 없으며, 다만 경험담이나 팁을 드릴 수 있을 뿐입니다.

즉흥극으로 공연을 만들 수도 있고, 희곡에서 출발할 수도 있습니다. 또한 아이들이 만드는 공연은 부족하거나 실패해도 됩니다. 연극을 만드는 과정에서 더 나은 사람이 될 수 있도록 돕는 것이 우선이고, 관람하는 사람을 위해 최선을 다하면 됩니다.

소꿉놀이 선생님들은 철학과 방법으로써의 교육연극을 연구하며 다양한 수업을 시도해 왔습니다. 그래서 2001년에는 『아이들과 함께 하는 교육연극』을, 2008년에는 『교육연극 수업 어떻게 할까?』라는 책을 출판하여 그 내용을 선생님들과 공유했습니다. 그 후 10년간 연구한 수업 사례와 경향을 다시 정리해 보았습니다. 과정드라마나 토론연극, 스토리 드라마 등을 활용한 수업 사례도 있지만, 그것들은 내용이 방대하여 학위논문이나 전문도서를 찾아보시기를 권합니다. 앞으로도 소꿉놀이 선생님들은 '마치 ~처럼'이라는 연극적인 아이디어를 바탕으로 배움이 일어나고, 아이들을 성장시키고 삶을 변화시킬 수 있는 더 좋은 수업사례, 연극 만들기 사례를 찾아보겠습니다.

이 책을 만들기 위해 앞장서서 애쓰신 선생님들의 이름을 밝히면 오판진, 이주진, 오수민, 김정현, 장혜영, 이은열, 심영숙, 김인자, 정경혜 선생님입니다. 그 외 여러 선생님께서 함께 하셨는데 지면 관계로 생략함을 널리 이해해 주시기 바랍니다. 출판계의 사정이 좋지 않아 책을 내기가 쉽지 않지만, 흔쾌히 출판을 허락해 주신 정인출판사의 박찬익 대표님과 권이준 상무님께 감사드립니다.

이 책을 통해 선생님과 학생들이 더 많이 웃고, 즐겁고, 행복해지길 바랍니다.

2019년 2월
저자 일동

1막

교과서 속
연극 단원 만나기

선생님들이 연극의 의미를 찾아갈 수 있기를 응원합니다.

연극이란 무엇일까? 이번 2015 개정 교육과정에서 연극 단원이 인문학적 소양 교육의 일환으로써 자기 자신과 타인을 이해하고 표현하며 소통하는 활동을 중심으로 구성된 만큼, 연극을 가르치는 교사부터 연극을 어떻게 바라보고 가르칠 것인지 생각해 볼 필요가 있다. 그렇다면 다짜고짜 연기연습이라며 아이들에게 어른들의 막장드라마의 대사를 읊게 하거나, 보여 지기 위한 연극을 준비하려고 스트레스 받지 않아도 될 테니 말이다. 오늘날 연극은 기존의 극장, 연극 무대가 아닌 일상생활 속 장소에서 이뤄지는 장소 특정적 연극, 배우가 관객이자 관객이 배우인 관객 참여형 연극, 말없이 이뤄지는 마임극, 넌버벌 퍼포먼스 등 다양한 형태로 존재한다. 아이들이 연극을 꼭 '배우', '무대', '희곡' 세 가지 요소로 이뤄진 예술이라 한정짓기보다는 서로가 약속한 '허구'의 상황을 그대로 믿어주고 자신들의 생각과 의도를 드러내는 예술이라고 여겼으면 한다. 또한 꼭 드라마, 영화 속 연기자처럼 연기를 실감나게 잘하지 않아도, 아이들 자신의 일상과 생각을 허구의 상황 속에서 자연스럽게 드러내 보이는 것만으로도 충분히 예술이 될 수 있음을 느끼길 바란다.

연극을 가르치는 교사로서 아이들과 연극 수업을 하며 겪을 우여곡절의 순간을 꼽으라면, 다수 앞에서 표현하기를 주저하는 아이들의 참여도를 끌어내야하는 상황과 혼란스러운 교실 분위기 속에서도 수업을 이끌어가야 할 상황이 아닐까 싶다.

아이들이 성장할수록 외모에 대한 관심은 물론, 남들에게 보여지는 자기 자신의 모습에 대한 고민 또한 높아진다. 체면 차림이 많아지는 어른들일수록 적극적인 연극 수업은 더욱더 난항을 겪게 될 것이다. 따라서 연극 수업처럼 몸을 활용하고 표현 활동이 이뤄지는 수업에서 아이들의 적극적인 참여를 이끌어내려면 일단 구성원들 간의 친밀도를 높이고, 아이 입장에서 단독으로 자신에게만 주의가 모아지기보다는 다 같이 동시에 자기만의 움직임이나 표현을 할 수 있도록 교사의 배려가 필요하다.

또, 타인을 비하하거나 악질적으로 잔인한 이야기로 흘러가지 않고 다른 사람에게 몸과 마음의 상처를 주지 않는 선에서, 학급 구성원들이 드러낸 그 어떤 표현도 존중받는다고 느낀다면 아이들은 표현에 대한 두려움을 떨칠 수 있을 것이다. 간혹 잘하는 친구들이나 선생님의 시범을 보고서 학생들이 그대로 따라하거나 약간의 변형만 있는 일률적인 표현들로만 연극 활동을 채우는 경우가 종종 있는데, 이는 학생 자신이 드러내는 표현 방식이나 의미가 비난받거나 평가로 이어질까 두렵기 때문이다. 따라서 교사가 학생들의 표현을 보고서 그저 '움직임을 잘 나타냈다.'라고 평하기 보다는, '어떤 의미'를 드러내기 위해 '어떤 표현 방식'을 택했는지를 인정하고 수용하는 분위기를 조성한다면 아이들 저마다의 몸짓, 표정, 상황극 등 다양한 표현들을 감상할 수 있을 것이다.

무엇보다도 어떤 활동을 함께 시작했다가 멈추고, 다 함께 경청하는 태도가 전제되지 않는다면, 그 어떤 표현활동과 놀이도 재미를 잃게 된다. 평소 교사의 강압적인 분위기로 수업이 이뤄지는 경우, 연극 수업이 진행되었을 때 아이들은 갑작스레 획득한 움직임의 자유로움과 탁 트인 공간에서 과하다고 여겨질 만큼 에너지를 발산하는 경우가 있고, 반대로 교사가 아이들에게 지나치게 허용적인 경우, 집중력이 흐트러지고 연극놀이는 물론 연극을 함께 만들어가는 과정에서 학생들이 산만한 경우를 종종 목격하고 경험하였다. 학급의 민주성과 자율성에 따라 연극 수업의 질을 좌우할 수 있음을 꼭 알았으면 좋겠다.

안전하게 실수하고 망하는 법을 거듭하며 연극을 통해 자신만의 목소리를 내는 아이들을 보면서 선생님들이 연극 수업의 의미를 찾아갈 수 있길 응원한다.

1장   5-2학기 연극 단원 지도의 실제

💡 일상생활 경험을 극으로 표현하기

대상	초등학교 5학년 2학기 학생	
수업 목표	1. 여러 가지 마음을 다양한 방법으로 표현할 수 있다. 2. 연극이 무엇인지 알고 연극 속 인물로 표현할 수 있다. 3. 기억에 남는 장면을 즉흥적으로 표현하고 감상할 수 있다. 4. 인물의 마음이 드러나도록 이야기의 한 장면을 연극으로 만들 수 있다.	
수업 시간	총 3회기(블록수업으로 2차시씩, 총 6차시) 1회기(1,2차시): 물건과 몸짓으로 마음을 표현하며 연극 알기 2회기(3,4차시): 기억에 남는 장면을 즉흥 표현하기 3회기(5,6차시): 이야기 장면을 연극으로 나타내기	
관련 과목	국어	[6국05-04] 일상생활의 경험을 이야기나 극의 형식으로 표현한다. [6국01-01] 구어 의사소통의 특성을 바탕으로 하여 듣기·말하기 활동을 한다.

관련 과목	체육	[6체04-05] 주제 표현을 구성하는 표현 요소(신체 인식, 공간 인식, 노력, 관계 등)와 창작 과 정(발상, 계획, 구성, 수행 등)의 특징을 탐색한다. [6체04-06] 정해진 주제나 소재의 특징적인 면을 살려 신체활동으로 표현하는데 적합한 기본 동작을 다양한 상황에 적용한다. [6체04-07] 주제 표현 활동을 하는 데 필요한 다양한 표현 방법을 바탕으로 개인 또는 모둠별 로 작품을 창의적으로 구성하여 발표하고 이를 감상한다. [6체04-08] 주제와 관련된 다양한 표현 방식을 이해하고 자신의 느낌과 생각에 따라 창의적 인 방법으로 표현한다.
	음악	[6음01-05] 이야기의 장면이나 상황을 음악으로 표현한다. [6음03-01] 음악을 활용하여 가정, 학교, 사회 등의 행사에 참여하고 느낌을 발표한다.
	미술	[6미01-03] 이미지가 나타내는 의미를 찾을 수 있다. [6미01-04] 이미지를 활용하여 자신의 느낌과 생각을 전달할 수 있다. [6미02-01] 표현 주제를 잘 나타낼 수 있는 다양한 소재를 탐색할 수 있다. [6미02-02] 다양한 발상 방법으로 아이디어를 발전시킬 수 있다. [6미02-03] 다양한 자료를 활용하여 아이디어와 관련된 표현 내용을 구체화할 수 있다.
단원 성취 기준		(6국05-04) 일상생활의 경험을 이야기나 극의 형식으로 표현한다. (6국01-01) 구어 의사소통의 특성을 바탕으로 하여 듣기 · 말하기 활동을 한다.
단원 학습 목표		여러 가지 마음을 다양한 방법으로 표현할 수 있다.

차시별 수업 계획

차시	단계	학습목표	활동내용
1~2	준비	연극이 무엇인지 알고 연극의 재미 느끼기	〈마음을 표현하는 방법 알기〉 1. 물건이나 몸을 이용해 마음 표현하기 2. 종이로 감정 표현하기 〈마음이나 생각을 몸짓으로 표현하기〉 1. 그림 속 인물 되어 보기 2. 말과 몸짓으로 자신의 경험 표현하기 〈연극 알아보기〉 1. 연극 공연 봤거나 한 경험 말하기 2. 「돌장승 재판」을 감상한 후 인물을 파악하고 감정 표현을 알아차릴 수 있는 표현 요소 알아보기 3. 연극이 무엇인지 알아보기

차시	단계	학습목표	활동내용
3~4	연습	즉흥 표현하기	〈즉흥 표현하기〉 1. 기억에 남는 여행 장면을 정지장면으로 즉흥 표현하기 2. 기억에 남는 여행 장면을 움직이는 장면으로 즉흥 표현하기 3. 발표한 후 잘 표현한 친구 따라 하기 4. 학교에서 있었던 일을 떠올리고 나서 모둠끼리 움직이는 장면으로 표현하기 5. 상황에 어울리는 표정과 몸짓을 생각해보기 6. 거울 보며 연습하기
5~6	실연	이야기의 한 장면 표현하기	〈연극으로 표현할 이야기 만들기〉 1. 이야기의 장면 중 기억에 남는 이야기 브레인스토밍하기 2. 연극으로 표현하고 싶은 이야기 정하여 장면 써 보기 〈이야기 장면을 연극으로 표현하기〉 1. 이야기 장면에 등장하는 인물의 마음 이야기하기 2. 인물의 마음을 잘 드러내도록 표현하기 3. 소품 및 음악 정하기 4. 리허설 후 고치기 〈공연 및 감상하기〉 1. 모둠별로 공연하기 2. 공연한 후 소감 나누기

1-2차시   **물건과 몸짓으로 마음 표현하며 연극 알아가기**

1. 물건이나 몸을 이용해 마음 표현하기

실제로 그렇지 않지만, 그런 '척' 상황을 여기게 하는 즉, '연극 속 허구적 상황 인지'를 목적으로 실시하는 활동들이 몇 가지가 있다. 막대기, 보자기, 공 등을 실제 물건이 아닌 다른 형태의 물건인 척 활용하는 물체 변형게임 활동이 첫 번째다. 막대를 가지고 지휘봉, 볼펜, 창, 지팡이, 총, 엄숙함을 표현하거나 보자기로 양탄자, 선물보따리, 수건, 면사포, 좌절감, 날아간 기회를 나타내는 등, 아이들은 자신이 경험한 사회문화적 환경 속에서 드러나는 의미들을 가지고 물건을 변형시켜 표현할 수 있다.

두 번째로 교사가 어떤 장소 이름을 던져주면 아이들이 그 장소에 있는 무언가가 되어 몸으로 나타내는 활동도 있다. 예를 들어, 교사가 '레스토랑'이라고 말하면 아이들이 음식을 나르는 웨이터, 식탁, 의자, 손 씻는 세면대, 피아노, 주방에서 일하는 요리사가 되듯이 말이다.

또 아이들을 두 명씩 짝을 지은 후, 먼저 한 사람이 마음속으로 어떤 역할을 정해서 상대방에게 대화와 몸짓을 시작하면 상대방이 잘 관찰했다가 그 상황극에 대응하는 활동도 있다. 이 즉흥 상황극활동은 짝 활동이 익숙해지면 학급 단위로도 할 수 있다. 아이들이 큰 원으로 둘러서서 첫 번째 사람이 원 가운데에서 자신이 설정한 상황극을 펼치면, 두 번째 사람이 다른 상황을 설정하고 다른 인물이 되어 원 안으로 들어와 첫 번째 사람과 상황극을 한다. 이 때 먼저 원 안에 있던 첫 번째 사람은 새로 들어온 사람의 역할과 상황을 추측하여 같이 맞춰 상황극을 진행해야 한다. 세 번째 사람 역시 원 가운데서 벌어지는 상황과 다른 상황을 설정하여 어떤 역할을 띠면서 원 안으로 들어오면, 첫 번째 사람은 제자리로 돌아가고 두 번째 사람은 세 번째 사람이 설정한 상황과 역할을 파악하여 상황극을 잠시 이어간다. 이런 식으로 그 다음 사람이 자기 마음대로 상황을 설정하여 어떤 인물로 연기하며 들어가면 제일 먼저 원 안에 있었던 사람이 차례대로 제자리에 돌아가고, 남은 사람이 상대가 어떤 상황을 설정하여 어떤 역할로 들어오는지 잘 관찰하고 파악하여 그에 맞춰 즉흥적으로 함께 상황극 놀이를 하는 방법이다.

2. 종이로 감정 표현하기

종이로 감정을 표현하는 활동은 아이들에게 직관적으로 자신의 마음을 표현할 수 있어서 좋다. 이때 교사가 주의할 점은 대신 시범을 보이거나 설명을 하지 말고, 충분히 아이들이 직접 종이를 다루는 방법을 말하게 하고 다양한 색깔의 종이를 준비하여 선택의 폭을 넓히는 것이 중요하다. 무엇보다 왜 그 색깔의 종이를 택하여 그렇게 표현했는지 설명할 수 있도록 시간을 갖는 것이 이 활동의 핵심이라 여겨진다.

> 교사　"여러분들 앞에 있는 다양한 색깔의 종이 중 한 장을 골라주세요. 이 종이로 여러분들의 마음을 나타내 보려고 합니다. 종이를 어떤 식으로 나타낼 수 있을까?"
> 아이들　"접어요. 찢어요. 구멍을 뚫어요. 구겨요. 모양으로 오려요. 말아요. 접어요."
> 교사　"다양한 방법들이 있군요. 여러분 앞의 다양한 색깔 종이 중 한 장을 고르세요. 그리고 오늘 혹은 요즘 여러분의 감정을 종이에 어떻게 나타낼 것인지 한 번 생각해봅시다. 이따 친구들에게 보여주면서 왜 그렇게 나타내었는지 설명해주세요."

자신의 마음을 종이에 비유해서 표현한 것을 누군가가 경청해주는 경험을 다 함께 하고 난 후, 아이들은 자신과 다르게 표현한 친구들 작품(종이)을 보며 좀 더 자신의 의미를 어떻게 드러낼지 고민하게 된다. 어떤 아이들은 어떻게 표현할지 고민하다가 종이접기로 모양을 나타내기도 하고 어떤 아이들은 자신이 만들기를 못한다며 낙담하기도 하지만, 발표가 끝나고 나면 친구들의 기발한 생각과 마음을 듣고 감탄하기도 한다. 또 종이 색깔을 선택하게 된 이유를 들어보면 생각보다 개인의 경험에 따라 색에 대한 인식이 다름을 알 수 있어 재미있다. 같은 문화와 사회적 배경을 공유하여 색이 상징하는 의미가 비슷한 경우도 있지만, 그 색과 연관된 물건, 과일, 음식 등으로 인한 자신의 경험의 인상에 따라 의미부여하는 것들이 달라지곤 한다.

3. 말과 몸짓으로 자신의 경험 표현하기

원으로 둘러 앉아 이번에는 종이 대신 내 몸을 활용해서 최근에 즐거웠던 순간을 나타내보자고 한다. 잠시 눈을 감아 최근에 즐거웠던 순간을 떠올려 보자고 하자, "최근에 즐거웠던 적이 없는데요."라며 질문하는 친구가 있다. "몇 달 전, 몇 년 전에 즐거웠던 경험도 좋다"고 하고, "요즘 힘든 일이 많았나보네. 그래도 하루 중에 제일 기다렸던 순간을 떠올려보자."며 다독여 본다. 잠시 생각한 후, 먼저 발표해보려 손 든 친구부터 몸짓을 발표하고 다른 친구들이 맞춰 본다. 혹시 어떻게 할지 마음을 못 정한 친구들은 다른 친구들 차례를 돌아 이따 발표해보자며 차례를 잠시 미루되, 짧더라도 꼭 발표를 해서 모두가 함께 참여하게끔 하는 것이 중요하다. 누가 잘 하고 못 하는 것이 아니라 그저 함께 즐기는 것이 중요한 활동이다.

4. 연극 알아보기

연극을 보거나 직접 해 본 경험이 있는지 아이들에게 물어 보면, 문화적 경험에 따라 아이들의 반응이 저마다 다르다. 꼭 공연장이 아니더라도 학급, 학예회 등 다른 장소에서 경험한 것도 좋다고 허용하고 각자 경험을 돌아가며 들어본다. 그런 다음 '연극'이란 말을 들었을 때 떠오르는 키워드를 포스트잇에 한 장씩 적어보고 비슷한 내용은 세로로, 다른 내용은 가로로 칠판에 붙여 본다. 이 활동은 모둠끼리 브레인스토밍, 마인드맵 등으로 대체해도 좋다. 한 사람 당 포스트잇을 2-3장씩 나눠주고 적어보게 하면 '배우', '공연장', '연기', '재밌다', '계속 앉아 있어야 하는 것은 힘든데 연극이 재미있으면 좋다', '자신들이 보거나 알고 있는 연극 이름' 등 다양한 의견들이 나온다. 이런 의견들을 분류하여 교사가 짚어주며 정리하면서, '연극'이란 무엇이며 연극을 만들기 위해 쓰이는 연극 속 '배우', '무대', '소품'등의 용어를 체크할 수 있다. 무엇보다 연극 속 진행되는 이야기가 실제인 척 하는 '허구적 상황'이라는 점, 시간과 공간을 넘나들며 공연하는 사람과 관람하는 사람의 가상의 약속을 전제하여 보는 예술 형태라는 점을 인지하면 된다.

앞서 아이들이 '물건으로 마음 표현하기', '몸짓으로 마음 표현하기'활동을 통해 보여준 표현 장면 하나하나가 모여 자신들만의 연극이 될 수 있음을 알려주고, 자신들의 이야기를 짧고 즉흥적으로 표현해보는 활동이 다음 시간에 이어짐을 예고하며 마무리 한다.

3-4차시 ── 기억에 남는 장면을 즉흥적으로 표현하기

이 차시에서는 아이들이 무언가 계획적으로 의논하고 대본 작업을 하지 않고서도, 즉흥적으로 어떤 장면을 떠올려 몸으로 나타내는 것을 자연스럽게 익히도록 한다. 오랜 생각을 거치지 않고 바로 그 장면을 나타내는 활동을 다양하게 경험하는 것이 중요하다.

아이들이 원으로 둘러서서 준비 활동으로 '도미노 앞 사람 동작 따라 하기', '너 뭐하니?'활동을 다 같이 해 볼 수 있다. '도미노 앞 사람 동작 따라 하기'는 맨 처음 술래가 된 아이가 4박자에 맞춰 자신이 설정한 동작을 하면 술래 옆 두 번째 친구를 잘 관찰하고서 다음 4박자동안 따라하고, 다음 세 번째 아이는 자기 앞에 있는 두 번째 친구의 동작을 관찰했다가 다음 4박자동안 따라하는 활동이다. 즉, 자기 앞 사람의 동작을 잘 관찰하고 기억했다가 4박자에 맞춰 자신이 따라하고, 그 다음 사람에게 동작이 전달되는 활동이다.

'너 뭐하니?'활동은 술래로 지정된 첫 번째 아이에게 다른 아이들이 "너 뭐하니?"라고 물어서 첫 번째 아이가 "나 ○○해."라고 말하며 동작을 보여주면, 다른 아이들은 대답한 아이의 동작을 따라하는 활동이다. 예를 들어 한 아이가 "나 수영해."라고 말하며 수영하는 모습을 보여주면 나머지 다른 아이들이 그대로 수영하는 모습을 따라하는 것이다.

이 두 활동은 다 같이 어떤 상황 속 동작을 함께 함으로서 아이들에게 움직임에 대한 부담을 줄여주고, 즐겁게 활동에 참여하며 여러 가지 상황을 떠올릴 수 있도록 하는 준비활동이다.

이 준비활동을 끝낸 후 '상황별 정지장면으로 즉흥 표현하기'와 '상황별 움직이는 장면으로 즉흥 표현하기'를 진행한다. 교과서에는 자신이 되고 싶은 인물, 기억에 남는 여행 장면이나 학교에서 있었던 일을 떠올려 나타내게 활동이 구성되어 있는데, 학급에서 함께 읽어서 모두 잘 알고 있는 책 속 인상적인 장면을 추려서 나타내는 등 독후 활동과 연계지어 이 차시를 진행하여도 좋다.

'정지장면으로 나타내기 활동'을 효과적으로 잘 운영하려면 아이들에게 단순히 멈춰 서 있는 것이 아니라 어떤 동작을 하듯이 에너지를 담아 조각상처럼 멈춰 있으라고 안내하면 아이들이 극적인 정지 장면을 나타내는 데 도움이 된다. 손이나 발끝, 표정, 시선, 몸의 위치, 방향을 다르게 할 수 있으니 어떤 장면을 떠올려 그 행동을 행하기 바로 직전의 모습으로 멈춰 있으라고 한다. 그 상황에서 자신이 할 수 있는 말 한 문장 정도를 생각해 뒀다가, 정지 장면으로 멈춰 표현하고 있을 때 교사가 아이의 어깨를 터치하면 말할 수 있도록 약속한다. 2인 혹은 여러 명이 한 모둠이 되어 한 장면을 나타내고 각자 터치 받아 한 마디씩 말하면 자연스레 움짤 영상처럼 한 컷이 만들어 진다.

이 활동이 익숙해지면 '상황별 움직이는 장면으로 즉흥 표현하기'가 자연스럽게 진행될 수 있다. 모둠 중 활발하게 상황극 속 이야기가 진행이 되고 서로 약속이 잘 되는 경우 정지장면으로 표현하면서 자연스레 움직이는 연기 장면으로 이어지는 경우도 종종 있다. 간혹 어떻게 표현할지 준비시간 동안 제대로 정하지 못한 모둠이 생길 경우, 시간적 여유를 줄 수도 있지만, 어떤 장면을 나타낼 것인지만 서로 합의하고 즉흥적으로 나타내도 괜찮다고 조언해줘도 좋다. 아이들이 어떤 장면을 어떤 역할의 입장에서 나타낼 지만 정하고 즉흥적으로 표현하는 경험을 여러 번 하다보면 그 상황을 즐기게 된다.

모둠별로 발표한 후 잘 표현한 친구를 따라하는 방법도 좋지만, 장면 발표 후 모둠별로 어떤 장면을 표현하려고 했는지 설명을 듣고 나서 다른 모둠들이 그 장면을 잘 나타내기 위해 표정이나 동작, 동선에 대해 조언을 해 줘도 좋다.

교사	"방금 이 모둠이 복도에서 뛰다가 넘어져 선생님께 혼나는 장면을 나타냈는데, 어떻게 하면 혼나는 모습을 더 실감나게 보여줄 수 있을까?"
아이1	"고개를 숙이고 쭈뼛쭈뼛 천천히 걸어와요."
아이2	"안 들킨 척 코너에 숨어서 몰래 지켜보다가, 선생님한테 붙잡혀요."
아이3	"등을 한층 숙여서 작은 목소리로 죄송하다고 말해요."
아이4	"옆에 같이 걸린 친구가 먼저 뛴 친구를 조용히 째려봐요."

5-6차시 이야기의 한 장면을 연극으로 표현하기

아이들이 자신이 경험한 이야기를 바탕으로 연극을 만들 때, 이야기를 어떻게 장면으로 연출할지 모르거나 이야기가 주제 없이 중구난방으로 새는 경우가 종종 있다. 그래서 이야기를 연극으로 표현할 때 전달하고자 하는 주제를 잘 전달하기 위해서 인물 관계도를 함께 짜 보며 주요 인물들과 각 인물들 간의 관계를 탐색하기도 하고, 이 이야기에서 중요한 사건들을 추려 시간 순서를 재배열하기도 한다.

호주의 3·4학년 드라마 교육과정 중 드라마 예술 형식을 '만들어보기(making)'과정에 적용된 방법을 도입하여 다음과 같이 이야기를 만들어 보아도 좋다.[1] 일단 아이들은 자신이 나타내고 싶은 장면을 떠올린다. 예를 들어 '최근 자신이 가장 행복했던 장면은?'이라는 질문을 듣고 아이들은 한 장면을 마음속에 떠올린다. 그리고 그 장면을 다음과 같은 절차에 따라 글을 써 본다.

> 1. 누가 등장하나요? 다섯 단어로 설명하세요.
> 2. 언제, 어디인가요? 다섯 단어로 설명하세요.
> 3. 무엇을 하고 있나요? 다섯 단어로 설명하세요.
> 4. 그 전 장면에는 무엇을 하고 있었나요? 다섯 단어로 설명하세요.
> 5. 그 이후엔 어떤 장면이 이어지나요? 다섯 단어로 설명하세요.
> 6. 어떤 느낌인가요? 다섯 단어로 설명하세요.
> 7. 1-6번을 순서를 자신이 강조하고 싶은 순서대로 나열하세요.
> 8. 나열한 순서대로 각 번호별 문장을 적어 연결해보세요.

---

1 김주연(2017). 2015 개정 교육과정 국어과 '연극'단원의 구성 방향 : 드라마(drama)와 씨어터(theatre)의 통합에 기반을 둔 드라마 예술 형식. 한국초등교육, 28(4), 49-66.

이렇게 아이들 각자 이야기를 쓴 후 짝과 함께 자신의 이야기를 나눠 보고, 둘 중 인상 깊은 이야기를 선정한다. 그런 뒤 또 다른 짝 팀을 만나 이야기를 서로 나눈 후 역시 인상 깊은 이야기 하나를 선정한다. 이렇게 한 모둠을 몇 명으로 구성하든, 아이들이 자신들이 쓴 이야기를 서로 공유한 후 인상적인 이야기 하나를 선정하여 핵심 이야기 장면과 배역을 선정하면 좀 더 이야기에서 전달하고자 하는 주제, 느낌을 관객들에게 잘 전달할 수 있다.

이야기를 쓴 다음, 인물의 마음을 잘 드러내는 몸짓, 소품, 음악을 정해서 서로 즉흥적으로 연습하고 리허설 한 후 모둠별로 모의 발표를 한다. 이 때, 다른 모둠들이 팀별 모의발표를 볼 때마다 '인상적이었던 표현'과 '보완하면 더 좋을 표현'들을 적어서 각 모둠에게 전달한다.

💡 〈모둠별 연극 감상 후 상호평가 예시 답변〉

모둠	연극적 요소		연극에서 잘한 점	연극에 보완할 점
A 모둠	인물	연기 (동작)	표현력이 좋았다.	경찰이 오는 모습을 잘 표현해주었으면 좋겠다. 경찰이 올라가서 잡으면 좋겠다.
		목소리	목소리가 커서 잘 들렸다.	OO이가 목소리를 크게 했으면 좋겠다.
		대사	사투리를 써서 친근감이 느껴졌다.	경찰에 신고할 때 위치를 자세히 알려주면 좋겠다.
		분위기	자신감이 느껴졌다.	–
	이야기	이야기의 논리적 서사	통화 장면	청소부가 도망쳤으면 좋겠다. 경찰이 오는 시간이 넉넉하게 주어지면 좋겠다.
		이야기의 반전	반전 매력이 있다.	–
	소품	소품활용	소품을 잘 활용했다.	–
	소리	소리의 활용	–	소리를 보탰으면 좋겠다.
	느낌	기타	다 잘함	–

교사는 모의발표를 촬영해 뒀다가 다 같이 촬영 영상을 보며 모둠별로 친구들이 피드백해준 의견들을 공유한다. 그런 다음 모둠별로 충분히 수정할 시간을 주고 다시 발표하여 아이들의 소감을 듣는다. 이 과정에서 아이들은 단순히 연극을 '재밌었다. 별로였다.'로 평가하는 것이 아니라 어떤 부분을 수정하고 보완하면 자신들이 나타내고자 하는 장면을 더 극적으로 잘 나타낼 수 있는지 고민하고 집중하게 된다.

아이들은 연극을 준비하면서 자발적으로 필요한 재료를 구하고 자신들의 표현방식이 허용되는지 교사에게 물어보기도 한다. 각 모둠마다 소수의 의견대로 따르거나 여러 의견이 부딪쳐 합의가 되지 않기도 하고, 제법 난항은 있지만 각자의 의견이 조금씩 수렴되기도 하며, 서로 합이 잘 맞아 일사천리로 재밌게 연습하고 발표까지 마무리하는 등 연극을 준비하는 아이들의 모습은 다양하다.

연극 만들기 활동은 끝까지 자신들의 연극을 마무리하는 모습 자체만으로도 사실 대단하고 아이들 스스로 성취감을 맛볼 수 있는 과정이다. 하지만 교사로서 연극이 완성되는 과정과 결과를 모두 지켜봤을 때, 대체적으로 모둠원들의 의견을 민주적으로 수렴하고 끝까지 포기하지 않고 성실하게 준비한 팀의 연극 결과물이 다양하고 재밌었다. 아이들 스스로 자신의 이야기를 가지고 함께 연극으로 꾸며보는 경험 자체가 굉장한 협동능력과 의사소통능력, 문제해결능력을 필요로 하는 것이다.

미리 짜져 있는 대본을 연습해서 물 흐르듯이 연기하는 연극도 있지만, 아이들이 주체적으로 창작하는 경험이야말로 훌륭한 연극이라고 여겨진다. 때로는 그들의 준비과정을 지켜보면서 여러 번 울컥할지라도 따뜻한 시선을 유지하며 교사가 조력해준다면, 아이들이 기대한 것 이상으로 재미와 성취감을 찾을 것이다.

2장   6-1학기 연극 단원 지도의 실제

💡 희곡 쓰고 낭독하기

6학년 1학기 연극 단원은 아이들의 경험을 바탕으로 희곡을 쓰는 데 초점이 있다. 전체 수업 차시가 10차시인데, 그 가운데 7차시 동안은 희곡을 쓰고, 나머지 3차시에는 완성한 희곡을 공유하기 위해 낭독 공연을 준비하도록 설계되어 있다.

1. 아동극집 읽기

6학년 아이들 가운데 희곡의 형식을 잘 알지 못하는 이들이 많다. 그래서 연극 수업을 하기 전에 아이들이 희곡을 읽을 수 있도록 과제를 제시하거나 희곡을 읽을 수 있는 환경을 만들면 좋겠다. 희곡집을 판매하는 서점에 가서 아동극집을 살펴보고 직접 살 수도 있으며, 인터넷으로 검색한 후 구매할 수도 있다. 또한 학교 도서실에 희곡집을 여러 권 사 두도록 도서구입신청을 하고, 아이들이 이를 대출하여 읽어보도록 하는 것도 도움이 된다. 가령 서점에서 판매하고 있는 희곡집인 『교육연극 아동극집』에는 희곡의 분량이 적은 촌극이 많기 때문에 쉬는 시간 등 짧은 시간에 읽을 수도 있다. 아이들이 등장하는 인물 수만큼 친구들을 모아서 배역을 정한 후 함께 읽을 수도 있고, 배역을 바꿔가면서 읽어도 재미있다. 이런 희곡 읽기는 특히 6학년 1학기 수업과 밀접하게 연관되어 있다. 희곡에 관한 스키마를 형성해 주는 데 도움이 되고, 낭독 공연을 준비할 때도 참고가 되기 때문이다.

2. 대화체 일기 쓰기

아이들이 생활하면서 겪은 일들을 일기로 쓸 때 희곡 형식으로 쓰게 하면 희곡의 장르적 특성을 이해하는 데 도움이 된다. 희곡으로 쓰는 내용이 어떤 인물이 갈등을 겪으면서 사건이 전개되는 거라면 더욱더 좋은 희곡이라 할 수 있다. 특정한 갈등이나 사건 없이 친구와 나눈 소소한 대화만으로는 의미 있는 희곡이라고 말하기 어렵다. 그렇지만 인물 간의 큰 갈등이 없는 일상적인 삶의 모습이 담겨있는 글도 대화체 일기에 포함된다. 아이들이 이런 대화체 일기 쓰기를 몇 번 경험하면 희곡의 장르적 특성을 익히는 데 유익하다. 물론 아이들의 부족한 부분을 교사가 첨삭 지도하면 아이들은 희곡의 특성을 더 빨리 이해할 수 있다.

단원 성취 기준	(6국01-04) 자료를 정리하여 말할 내용을 체계적으로 구성한다. (6국05-04) 일상생활의 경험을 이야기나 극의 형식으로 표현한다. (6국05-05) 작품에 대한 이해와 감상을 바탕으로 하여 다른 사람과 　　　　　 적극적으로 소통한다.
단원 학습 목표	우리 경험을 바탕으로 하여 희곡을 쓸 수 있다.

차시별 수업 계획				
차시	단계	학습 목표	활동내용
1~2	준비	다양한 형식으로 표현된 작품 살펴보기	1. 다양한 형식으로 표현된 작품을 감상한 경험 떠올려보기 2. 다양한 형식으로 표현된 작품을 찾아 친구들과 이야기하기 3. 연극 공연 장면을 보고 이야기하기 4. 자신이 좋아하는 작품과 희곡을 관련지어 소개하기

3~4	연습	희곡의 특성 이해하기	1. 희곡의 특성을 생각하며 「희곡」 읽어보기 2. 「희곡」 읽고 내용 파악하기 3. 희곡의 특성을 생각하며 물음에 답하기 4. 희곡 일부분을 보고 무대 설명과 지문, 대사를 구분하여 다른 색으로 밑줄 긋기 5. 희곡의 특성을 문장으로 정리하기 6. 희곡의 특성을 친구들과 이야기 나누기
5~7	연습	일상적인 경험을 희곡으로 표현하기	1. 요즘 겪은 일 가운데 기억에 남은 일 떠올리기 2. 겪은 일 가운데 희곡으로 표현하고 싶은 경험 고르기 3. 희곡의 배경, 나오는 이들, 사건의 흐름 정리하기 4. 정리한 내용을 바탕으로 희곡 쓰기 5. 쓴 희곡을 친구들과 함께 읽고 수정하기
8~10	실연	희곡 낭독하기	1. 낭독 공연할 때 주의할 점 생각하기 2. 낭독 공연하기 위해 준비해야 할 일 알아보기 3. 낭독 공연을 위한 계획 세우기 4. 낭독 공연을 위란 준비물 만들고 연습하기 5. 낭독 공연하기 6. 낭독 공연 평가하기 7. 낭독 공연 후 소감문 작성하기 8. 단원 정리하기

1-2차시 다양한 형식으로 표현된 작품 살펴보기

1~2차시는 희곡이 동화나 영화, 텔레비전 드라마, 전기문 등 다른 장르와 어떤 점이 같고, 어떤 점이 다른지 살펴보는 데 초점이 있다. 그러나 이런 공부를 하는 데 2차시를 사용할 필요는 없을 것 같다. 1차시면 충분하고, 1-2차시 학습을 교실에서 바로 시작하기보다 미리 과제를 내주어 조사하게 할 수 있다. 그런 다음 교실에서 조사 내용을 종합하고 평가하는 등 정리하면 희곡의 형식을 이해하는 데 효과적이다. 만약 아이들의 조사가 미흡하다면 교사가 관련 자료를 준비하여 유인물로 배부한 후 비교, 분석하게 하는 방법을 사용할 수 있다. 예컨대 『옛이야기 희곡집』이 일반 서점이나 인터넷에서 판매되고 있는데, 이 희곡집의 희곡은 옛이야

기를 바탕으로 각색한 것이기 때문에 관련된 옛이야기를 찾아보고, 희곡과 옛이야기를 서로 비교 검토하도록 하면 된다. 이렇게 살펴봄으로써 3-4차시 수업 내용인 희곡의 특성 알기를 공부할 수 있다. 이렇게 희곡의 특성을 파악하는 데 시간을 적게 들인다면 희곡 쓰고 수정할 때 더 많은 시간을 사용할 수 있다.

그러나 만일 교과서 내용을 바탕으로 수업을 하고자 한다면 교과서에 제시된 학습 내용과 방법을 아래와 같이 참고하면 된다.

1. 다양한 형식으로 표현된 작품을 감상한 경험을 떠올려보기

특정 인물이 주인공인 이야기가 다른 형식으로 만들어지기도 한다. 가령『구름빵』이란 이야기는 애니메이션이나 책, 텔레비전 드라마, 연극 등으로 만들어졌다. 이처럼 한 가지 이야기가 여러 가지 형식으로 표현된 작품을 직접 본 경험이 있는지 생각해 보게 한다. 아이들은 책으로 읽은 이야기와 연극이나 영화 등으로 만든 이야기가 서로 어떤 점에서 같거나 다른지 생각해 본다.

2. 다양한 형식으로 표현된 작품을 찾아 친구들과 이야기하기

① 다른 형식으로 표현된 작품의 특징 알기 : 책은 종이로 만들어져서 곁에 두고 언제든지 펴서 볼 수 있고, 손으로 책장을 넘기며 읽는 것을 좋아해요. 연극은 배우들이 연기하기 때문에 살아있는 인물들을 만날 수 있고, 생동감이 넘쳐요. 영화는 영상으로 표현하기 때문에 시간과 장소의 제약을 쉽게 뛰어넘을 수 있어서 좋아요.

② 다양한 형식의 작품 가운데 좋아하는 형식 말하기 : 책을 읽으면 마음껏 상상할 수 있어서 좋아해요. 연극을 보면 배우들이 무대 위에서 직접 생생하게 표현해서 좋아요. 영화를 보면 시간과 공간을 뛰어넘어 마음껏 표현할 수 있어서 좋아요.

③ 직접 겪은 경험뿐만 아니라 인터넷이나 유튜브를 검색해 보는 것, 주변 사람들에게 질문하는 것 등 다양한 방법으로 찾아본다.

　-『마당을 나온 암탉』: 책, 연극(인형극, 창극, 뮤지컬 등), 영화 등

　-『강아지똥』: 책, 연극, 영화 등

　-『똥벼락』: 책, 연극(인형극, 그림자극, 창작판소리 등) 등

3. 연극 공연 장면을 보고 이야기하기

① 연극 관람 경험 말하기 : 공연장이나 학교 학예회, 학급에서 어른 배우나 친구들이 만든 연극을 본 경험 가운데 인상적인 사례를 말한다.

② 연극과 다른 형식의 작품은 어떤 관련이 있는지 파악하기 : 인물이나 서사는 같지만 표현하는 매체나 방법이 서로 다르다. 어떤 작품은 인물의 성격이나 사건이 조금 다르게 표현되어 있을 수도 있다.

③ 연극과 다른 형식의 작품은 무엇이 다른지 말하기 : 연극에서도 등장인물을 어떻게 표현하느냐에 따라 사람이 배우로 등장하는 연극, 인형극, 그림자극, 뮤지컬 등 다양한 유형으로 나눌 수 있다.

4. 자신이 좋아하는 작품과 희곡을 관련지어 소개하기

책이나 영화 등을 재미있게 본 경험이 있다면 그것을 희곡으로 만들어 학급에서 공연할 수도 있다. 창작동화나 옛이야기를 희곡으로 만들어 공연한 사례도 좋고, 영화나 만화, 웹툰, 그림 등을 희곡으로 만들 수도 있다. 이렇게 어떤 이야기라도 희곡으로 만들면 여러 사람이 같은 시간과 공간에서 그 이야기를 실감 나게 공유할 수 있다.

3-4차시 — **희곡의 특성 이해하기**

희곡의 특성을 이해하는 데 초점이 있는 3~4차시에는 교과서에 제시된 희곡을 바탕으로 공부할 수 있다. 교과서에 소개된 희곡은 희곡 장르의 특성을 잘 보여주는 자료이므로 수업 자료로 적절하다. 여기에는 희곡 앞부분에 포함해야 할 '제목, 작가이름, 때, 곳, 나오는 이들, 무대 설명'과 지문이나 대사 등이 잘 나타나 있다.

그러나 창작동화나 옛이야기와 같은 서사 자료를 희곡과 견주어 희곡의 장르적 특성을 이해하는 데 초점이 있는 수업을 하고 싶다면 다른 방법을 찾아야 한다. 아이들이 구할 수 있는 『은혜 갚은 까치』라는 책을 가져오게 하여, 『옛이야기 희곡집』에 있는 희곡 「은혜 갚은 까치」와 비교하여 다른 점을 발견하도록 수업하는 것도 도움이 된다.

(출처 : 『옛이야기 희곡집』 – 「은혜 갚은 까치」)

때 : 옛날

곳 : 깊은 산 속

나오는 이들 : 나그네, 어미 까치, 구렁이, 젊은 아낙, 새끼 까치 1, 2, 3

1장 버드나무 길

무대가 밝아지면 길가 버드나무에 까치둥지가 있다. 구렁이 한 마리가 까치를 잡아먹으려고
둥지로 기어 올라가고 있다.

어미까치	(새끼 까치 1. 2. 3이 있는 까치둥지 위에서 이리저리 날갯짓하며 큰 소리로 운다)
	깍깍. 깍깍. 깍깍~~~. 구렁이가 어린 새끼들을 잡아먹으려고 하고 있어요.
	누가 좀 살려주세요. 깍깍. 깍깍. 깍깍.
구렁이	(천천히 둥지로 올라가며) 스스스스스.
나그네	(활을 메고 있다. 까치 소리가 나는 쪽을 바라보며) 웬일이지? (유심히 바라본다)
	아니, 저게 뭐야? 가만히 두면 까치들이 죽겠는걸.
	(재빠르게 활시위를 잡아당겨 화살을 쏜다) 쌩!
구렁이	(화살에 맞아) 으악. (버드나무에 화살과 함께 박힌 후 축 늘어진다)
나그네	(이마의 땀을 닦으며 한숨을 쉰다.) 휴~ 다행이군. 다행이야.
	그나저나 이렇게 가다가는 해가 지기 전에 이 산을 넘지 못할지도 모르겠군.
	서두르자. (부지런히 걸어간다)
	(이하 생략)

그러나 교과서에 실린 희곡을 바탕으로 수업하고자 한다면 아래와 같이 교과서에 제시된
학습 내용과 방법을 참고하면 된다.

1. 희곡의 특성을 생각하며 「희곡」 읽어보기

아이들은 희곡을 읽을 때 처음부터 역할을 맡아 그 인물에 어울리게 읽으려는 경향이 있다.
그러나 그렇게 하지 않는 게 좋다. 희곡을 처음으로 읽으면 앞부분에서 짐작한 것이 맞지 않
아 수정해야 할 때가 있다. 그래서 두 번째 읽을 때부터 인물에 어울리게 읽는 게 좋다. 처음

엔 동화책을 읽을 때처럼 감정을 뺀 상태로 읽으면서, 희곡의 내용을 파악하고 인물의 성격이나 사건의 의미 등을 생각하는 게 좋다.

2.「희곡」읽고 내용 파악하기

아이들은 희곡을 끝까지 읽은 후 희곡의 내용에 관해 자기 생각을 정리하여 말해보고, 인물의 성격에 관해서도 의견을 나누도록 한다.
① 주인공이 누구인지 말하기
② 중심 사건은 무엇인지 파악하기
③ 인물은 어떤 장면에서 왜 그런 선택을 했는지 살펴보기

3. 희곡의 특성을 생각하며 물음에 답하기

희곡의 가장 큰 특성은 연극의 특성에서 나온다. 희곡은 연극을 위한 글이기 때문이다. 연극은 무대 위 인물의 행동과 말을 통해 관객에게 전달되는 예술이다. 희곡은 이를 문자로 정리하여 어떤 인물이 무슨 말을 하고 그에 따른 행동은 어떠한지 담아내고 있다.
① 희곡 앞부분에는 어떤 특성이 있는지 말하기
희곡 앞부분에는 희곡 전체에 관한 정보가 요약 정리되어 있다. 가령 희곡의 제목, 극작가 이름, 시간과 공간적 배경을 나타내는 때와 곳, 등장인물, 무대 설명 등이 그것이다. 이 부분을 읽어보면 이 희곡의 큰 특징이 무엇인지, 등장인물이 몇 명인지 등을 알 수 있어서 이 희곡으로 공연할 수 있는지 파악할 수 있다.
② 희곡에서 무대 설명과 지문, 대사의 특성 이해하기
희곡에 소개된 무대 설명에는 극작가가 생각한 공간적인 특성이 나타나 있다. 공연하는 사람은 이를 참고하되 똑같이 할 필요는 없다. 지문은 대체로 인물이 말하는 표정이나 태도, 움직임 등을 설명하기 때문에 대사 앞에 괄호로 묶어 소개한다. 대사는 인물의 말을 뜻하는데, 이를 통해 인물의 성격, 사건 전개, 복선 등을 알 수 있다. 가령 어떤 인물의 가벼운 농담 같은 대사들이 극 전체에서 중요한 의미를 나타내기도 한다.

4. 희곡 일부분을 보고 무대 설명과 지문, 대사를 구분하여 다른 색으로 밑줄 긋기

이런 밑줄 긋기 활동은 희곡의 구성 요소를 분류하는 데 도움을 준다. 역할을 맡아 공연할 때도 자신이 맡은 배역의 대사나 지문에 색으로 표시해 두자. 그리고 자기 대사와 연결된 다른 배역의 대사 가운데 주요 어휘를 표시해 두면 무대 위에서 상대 배우와 연기할 때 조화롭게 할 수 있다.

5. 희곡의 특성을 문장으로 정리하기

희곡은 연극 공연을 위한 글이다. 희곡의 사건은 인물의 대사와 지문, 해설을 바탕으로 전개된다. 희곡 앞부분에는 제목, 극작가 이름, 때, 곳, 나오는 이들, 무대 설명 등이 소개되어 있다.

6. 희곡의 특성을 친구들과 이야기 나누기

앞에서 문장으로 정리한 희곡의 특성을 친구들과 서로 이야기한다. 아이들은 잘못 알고 있는 게 있으면 누구 말이 맞는지 더 조사해 보고 협의한다. 그런데도 자기 의문이 해결되지 않으면 선생님께 질문한다.

5-7차시 │ 일상적인 경험을 희곡으로 표현하기

5~7차시에는 아이들이 실제로 희곡 쓰기를 수행한다. 자신이 겪은 일 가운데 기억에 남는 일을 떠올려 친구들과 함께하면 좋은 일을 고른다. 희곡을 쓰기 위해 자신이 선택한 일이 재미있으면서도 의미가 있을 때 가치가 높다. 희곡으로 쓸 일을 정했으면 그것에 관해 개요를 적어본다. 개요에는 때, 곳, 나오는 이들, 사건의 흐름 등이 포함되도록 한다.

희곡 쓰는 방법이 한 가지로 정해져 있는 것은 아니다. 가령 희곡은 혼자 쓸 수도 있고, 또한 둘 이상이 문자로 된 희곡을 먼저 써서 완성하기도 한다. 이렇게 희곡이 연기보다 먼저인 경우는 널리 알려진 희곡 쓰는 방법이다. 보통 이렇게 쓴 희곡을 바탕으로 연기 연습을 하여 공연한다.

그러나 이보다 더 좋은 방법으로 즉흥 표현을 바탕으로 희곡을 완성해 나가는 것이다. 공연할 내용에 관한 개요를 바탕으로 학생 가운데 임시로 배역을 맡아서 즉흥 표현을 한다. 그런 다음 즉흥 표현의 내용이 괜찮으면 채록하여 정리한다. 그런 다음 또 이어서 즉흥 표현을 하며 내용을 만들고, 수정 보완하면서 희곡을 만들어간다. 이렇게 하면 따로 배역 선정이나 연기 연습을 하지 않아도 된다. 그리고 즉흥 표현을 하는 과정에서 특정 역할을 여러 사람이 맡아서 하다 보면 누가 더 적절한 사람인지 파악할 수 있어 배역 선정도 쉽게 할 수 있다. 아울러 희곡의 내용도 더 수준 높고, 풍부해진다.

만일 교과서 내용을 바탕으로 수업하고자 한다면 교과서에 제시된 학습 내용과 방법을 참고하여 지도하면 된다.

1. 요즘 겪은 일 가운데 기억에 남은 일 떠올리기

집이나 학교 또는 다른 곳에서 있었던 자신의 경험을 떠올린다. 희곡으로 써서 공연할 만한 내용이 없으면 간접경험 가운데 선택해도 된다. 책이나 인터넷에서 알게 된 이야기도 좋고, 정말 찾을 수 없다면 상상으로 만들어낸 이야기도 좋다. 물론 상상일지라도 개연성이 있고, 의미와 재미가 있어야 한다.

2. 겪은 일 가운데 희곡으로 표현하고 싶은 경험 고르기

어떤 일을 선택하느냐 하는 문제는 무척 중요하다. 여러 번 생각해서 결정해야 한다. 인생에서 모든 선택이 중요하지만, 연극에서 보여줄 이야기도 잘못 선택하면 후회할 수 있기 때문이다. 깊게 생각하지 않고 결정하여 누군가에게 큰 상처를 줄 수도 있고, 무의미하게 시간만 낭비하는 이야기를 선택할 수도 있다. 반대로 평생 기억에 남을 아름답고 감동적인 공연이 될 수도 있고, 한 번쯤 생각해 볼만한 가치가 있는 공연을 만들 수도 있다.

① 누구와 겪었던 일인가요?
② 언제 어디에서 겪은 일인가요?
③ 무슨 일을 겪었나요?
④ 그 경험을 희곡으로 표현하고 싶은 이유가 무엇인가요?

3. 희곡의 배경, 나오는 이들, 사건의 흐름 정리하기

때, 곳, 나오는 이들, 사건의 흐름 등을 표로 정리해보자. 책에 제시된 표의 칸이 좁다면 다른 종이에 따로 적도록 한다. 등장인물이 많더라도 각각의 성격이나 특징을 파악하여 자세하게 미리 정리하면 희곡을 쓰는 데 도움이 된다.

4. 정리한 내용을 바탕으로 희곡 쓰기

제목, 때, 곳, 나오는 이들, 무대 설명 등을 희곡의 형식에 맞게 표현하고, 인물의 성격에 어울리는 대사와 지문을 사용하여 희곡을 써 본다.

5. 쓴 희곡을 친구들과 함께 읽고 수정하기

다른 글도 그렇지만 희곡 또한 수정을 잘하는 것이 중요하다. 처음부터 완성도가 높은 희곡을 쓸 수는 없다. 먼저 쓴 내용을 함께 살펴보면서 의논하여 여러 번 수정하도록 한다. 이 과정을 여러 번 반복하면 희곡의 수준이 높아지고, 의미가 잘 전달될 수 있다.

8-10차시 희곡 낭독하기

8~10차시 수업의 주제는 완성한 희곡을 낭독하는 것이다. 이 단원의 초점이 희곡 쓰기에 있기 때문에 공연까지 하지 않아도 된다고 전제하고 있다. 아이들이 공연할 때 대사 암기를 부담스러워하기 때문에 이를 고려한 선택으로 보인다. 그러나 주어진 3차시만으로도 아이들이 대사를 암기하여 공연을 할 수 있다. 만약 연습할 시간이 더 필요하면 7차시 이후로 연극 단원 수업은 멈추고, 다른 단원 수업을 진행하면 된다. 대략 1주일쯤 다른 단원 수업을 한 후 연극 단원에 주어진 3차시를 리허설과 공연 및 평가로 진행할 수 있다. 1주일간 다른 단원 수업을 할 때 중간놀이나 점심시간 등을 활용하여 아이들이 연기를 연습하며 대사를 암기하도록 한다. 아이들이 공연 준비를 위해 필요한 시간은 교사가 설계하기 나름이기 때문에 충분히 가능하다.

그리고 어른 배우의 낭독 공연을 살펴보아도, 대사를 외우지 않고 희곡을 보면서 낭독을 하는 경우도 있지만, 대사를 암기하여 연기하는 경우도 많다. 대사 암기와 연기 연출은 물론 소품이나 의상, 분장, 음향 등 관련 스태프 분야를 준비하여 함께 할 수도 있다. 중요한 점은 낭독 공연을 할 때 아이들의 연극 공연 능력의 차이를 인정하고, 이를 반영하는 것이 필요하다는 점이다. 가령 같은 장면에서도 어떤 아이는 대사를 암기하여 연기하고, 다른 아이들은 대사를 보면서 낭독하도록 하면 수준별 수업이 진행되는 것이다. 아이들의 수준을 고려하지 않고, 교사가 무리하게 통일하려고 하지 않으면 된다.

만일 교과서 내용을 바탕으로 수업하고자 한다면 교과서에 제시된 학습 내용과 방법을 참고하면 된다.

1. 낭독 공연할 때 주의할 점 생각하기

아이들이 문자로 된 희곡을 손에 들고 보면서 읽는 방식으로 낭독 공연을 진행할 수 있다. 이때 의자에 앉아서 해도 되고, 서서 해도 된다. 배역에 어울리게 표정과 동작으로 나타내면서 해도 된다. 또한 상대 배역을 바라보며 낭독 공연을 하면 더 실감나게 할 수 있다. 대체로 자신감이 강하고, 노력한 사람이 낭독을 잘 한다.

① 관객에게 들리도록 큰 목소리로 낭독하기 : 발성, 발음 훈련을 한 후 자신감을 가지고 낭독하면 된다. 자기 역할을 여러 번 연습하여 숙달될 필요도 있고, 낭독 공연을 놀이처럼 생각하여 실패해도 된다는 여유 있는 마음을 가져야 더 잘 들리게 낭독할 수 있다.

② 인물의 성격에 어울리게 희곡 낭독하기 : 인물의 성격을 잘 파악하는 게 중요하다. 그런 다음 자신이 아닌 희곡에 등장하는 인물을 표현하는 것이므로 자신의 본성을 표현하는 것이 아니다. 연기는 희곡 속에 있는 그런 사람을 내가 표현하는 것이다. 내 몸으로 표현해서 전달하는 것이기에 내가 책임져야 하는 말과 행동이 아니다.

③ 관람하는 사람의 적절한 태도 말하기 : 비록 낭독하는 아이가 작은 목소리로 낭독하더라도 관람하는 사람이 조용히 집중해서 보면 대체로 무슨 말을 하는지 들을 수 있다. 여러 가지 이유로 잘 들리지 않더라도 낭독 공연에 집중하려는 마음을 먹고 노력하면 된다. 어떤 아이는 자기 마음에 들지 않는다고 짜증을 내거나 화를 낼 수 있는데, 그러면 낭독에 집중하려는 좋은 뜻이 전달되지 않으니 주의해야 한다.

2. 낭독 공연하기 위해 준비해야 할 일 알아보기

교사는 낭독 공연의 유형에 대사를 암기하지 않고 하는 유형, 대사를 암기해서 하는 유형, 이 두 유형이 섞여 있는 유형 등 다양하다는 것을 안내한다. 아이들은 이 가운데 어떤 유형으로 공연할지 각자 스스로 선택한다. 아이들이 선택한 유형에 따라 준비할 것이 서로 다르게 된다. 자기 수준과 목표에 따라 여러 유형과 수준의 낭독 공연을 하면 된다.

① 완성한 희곡을 살펴보고 적절하게 수정하기
② 언제 어디에서 공연하는지 파악하여 필요한 것 준비하기
③ 음향, 소품, 의상, 분장 등 필요한 부분 준비하기
④ 대사를 암기하여 연기하고 싶으면 암기해서 연기하기
⑤ 발표하는 모둠별로 자기 수준에 어울리는 낭독 공연하기

3. 낭독 공연을 위한 계획 세우기

낭독 공연을 할 때도 계획을 세워서 하면 원활하게 진행할 수 있다. 공연에 필요한 준비물이나 필요한 역할과 이를 맡은 아이들의 배역 선정은 물론 스태프 관련 준비까지 다양하게 고려하고 준비한다.

① 낭독 공연에 필요한 준비물 목록 정하기
② 낭독 공연을 위해 필요한 역할과 맡을 사람 정하기

4. 낭독 공연을 위한 준비물 만들고 연습하기

역할 표현에 도움이 되는 소품이나 초대장, 의상이나 분장, 음향, 음악 등을 준비할 수 있다. 다만 아이들이 원할 때, 동기부여가 되었을 때 스스로 준비한다. 만약 희곡을 낭독하는 활동만 하고자 한다면 그렇게 하도록 하면 된다. 교사가 억지로 강요해서 특정한 유형의 낭독 공연을 하도록 해서는 안 된다.

5. 낭독 공연하기

낭독 공연의 발표 장소를 교실 앞으로 한정해서는 안 된다. 교실 어디든 원하는 장소에서 공연할 수 있게 해야 한다. 관람하는 아이들은 의자에 앉거나 교실 바닥에 앉아서 관람할 수도 있다. 이때 관객의 관람 태도와 예절에 관한 얘기도 해야 한다. 일반 공연장에서 공연 전에 하는 비상 대피로 안내, 휴대폰 끄기, 공연장 예절 지키기 등을 함께 진행하면 된다.

6. 낭독 공연 평가하기

국어 수업에서는 낭독 공연의 평가를 연출이나 연기력 등 연극의 예술적 측면에 주목하기보다 말하기, 쓰기 등 국어 능력에 초점을 두어 평가하는 게 적절하다. 아이들이 만든 희곡에 어린이의 삶과 고민이 담긴 일상의 경험이 적절하게 표현되었는지 살피는 것이 가장 중요하다. 그리고 맡은 역할에 어울리는 성격 표현이나 목소리의 크기와 어조 등이 어울렸는지도 평가 대상이다. 공연을 관람하는 아이들의 모습 또한 평가의 대상이다.

7. 낭독 공연 후 소감문 작성하기

낭독 공연 평가까지 모두 끝낸 후에는 아이들 각자 소감문을 작성하도록 한다. 소감문 쓰기를 통해 이 단원에서 공부했던 것을 분석하고 평가할 수 있도록 하면 아이들의 비판적 사고력이 향상되고, 연극에 관한 안목 또한 높아진다.

8. 단원 정리하기

교과서에 제시된 '되돌아보기'와 '생활 속으로'활동을 통해 단원 수업을 마무리한다.

3장	6-2학기 연극 단원 지도의 실제

💡 극본 읽고 연극하기

단원 성취 기준	[6국05-04] 일상생활의 경험을 이야기나 극의 형식으로 표현한다. [6국05-05] 작품에 대한 이해와 감상을 바탕으로 하여 다른 사람과 적극적으로 소통한다.
단원 학습 목표	극본을 읽고 연습할 수 있다.

차시별 수업 계획			
차시	단계	학습 목표	주요 학습 내용 및 활동
1~2	준비	연극의 특성을 생각하며 감상하기	1. 연극을 했던 경험을 떠올려 친구들과 이야기해보기 　– 연극이란 무엇일지 이야기해보기 　– 연극을 했던 경험, 느낌 공유하기 2. 연극「깨비가 잃어버린 도깨비방망이」의 등장인물과 줄거리를 살펴보기 3. 연극「깨비가 잃어버린 도깨비방망이」의 장면들을 보고 이야기가 어떻게 전개될지 생각해보기 　– 등장인물은 누구이고 어떤 역할을 하고 있을지 추측해보기 　– 인물의 표정을 보고 어떤 상황인지 생각해보기 　– 사진 속 무대효과는 어떤 것들이 있는지 찾아보기 4. 사건 전개 과정을 생각하며 연극「깨비가 잃어버린 도깨비방망이」를 감상해보기 5. 연극 장면을 떠올리며 극본「깨비가 잃어버린 도깨비방망이」를 읽어보기 　모둠별로 역할을 정하여 읽어보고 낭독극 형식으로 발표하기 6. 파란색으로 쓰인 부분에 주의하며 어떻게 표현하면 좋을지 생각해보고 극본「깨비가 잃어버린 도깨비방망이」를 실감나게 표현해보기 　해설, 지문, 대사의 3요소 알아보기

3~4	연습	극본을 읽고 감상하기	1. 인물의 특성을 생각하며 극본 「행복한 왕자」 읽어보기
			   – 반 전체가 돌아가며 읽어보기
			2. 「행복한 왕자」를 읽고 사건이 일어난 차례대로 정리해보기
			3. 「행복한 왕자」의 등장인물 가운데 한 인물이 되어 그 인물이 겪은 일을 묻고 답해보기
			   – 핫시팅 활동하기 : 왕자, 제비 등
			4. 「행복한 왕자」를 읽고 인물들 사이에 어떤 일이 있었는지 써보기
			5. 인물이 처한 상황을 친구들과 토론해보기
			   – 핫시팅 활동과 연관 지어 생각 나누기
			6. 「행복한 왕자」에서 인상 깊은 부분을 몸짓으로 표현해보기
			   – 정지장면(타블렛) 활동하기

5~6	연습	등장인물이 처한 상황에 알맞게 표현하기	1. 등장인물이 처한 성황에 어울리는 목소리로 표현하는 방법 알아보기
			2. 인물이 처한 상황에 알맞은 표정과 동작으로 표현하는 방법 알아보기
			   신체 활동 : 1:1·1:다 거울 놀이, 대장 찾기 놀이 등
			3. 연습한 대로 알맞은 표정과 동작으로 표현해보기
			4. 「행복한 왕자」를 연극으로 공연하기 위한 차례 알아보기
			   – 배역 정하기 → 극본 읽기 → 무대, 의상, 소품 따위를 준비하기 → 연습하기 → 무대에서 공연하기
			5. 「행복한 왕자」에서 모둠별로 연기할 부분 정해보기
			6. 모둠에서 배역 정하기
			7. 모둠별로 제작진이 되어 준비할 부분 정해보기

7~8	연습	연극을 공연할 무대 준비하기	1. 연극 공연을 꾸밀 때 무엇을 준비해야 하는지 생각해보기
			   – 무대 배경, 의상, 소품, 음악·효과음 등
			2. 연극 공연을 준비할 때 모둠이 해야 할 일 써보기
			3. 연극 제작진이 되었을 때 무엇을 준비해야 하는지 알아보기
			4. 무대 특성에 맞게 말하고 행동하려면 무엇을 고려해야 하는지 알아보기
			   – 무대 입퇴장 방향 알아보기
			   – 관객을 배려한 공연 준비하기
			5. 연극 공연 연습에 필요한 차례를 알아보고 연습해보기
			   모둠 → 전체 → 총연습
			6. 연극을 무대에서 공연하기 위해 모둠별 차례를 정리하기

9~10	실연	무대에서 연극 공연하기	1. 연극 「행복한 왕자」 공연하기 – 연극 관람 예절 알기 2. 연극을 공연하면서 잘한 점 칭찬해보기 3. 연극을 준비하고 공연하면서 느꼈던 점 쓰고 발표해보기 4. 정리하기

연극의 특성을 생각하며 감상하기

1. 마음 열기 : 연극을 했던 경험을 떠올려 친구들과 이야기하기

연극이 무엇인지 정의가 먼저 필요하다. 아이들은 '~한 척'했던 모든 행동을 연극이라고 생각한다. 그래서 연극놀이도 연극을 했다고 생각해서 경험을 이야기하기도 한다.

2. 연극의 장면을 보고 이야기가 어떻게 전개될지 생각해보기

예상 질문
이 연극의 등장인물은 몇 명이 있나요? 등장인물이 맡은 역할은 무엇이 있을까요? "깨비"는 누구일까요? 어떤 모습을 보고 깨비라고 생각을 하였나요? "족장"은 누구일까요? 왜 그렇게 생각을 했나요?
여러분이 예상한 역할과 일치하나요? "깨비"는 왜 저런 표정을 짓고 있을까요? 만약 인물들이 말을 한다면 어떤 대사를 할까요? 무슨 상황이 벌어지고 있는 장면일까요? "족장"은 누구일까요? 그렇게 생각한 이유는 무엇인가요?
무슨 일이 벌어지고 있는 걸까요? 등장인물 뒤에 있는 천막은 무엇일까요? "깨비"가 하고 있는 동작을 봅시다. 무슨 상황일까요? 천막에 그려진 그림은 나무 그림만 있을까요? 더 있다면 어떤 배경이 나타날 수 있을까요?

3. 연극 감상 : 깨비가 잃어버린 도깨비방망이

인간과 함께 공존하는 도깨비는 인간에게 자신의 정체를 들키지 않기 위해서 사람 앞에서는 사물로 변신한다. 특별한 도구와 효과 없이 사물을 흉내 내는 등장인물들의 마임을 보며 아이들은 도깨비들이 어떤 사물을 연기하는지 상상하게끔 한다. 깨비가 여행을 떠나는 장면은 천막을 돌리는 방법으로 천막의 그림들이 깨비가 달리지 않지만 달리는 것처럼 보이게 하고, 강을 건너지 않지만 건너는 것처럼, 식사를 위에서 바라보는 효과 등을 준다.

4. 낭독극 : 연극 장면을 떠올리며 극본 읽어보기

낭독극을 하기 전에 희곡의 3요소에 대해서 간략히 설명한다. 지문, 해설, 대사에 대해 먼저 설명해주기보다는 아이들이 평소 보던 글과 어떤 차이점이 있는지 알아본 후, 해설·지문·대사에 대해 설명한다. 해설을 보면 초에 불을 끄고, 다른 도깨비가 깨비를 잡아 거꾸로 드는 행위, 차랑차랑하는 소리 등 다양한 행동 지시가 나타난다. 하지만 실제로 친구를 들거나, 소리 효과를 넣지 않고 낭독으로만 표현해본다. 그럼에도 아이들은 이미 앞에서 영상을 봤기 때문에 본인들이 할 수 있는 동작은 흉내 내어 표현하기도 한다. 또, 넣고 싶은 대사를 더 넣어서 발표해보기도 한다. 모둠별로 연습을 한 후 돌아가면서 앉은 자리에서 발표해보고 어떤 점을 재미있게 잘 표현했는지 이야기한다. 단, 아쉬운 부분은 이야기하지 않는다. 아직 마음을 열기 위한 단계이기 때문이다.

3-4차시 　극본을 읽고 감상하기

1. 인물의 특성을 생각하며 극본 「행복한 왕자」 읽기

역할을 정해 읽지 않고 돌아가면서 순서대로 읽는다. 제비 역할을 맡은 아이가 제비 부분만 나오면 읽는 것이 아니라 반 전체가 해설, 인물의 대사 1, 인물의 대사 2, 해설… 대본에 나와 있는 순서대로 돌아가면서 읽는다. 아이들이 대사를 실감 나게 하는 것이 목표가 아니라 함께 읽으면서 이야기의 흐름을 파악하는 데 중점을 두도록 한다.

2. 극본 「행복한 왕자」를 읽고 이야기 파악하기

교과서를 보면 연극적 요소가 들어간 활동과 이야기를 파악하는 활동이 섞여 있다. 실제 수업을 할 때는 이야기를 파악하기 위해 사건이 일어난 차례대로 정리하기, 인물들 사이에 어떤 일이 있었는지 알아보기를 먼저 하고 난 후 연극놀이 활동을 하였다.

✐ 핫시팅 활동 : 극본 「행복한 왕자」의 등장인물 가운데 한 인물이 되어 그 인물이 겪은 일을 묻고 답해봅시다.

✐ 토론 활동 : 인물이 처한 상황을 친구들과 토론해봅시다.

핫시팅에서 인터뷰이 역할을 수행하는 인원을 1명이 아니라 2~3명으로 선발했다. 1명을 대표로 세워서 하면 부담스럽고, 제대로 된 답변을 못 할 수도 있기 때문이다. 빈 의자에 앉는 인원이 2~3명인 대신에 뒤에서 진행할 토론 활동도 엮어서 수업하였다. 토론의 절차를 맞춘

것은 아니지만 아이들이 질문하는 과정에서 질문에 이은 질문을 하면서 나라면 그렇게 하지 않았을 텐데 왜 그런 선택을 하였나? 란 물음을 가졌다. 다음은 아이들과 실제로 수업한 녹취록의 한 부분을 첨부한다. 녹취록 첨부한 것에서도 보듯이 아이들의 질문과 답변이 다른 방향으로 흐를 경우 교사는 이를 제지하고 교사 역시 핫시팅 활동에 참여한다.

교사	여기에 나온 등장인물을 이야기해볼까요? 누가 있었지?
아이 1	제비!
아이 2	왕자!
아이들	시장! 아이! 엄마, 성냥팔이…….
교사	(부르는 대로 칠판에 적는다) 여기서 주인공은 누구인 것 같아요?
아이들	왕자와 제비요.
교사	그러면 이 나머지 사람들은 조연이니까 필요가 없는 걸까?
아이 1	아니요.
교사	조연들이 꼭 있어야 주연도 이야기를 만들 수 있는 거겠지요. 조연이라고 해서 필요 없는 역할은 아니에요. 그래서 먼저 연극을 시작하기 전에 인물에 대해 깊이 알아볼 수 있는 인터뷰를 할 거에요. 인터뷰가 뭘까요?
아이 2	그 뭐냐, 사람한테 소감 같은 거…….
교사	사람들에게 질문하고 싶은 내용을 질문하는 거겠지. 하지만 왕자를 직접 초대할 수 있을까요?
아이 3	아니요. 연극하는 사람이….
교사	우리 반 안에서 왕자를 찾을 거야. 왕자 어디 있죠? (손을 들고 주변을 둘러본다.)
아이 2	저요.
아이 1	저요.
교사	자 우리 아이1이 왕자고, 아이 2도 왕자에요. 또 왕자. 우리 반에 왕자 한 3명 정도 있을 것 같은데.
아이 3	아이 5요.
교사	왕자 2명을 특별히 의자에 모시도록 하겠습니다.

의자를 끌고 와서 앞에 앉히고, 나머지 아이들은 그 앞으로 모여 앉도록 한다.

교사	자, 지금부터 질문을 시작할 건데 이 이야기에 관련된 내용을 질문해야지 이 왕자의 삶에 대해서 질문을 하면 왕자님도 놀라십니다. 예를 들어 무엇이 있을까요? 왕자님.......
아이 3	결혼하셨어요?
교사	왕자님, 결혼하셨어요? 왕자님, 여자 친구 있어요? 이런 거 안 됩니다.
아이 2	왕자님, 남자세요 이런 말 하지 마!
교사	이 내용과 관련된 거로 질문을 하시고 왕자님들 중에 준비된 사람이 먼저 답변을 하면 됩니다.
아이 1	안내면 진다 가위바위보!
아이 3	그, 불쌍한 사람이 3명밖에 없었나요?
아이 1	아니요. 많았죠. 근데 어쩔 수 없이 제비가 죽고 저도 어찌할 방법이 없어서…….
아이 2	다음.
아이 4	왜 마을 사람들은 왕자를 행복한 왕자라고 불렀나요?
아이 2	내가 한때 행복했었지.
교사	그건 대본에 나와 있지 않나? '살아있을 때 궁궐에서 행복하게 살아서 사람들은 나를 행복한 왕자라고 부르며 동상을 세워주었지.'
아이 5	제비 차례지?
아이 3	무슨 소리야. 왕자야.
아이 6	왜 보석이 3개 밖에 없어?
아이 1	궁궐에 더 많이 있지.
아이 2	나는 황금하고 루비하고 사파이어밖에 없었어. 질문, 질문 더 없습니까?
교사	제비는 빨리 이집트로 가야 하는데 붙잡으면서 부탁을 했잖아요. 제비가 죽을 수도 있는데 왜 그런 부탁을 하신 거예요?
아이 1	너야.
아이 2	나라고? 그 이유는 가까운 사람이 제비밖에 없었고 다른 사람들은 제 말을 못들을 게 뻔하니까, 가까이 있는 제비에게 부탁했죠. 제비가 죽어도 명예롭게 죽을 수 있으니까.
아이 3	제비를 계속 붙잡아둔 건 제비를 죽인 거잖아요.
아이 2	제비가 스스로 있겠다고 했잖아요. 저는 이제 가라고 했는데. 저는 왕자님을 지키겠습니다! 그래가지고.

아이 1	제가 최대한 동상이라서 막아주려고 했는데 제비가 안 들어와요.
교사	이상하다, 대답하는 거 보니 가짜 왕자 같은데요.
아이 3	'신과 함께' 영화에서 보면요, 간접적인 살인도 살인이라고 하는데.
아이 2	네. 저희 세계에서는 영화와 관련이 없습니다.
아이 4	제비가 있잖아요. 어떻게 금을 뗐죠?
아이 2	제가 뗐으니까요.
아이 4	어떻게 뗐냐고.
교사	그건 이따가 제비가 왔을 때 물어보세요.
아이 2	다른 질문 없습니까.
아이 4	왜 하필 성냥팔이 소녀와 작가와 아이를 도와줬어요? 불쌍한 사람들이 많은데.
아이 1	왜냐하면 가난한 사람 중에서 가장 착한 사람을 뽑기로 했는데 가장 착한 사람들이 그 3명이었어요. 아이도 불쌍하고, 아이는 일단 지금 어린데 사회도 모르는데…….
아이 2	다른 사람을 위해서 일하는 사람을 저희가 뽑았습니다.
교사	동상이 그 마을의 상징이잖아요. 가장 멋있게 있어야 하는데 보석을 떼버리면 더 이상 멋있지가 않잖아요. 보석을 뗄 때 아무 고민도 안 하셨나요?
아이 2	고민을 했었죠. 옛날 부귀영화를 누릴 때를 생각하면……. 그래도 다른 사람을 위해서 저희가 할 수 있다는 게 너무 뭐라 해야 할까, 고마우니까.
교사	하지만 보석은 영원하지만, 그 보석을 써버리면 더 이상 멋있지가 않잖아요.
아이 1	아니죠. 제 마음씨가 영원히 멋있으니까 영원하다고 할 수 있죠.
아이들	오~~.
아이 5	처음에는 제비한테 가지 말라고 붙잡았잖아요, 그런데 왜 나중에는 이집트로 친구들이 기다리니까 가라고 했어요? 제비를 보고 처음에는 하룻밤만 여기에 있어 달라고 했는데 제비가 왕자님 곁에 있으려고 하니까 왕자님이 빨리 가라고 했잖아요.
아이 6	빨리 가라고 한 게 아니라 그 전에 제비가.
아이 5	아 그러니까.
아이 2	조용히 해봐. 자, 다시 말해봐.
아이 5	제비가 처음에는 빨리 이집트로 간다고 했는데 왕자님이 붙잡았잖아요. 근데 나중에는 제비가 '왕자님의 발밑에서 얼어 죽을망정 왕자님의 곁을 떠나지 않겠어

요.'라고 했는데 왕자는 '아니야 얼마 안 가서 이 거리는 찬바람이 몰아칠 거야' 하면….

아이 2　당연히 제비의 목숨이 소중하니까 그랬죠.

아이 1　당연히 모든 생명이……

아이 7　근데 왜 처음엔 가지 말라고 했어요?

아이 2　그러니까 하룻밤만 해달라고.

아이 1　봐봐요. 하루라도 빨리 가면 눈보라를 조금이라도 피해서 다른 동굴 같은 것에 들어가서 피할 수 있는데 제 곁에 있으면 안 되니까 그렇죠.

아이 7　근데 왜 처음에는 붙잡았어요. 제비가 위험할 거라는 걸 알면서?

✏️ 정지화면 만들기 (타블로) : 극본 「행복한 왕자」에서 인상 깊은 부분을 몸짓으로 표현해봅시다.

극본 「행복한 왕자」에서 가장 인상 깊은 장면을 사진으로 나타낸다면 어떻게 나타낼지 모둠에서 토론해보고 정지화면 만들기를 한다. 사진을 찍는다고 생각하고 정지화면으로 나타내되, 모두가 역할을 가지도록 한다. 꼭 인물을 나타낼 필요는 없으므로, 보석 역할을 하거나 왕자가 가지고 있는 칼의 역할을 해도 된다. 정지화면으로 보여줄 때 아이들이 어떤 장면인지 모를 때도 있으므로 시간이 남는다면 각자 대사 한 문장 정도 생각해보라고 해도 좋다.

준비가 끝나면 관람객들의 구호에 맞춰 정지화면을 표현하는데 구호는 아이들과 함께 정했다. 사진으로 보여줄 때는 "하나, 둘, 셋, 찰칵!"동영상으로 할 때는 "레디, 액션!"으로 시작을 알렸다.

> **5-6차시**　**등장인물이 처한 상황에 알맞게 표현하기**

1. 교과서에 나타난 순서는 다음과 같다.

① 등장인물이 처한 상황에 어울리는 목소리로 표현하는 방법 알기

② 인물이 처한 상황에 알맞은 표현과 동작으로 표현하는 방법 알기

③ 연습한 대로 알맞은 표정과 동작으로 표현해보기

④ 극본 「행복한 왕자」를 공연하기 위한 차례 알아보기

⑤ 극본 「행복한 왕자」에서 모둠별로 연기할 부분 정하기

⑥ 모둠에서 배역 정하기

대본에 의지하여 목소리, 동작을 한정적으로 표현하는 것보다 놀이를 통해 자연스럽게 다양한 신체 활동을 끌어내도록 하였다.

거울 놀이	대장 찾기 놀이
〈 1대 1 거울 놀이 〉 2명씩 짝을 지어 한 명은 거울, 한 명은 사람 역할을 맡는다. → 사람 역할이 움직임에 따라 거울 역할은 사람의 움직임을 따라 한다. 〈1대 여럿이 하는 거울 놀이〉 사람을 맡은 1명이 나머지 전체를 향해 마주 보고 있는 대형으로 선다. → 사람 역할이 움직이면 나머지 아이들이 전부 따라 한다. ※ 사람 역할이 너무 빨리 움직이면 거울은 따라 하지 못한다. 천천히, 상대를 배려하며 움직이도록 유의한다.	술래 1명이 눈 감고 있는 동안 나머지 친구 중 대장 1명을 뽑는다. → 대장 1명이 하는 행동을 나머지 친구들이 술래가 모르게 똑같이 따라 한다.→ 술래는 대장이 누군지 추측하고 맞춰본다. ※ 대장은 동작을 4~8박자 안에 바꾸도록 한다.

발성 연습
아이들과 함께 목소리 크기를 몇 단계로 나눌 것인가 약속한다. 만약 5단계로 나누었다면 각 단계에 해당하는 상황을 생각해본다. 예시) 1단계 : 속삭이는 소리, 친구에게 비밀 이야기를 할 때. 두 손을 배에 가져다 대고 목소리 단계 크기에 따라 움직임과 힘이 어떤지 느껴본다. 교사가 준비한 문장을 입술을 움직여 발음한다. 긴 문장은 끊어서 발음한다. 공연을 발표하는 날까지 매일 아침 발성 연습을 한다.

① 연극놀이로 마음 열기 : 발성 연습 및 신체움직임을 활용한 놀이 (교과서의 ①+②+③)

② 극본 「행복한 왕자」를 공연하기 위한 차례 알아보기

③ 극본 「행복한 왕자」에서 모둠별로 연기할 부분 정하기

④ 모둠에서 배역 정하기

극본 「행복한 왕자」에서는 장소에 따라 6장으로 나뉘어 있어 모둠에서 문제없이 장면을 나누어 연습을 할 수 있다. 장마다 역할이 2~5개로 되어 있다. 이때는 모둠 수를 임의로 변경하거나, 일인다역을 하는 방법 등이 있다. 역할을 가지지 못한 아이들은 소품·조명 등을 맡는다.

연극을 공연하기 위해서는 연기자들만 있어야 하는 것이 아니다. 먼저 어디서 공연을 할지 아이들과 함께 의논하여 정한다. 본교에는 선택지가 시청각실, 강당, 교실이 있었는데 공연하고자 하는 장소가 작아질수록 준비할 것들이 적어진다. 장소는 준비 기간이 짧은 교실로 정하였다. 교사가 먼저 제시하기보단 되도록 모든 것들을 아이들과 이야기하여 정했는데, 무대 준비하기도 먼저 아이들에게 배우 이외 공연을 위해 필요한 역할에는 무엇이 있을까 물어보았다. 의상, 조명, 음향, 소품 등등……. 교과서에서는 각 장을 제작해주는 모둠과 각 장을 연기하는 모둠이 따로 정하게 되어있었지만 하나의 이야기를 공연하는 과정이므로 함께 할 수 있는 부분은 다 같이 준비하고, 각 장에 따로 준비해야 하는 부분은 각 모둠의 배역을 맡지 않은 학생이 제작진을 맡아 무대를 준비하였다.

이 중 의상은 직접 우리가 옷을 만들 수 없으므로 입을 옷을 합의하여 정한다. 예를 들어 학생 신분의 배역을 맡은 아이들은 특정 색깔의 옷을 준비하고, 선생님은 자켓을, 특별한 역할을 수행하는 아이는 보자기나 눈에 잘 띄는 아이템을 준비하라고 알려준다.

조명은 장면이 전환될 때 배우들과 제작진이 무대를 준비할 수 있도록 꺼주는 역할, 음향은 필요한 효과음 또는 배경음을 USB에 저장해 필요한 순간에 트는 역할을 한다. 하지만 음향을 맡았다고 해서 음악을 마음대로 정하는 것이 아니다. 아이들과 넣으면 좋을 음악을 붙임쪽지에 써서 칠판에 붙인 뒤 의논하여 정한 뒤에 음향을 맡은 아이가 파일을 준비했다.

장소가 교실이었기 때문에 준비 기간이 오래 필요하지 않았다. 연극놀이에도 약속이 필요하듯이, 연극에도 약속이 필요하다. 아이들과 어디서부터 어디까지 무대로 활용할 것인지 정하고, 무대 이외의 공간은 배우와 제작진들이 준비하는 곳이니 어떤 행동을 해도 못 본 척하기로 약속했다. 모든 모둠의 제비역할은 알아보기 쉽도록 보자기를 망토처럼 두르기로 약속했다.

모둠별 연습이 끝나면, 예행연습을 한다. 이때는 각 모둠의 발표가 끝날 때마다 친구들이 피드백을 해주기로 했다. 하지만 우리는 전문 배우가 아니고, 연습 시간이 짧았기 때문에 단점보다는 잘한 점을 이야기하도록 했고 잘한 점 10가지를 이야기하면 아쉬운 점은 1가지만 이야기하도록 하여 아이들의 사기를 북돋웠다.

실제 공연을 시작할 때는 예행연습을 할 때처럼 모둠별로 끊지 않고 첫 번째 순서 모둠이 맡은 장면이 끝나면 조명이 꺼졌을 때 두 번째 모둠이 나와 준비를 하는 방법으로 하나의 연속적인 연극이 되도록 했다. 공연을 마치면 예행연습 때와 비교하여 어떤 부분이 발전했는지 이야기를 반드시 나누어 연극에 대한 부담감을 줄일 수 있도록 했다.

2막

학예회
연극 이야기

---

1. 학예회 연극 지도의 의미

학예회에서 연극 공연을 하는 학교가 많다. 학예회는 아이들에게 즐겁고 소중한 추억이 될 수 있다. 학예회에서 연극 공연이 교사와 아이들, 그 외에 관련된 사람들에게 어떤 의미인지 살펴보기로 하자. 먼저 학예회에서 연극을 공연하기 위해 준비해야 할 것이 무엇인지 궁금할 것이다. 이에 관한 답을 찾기 위해서는 먼저 학예회에서 왜 연극을 하는지를 생각해 보아야 한다. 그런 다음 누가 참여할지, 그리고 어떤 절차와 방법으로 준비해야 할지 알아야 한다. 교사가 준비하고 선택해야 할 일이 많으며, 보다 큰 보람을 얻기 위해서나 실수를 최소화하려면 어떻게 해야 하는지 궁금하지 않을 수 없다.

2. 학예회 연극 지도의 틀

 학예회 연극 지도의 목표

학예회 연극 지도의 목표는 여러 가지 기준을 근거로 설정할 수 있다. 이 글에서는 학습자 중심으로 규정할 것인지, 아니면 교사나 교장, 학부모와 같은 어른 중심으로 할 것인지에 따라 달라지는 점을 지적하고자 한다. 학습자 중심으로 할 경우, 준비하는 과정과 공연 자체를 모두 교육의 과정으로 보고, 모든 순간의 준거와 목표를 학습자의 성장과 행복을 최우선으로 생각할 수 있다. 반대로 어른 중심으로 할 경우, 과정보다는 결과에 초점을 두는 경향이 있다. 그래서 어른의 입장에서 보면 연극을 준비하는 과정은 공연이라는 결과를 이루기 위한 고난의 과정이 될 수도 있다. 현실적으로 연극을 준비하는 교사는 이런 이상과 현실 사이에서 어떤 선택을 할 수밖에 없다.

학예회 연극 지도를 통해 무엇을 이루고자 하는지 분명히 해야 한다. 여기에는 교사의 교직관이나 인생관, 학생관 등 다양한 관점과 교사 개인의 다양한 경험이 관여한다. 따라서 정답은 없고, 다양한 사례와 장, 단점이 있을 뿐이다. 보다 나은 학예회 연극 지도의 목표를 수립하기 위해 끊임없이 시행착오를 반복하는 노고가 반복되어야 한다고 본다.

 학예회 연극 지도의 절차

참여자 선정 → 참여자 역할분담 → 연습 → 공연 및 평가회

참여자 선정

① 극작가 – 공동창작의 경우에도 책임자는 필요하다. 공연을 진행하는 과정에서도 대사와 장면은 계속 수정하는 것이 좋다.

② 연출자 – 아이들을 잘 이끌고, 통합하는 리더십이 있는 학생이 적임자이다.

③ 배우 – 아이들 전체의 의견을 반영하는 방법이 좋다. 전문극단의 배우 선택과는 다르다고 본다.

④ 스태프 – 아주 작은 역할이라도 맡도록 하고, 한 가지 영역을 두 사람 이상이 함께 할 수도 있다.

참여자 역할 분담

① 희곡 결정 – 희곡 선정과 공동창작으로 나눌 수 있다.

② 연출자 결정 – 함께 의논하여 다수결로 정하는 것과 학급 임원이 맡는 방법이 있다. 연출은 다른 역할을 전혀 맡지 않고 총괄하도록 한다.

③ 배우 팀 – 1인2역(배역은 많은데 배우가 적을 경우), 2인1역(더블 캐스팅 : 2회 이상 공연할 경우와 갑자기 학생이 결석할 경우에 대처할 수 있음), 트리플 캐스팅(3회 이상 공연할 경우)

④ 스태프 팀 – 의상, 소품, 음향, 무대 장치 등

연습 진행 절차

① 대본 읽기

　– 내용 파악을 위한 읽기 : 인물의 성격에 어울리게 읽지 않고, 줄글을 읽듯이 읽는 것을 말한다.

　– 배역을 맡아 읽기 : 인물의 성격에 어울리게 감정을 표현하며 읽는 것을 말한다.

② 큰 동선 만들기

　– 무대의 크기와 등, 퇴장로 결정

　– 무대에서 공간 분할과 이동의 규칙

　– 주요 인물과 보조 인물의 위치 정하기

③ 작은 동선 만들기

　– 인물 상호간의 관계에 집중하기

　– 인물에 어울리는 동작과 표정 표현하기

④ 스태프와 함께 연습하기

– 막과 조명 고려하여 연기하기

– 음향과 소품, 의상에 어울리게 연기하기

– 마이크 사용과 녹음의 문제(육성으로 공연할 것인지, 아니면 무선이나 유선 마이크를 사용할 것인지, 녹음을 해서 공연할 것인지, 연기 팀과 성우 팀으로 나누어 할 것인지 등에 따라 달라질 수 있다.)

⑤ 총연습

– 관객들이 이해할 수 있게 천천히 말하고, 똑똑한 발음을 위해 노력해야 함.

– 음향이나 조명 등 스태프와 배우가 조화를 이루도록 해야 함.

공연 및 평가회

① 공연

– 아이들에게 자신감 있게 무대에 서도록 하며, 집중할 수 있게 분위기 만들기

– 실수가 나오면 즉흥적으로 대응하고, 다른 배역이 실수할 경우 함께 해결해야 함.

② 평가회

– 공연에서 얻은 것과 장점 중심으로 정리하기

– 다른 친구의 잘한 점이나 고마운 점 찾아 공유하기

– 관련한 경험을 글이나 그림으로 표현하여 글로 표현하기

– 아이들이 노력한 점을 교사가 꼼꼼하게 칭찬해 주기

 학예회 연극 지도의 기법

준비 활동

① 꼬인 손 풀기

두 사람씩 시작하여 전체가 함께 할 수 있는 활동이며, 꼬인 손을 풀 수 있는 방법은 한 가지만 있는 것이 아니기 때문에 상황을 고려하여 활용한다.

② 조개와 진주

세 명이 한 모둠이 되어 '뛰어', '움직여', '불가사리'라는 지시어에 따라 이동을 하는 활동이다. 이 활동 이후 세 사람이 함께 하는 활동을 하는 것도 좋다.

③ 실과 바늘

두 사람이 짝이 되어 활동하면 좋다. 가상의 실과 바늘을 가지고 상대방과 함께 하는 활동이다. 이 활동은 두 사람 사이의 상호작용을 돕기 때문에 짝활동 이전에 실시하면 효과적이다.

④ 의자에서 일어나게 하기

고학년 학습자들에게 적당한 준비 활동이다. 이 활동이 좀 더 고등한 사고를 요구하기 때문이다. 6학년 가운데 시큰둥한 학습자들이 수업에 집중할 수 있도록 하는 특징이 있다.

연극놀이 활동

① 마네킹

한 사람은 마네킹 한사람은 주인이 되어 마네킹의 몸짓을 만든다. 마네킹을 주제에 맞게 움직여 전시해 보고, 서로 감상하고, 대화를 나누어 보자. (기쁨, 슬픔, 지루함, 분노, 소풍, 운동회 배고픔, 겨울 등) 역할을 바꾸어서도 해 보자.

② 해설이 있는 마임

여러분은 지금부터 씨앗입니다. 몸을 조그맣게 만들고 땅에 가깝게 낮춰 보세요. 무슨 씨앗이 될 것인지는 각자 선택하도록 하세요. (사이) 무슨 씨앗이 되었는지 궁금한데요, 한 번 확인해 볼까요. 얼음! (아이들 몇 명에게 질문한다) 무슨 씨앗이죠?

③ 설명이 있는 마임 (활동 내용을 학생에게 먼저 모두 알려주고 스스로 내용을 구성하며 하는 활동으로, 고학년이나 '해설이 있는 마임'을 해 본 학생이 하기에 적절함)

숲 속에 사는 구렁이 역할을 해 봅시다. 먹을 것을 찾아 숲 속을 헤매던 구렁이는 배가 고픕니다. 1부터 30까지 천천히 세는 동안 구렁이는 세 가지 먹이를 찾아내어 잡아먹습니다. 무엇을 먹었을까요? 어디에서 무엇을 하고 있는 어떤 먹이일지 상상을 하여 표현해 보세요. 준비되었으면 시작하세요. 시작!

④ 역할 내 교사

교사가 특정한 역할을 맡아서 연기를 함으로써 학습자들이 편안하게 연극놀이에 참여할 수 있도록 하는 활동이다.

(예시) (교사가 앞문에서 쿵쿵 걸어들어오며) " 나는 거인이다. 어디에서 사람 냄새가 나는 것 같아.(냄새를 맡으며) 어린 아이 같은걸."

⑤ 물체 활용 마임

어떤 물체의 특징을 파악하는 관찰력과 그것을 응용하는 상상력을 기르는 마임 놀이이다. 주위에서 쉽게 구할 수 있는 물체를 이용하는데 연필, 훌라후프, 손수건, 보자기 따위 같은 물체들이 소재가 될 수 있다.

⑥ 핫시팅(뜨거운 의자)

뜨거운 의자에 앉은 아이는 책 속에 등장하는 인물이다. 학습자들은 뜨거운 의자에 앉아 있는 아이에게 자기가 궁금한 것에 대해 질문할 수 있고, 함께 토론을 벌일 수도 있다. 뜨거운 의자에 앉아 있는 아이가 대답하기 어려운 질문이나 내용인 경우 다른 아이가 대신 대답을 해 줄 수도 있다.

마임놀이 활동

① 풍선불기

손으로 풍선을 잡고 부는 모습을 표현하고자 한다. 실제로 풍선을 부는 것과 함께 풍선을 보는 것처럼 보이도록 표현하는 것 가운데 어느 것이 더 중요할까?

② 양치질

양치질하는 모습을 사실적이면서도 재미있게 표현할 수 있는 방법을 궁리해 보자. 실제로 양치질을 하면서 거울에 비친 모습을 열심히 관찰하는 것은 큰 도움이 된다.

③ 파리잡기

이 활동은 파리를 잡는 행동을 중심으로 이야기를 만드는 데 초점이 있다. 다음을 상상해보자. 파리를 잡기 전에 무슨 일이 있는가? 파리는 어떻게 잡을 것인가? 잡은 파리는 어떻게 처리할 것인가?

1장   무대 위 연극 만들기

💡 완성된 희곡을 활용한 학예회 연극 만들기

옛이야기 〈이야기 귀신〉 연극

차시별 주요 활동			
차시	단계	활동목표	활동 내용
1~2	희곡 읽기	희곡 읽고 내용 파악하기	1. 교사가 준비한 희곡 읽기 2. 희곡의 주제, 사건, 인물의 성격 등 파악하기 3. 다양한 역할 설명하기
3	역할 정하기	연출, 극작, 배우, 스태프 등	1. 역할 오디션 진행하기 2. 배역 표에 적어 내기

4~7	역할 연습	맡은 역할 수행하기	1. 역할 발표하기 2. 역할 수행하기(연기 연습, 스태프 등 역할 수행하기) 3. 희곡의 어휘나 내용 등을 수정하며 연습하기
8	리허설	공연 준비	1. 배우와 스태프가 어울려 리허설 진행하기
9~10	공연과 평가	공연 및 평가	1. 공연하기 2. 공연 평가하기
의상 소품			1. 보자기를 활용하여 '말', '물'등을 표현함. 　부직포를 활용하여 '나무', '우물'등을 나타냄. 2. 의상으로 사용할만한 한복을 친구에게 빌려서 사용함. 3. 검은 옷에 인물의 성격을 상징하는 표지나 소품을 　사용하는 것도 좋음.

1. 들어가는 말

3학년 학생 중심으로 하여 2학년 1명, 1학년 학생 2명이 함께 학예회 공연을 준비하여 2013년 10월 말에 공연했다. 동아리 활동을 저학년 전체로 구성하다 보니 1, 2, 3학년 학생들로 이루어진 연극반을 맡게 되었다. 1학기 때에는 연극놀이와 즉흥극, 마임 등을 하여 문제가 적었는데, 2학기에 학예회 공연을 해야 한다고 하니 한숨이 나오기 시작했다. 당연한 얘기지만, 학기 초 1학년 학생들은 희곡을 읽기는커녕 한글 해독이 안 된 상태여서 희곡을 읽기도 어렵고, 희곡에서 인물의 성격을 파악한 후 표현하기는 더 쉽지 않았다. 좋은 공연을 위해서는 줄거리가 탄탄한 희곡이 필수적이다. 그래서 교사가 직접 '이야기 귀신'이라는 옛이야기를 희곡으로 각색하여 공연하였다.

2. 공연의 성격 : 연극놀이를 활용한 공연

공연의 뼈대가 되는 서사를 탄탄하게 준비하기 위해 옛이야기를 각색하였다. 그렇지만, 물체변형 표현, 마임 등을 활용하여 상상과 상징을 적절히 활용하는 공연을 만들고 싶었다. 그래서 색깔과 관련한 표현 놀이도 해 보았고, 보자기로 이것저것 표현하는 시간도 가졌다. 그렇지만 인생이 그러하듯 공연을 준비하다 보면 처음에 교사가 기대했던 것과 달리 미처 생각하지 못했던 일들이 벌어진다. 하지만 아이들의 임기응변 능력과 창의력은 교사의 예상보다 훌륭했다. 아이들의 능력은 교사가 아이들을 얼마나 믿는지, 그리고 아이의 유연성을 얼마나 길러주는지에 달려있다는 것을 깨달았다.

3. 준비해야 할 것들

① 공연 시간

이 공연을 준비하면서 얻은 가장 큰 교훈은 공연을 준비할 시간을 넉넉하게 확보해야 한다는 것이다. 주요인물을 맡은 아이가 몇 주 동안 연습에 나오지 않아서 어려움이 컸다. 담임을 맡은 아이들이 아니라 다른 반 아이들을 모아서 공연하면 이런 일이 벌어질 수 있다. 심지어는 담임교사가 그 아이를 훈계하느라고 늦게 보내주는 바람에 연습할 시간이 부족하여 속상했던 일을 지금도 기억한다. 훈계를 하려면 당신 수업 시간에 하실 것이지, 공연을 앞둔 연극 동아리의 연습 시간을 빼앗다니 참 야속했다. 그만큼 공연을 준비하기 위해서는 절대적으로 물리적인 시간이 충분해야 한다. 공연 준비가 더디고 공연 연습할 시간이 없으면, 교사의 마음은 가뭄에 논바닥 갈라지듯 쩍쩍 갈라지게 된다. 앞에서 표로 제시한 공연 준비에 필요한 전체 차시는 10차시이지만, 가능하다면 더 많은 시간을 확보하여 연습할 수 있다면 완성도가 더 높아진다. 평소 연극적인 아이디어로 놀이나 수업을 진행한 경험이 많지 않다면 더욱 시간이 넉넉해야 한다.

② 공연 장소

공연 장소는 서울 ○○초등학교 체육관이었다. 체육관의 공간이 매우 넓었고, 아이들의 목소리는 작았기 때문에 무선마이크를 사용하는 게 좋을 것 같았다. 그래서 학예회 담당 선생님께 말씀드렸더니, 그렇지 않아도 무선마이크를 준비하였다고 했다. 무선마이크를 리허설과 공연일 이틀 대여하는 데 100만 원 내외가 들어갔는데, 다행히 우리 연극반만 사용하는 것이 아니라 다른 세 팀이 무선마이크를 사용하여 학교 차원에서 이틀간 대여하여 함께 쓰기로 했다.

그런데 다른 큰일이 벌어졌다. 처음엔 그런 문제가 생길 줄 예상하지 못했다. 리허설 할 때와 공연 당일 다른 팀에서 무선마이크를 사용할 때조차 문제가 없었기 때문이다. 그런데 막상 우리 연극 팀에서 공연을 하는데 '주인공'의 마이크에서 소리가 나오지 않았다. 그래서 3학년 아이가 연기하던 중 무선마이크를 꺼내서 이리저리 만져보는 일이 벌어졌다. 하하하. (식은땀이 줄줄) 당황스러웠다. 그런데도 무대 위에 있던 아이들은 당황하지 않고, 연기를 이어갔다. 무선마이크 소리는 들렸다 안 들리기를 반복했다. 공연은 그렇게 망해갔다. 그렇지만 아이들은 공연을 중간에 멈추지 않고, 끝까지 밀고 나갔다. 나는 그것이 고마웠다. 아이들이 실망스러워 울거나 속상해할까 봐 마음을 졸였다. 그러나 다들 웃으면서 공연을 잘 마무리했다.

이 공연에서 얻은 교훈은 무선마이크조차도 믿을 수 없다는 것이다. 그렇다고 대사를 녹음하여 사용하는 일은 하고 싶지 않았다. 그렇게 하면 전달해야 할 내용은 확실하겠지만, 공연의 생생함이 사라져서 생화가 아닌 조화를 보는 것 같은 느낌이 들기 때문이다. 비록 무선마이크 사용에 실패했지만, 준비해서 사용할 수 있다면 무선마이크를 사용하는 게 가장 좋다고 생각한다. 다만 공연 전에 무선마이크의 상태를 여러 번 확인하여 공연 중에 마이크 사고가 일어나지 않도록 해야 한다. 만약 이런 사고를 걱정하거나 준비할 수 있는 여건이 안 되면 대사를 녹음하여 사용할 수도 있다. 대사 녹음은 연습할 때 한 번 하고, 공연하기 며칠 전에 다시 하길 권한다. 공연을 준비하다 보면 배우들의 대사 사이에 동작과 움직임을 위한 여유가 필요하기도 하다. 이런 틈새를 해결하기 위해 공연일 며칠 전에 녹음을 다시 하는 게 좋다.

③ 참여자

참여자들이 저학년이었다. 3학년 6명, 2학년 1명, 1학년 2명. 1학년 아이 두 명 가운데 한 명은 외국에서 살다 들어와 우리말은 잘하지만, 한글을 몰랐다. 또 다른 1학년 아이는 수줍음이 심해 말을 거의 하지 않았다. 연극놀이를 할 때는 몰랐는데, 짧은 희곡을 복사해서 함께 읽어보려고 했을 때 1학년 아이가 한글을 잘 읽지 못한다는 것을 알게 되었다. 어차피 공연은 2학기이니 그사이에 달라지겠거니 기대하며 연극놀이와 즉흥 표현, 마임 등을 중심으로 1학기 연극 수업을 진행하였다.

1년 전에 5, 6학년 교과 전담을 하였기에 초등학교 저학년 아이들이 상대적으로 더 어리게 느껴졌다. 이렇게 아이들이 어리면 의사소통이 잘되지 않아 답답하기 마련이다. 거기다 공감 능력은 더 떨어져서 선생님이 어떤 생각과 느낌일지 전혀 개의치 않는 학생이 저학년에 유독 많다. 발달 단계상 그런 현상이 불가피한 것 같다. 그래서 나는 마냥 웃었고, 화를 낼 수 없었다. 그러나 내 속은 부글부글 끓어올랐고, 화산이 여러 번 폭발하였다. 그렇지만 그것은 내 마음속에서 그러할 뿐, 겉으로는 표현하지 않았다. 아이들이 모두 돌아간 후 나 혼자 교실에 있을 때 혼잣말로 투덜투덜했을 뿐이다.

④ 희곡 만들기

이번 학예회를 준비할 때는 아이들과 함께 희곡을 만들지 않았다. 공연을 준비할 수 있는 시간이 부족했기 때문에 희곡이 완성되어 있지 않으면 연기를 연습할 시간조차 없겠다 싶었다. 그래서 적당한 이야기를 찾아보다가 '서정오' 선생님의 옛이야기를 선택하였다. 공연 시간에 적당하다 싶은 내용과 분량, 등장인물 수를 고려하여 한 편을 골랐다.

'이야기 귀신'의 메시지는 이러했다. 서사의 진정한 의미는 읽거나 듣는 데 있는 것이 아니라 그것을 수용했으면 다른 사람에게 전해야 한다는 것이다. 구비 전승의 의미를 아이들이 이해할 수 있었으면 싶었고, 그것이 전통문화의 힘이라는 것을 공연을 관람할 다른 아이들과 공유하고 싶었다. 이 이야기는 함께 나누는 것이 중요하다는 생각, 혼자만 생각하는 것이 아니라 남도 생각하는 어린이가 될 수 있었으면 하는 바람에서 선택하였다.

4. 연습 일정과 절차

10월 말에 공연하기 때문에 9월 첫 주부터 연습을 시작하면 8번 만날 수 있었다. 그래서 첫날 연극놀이를 좀 한 후에 공연 희곡을 나눠주고 함께 읽었다. 아이들이 역할을 바꾸어서 한 번 더 읽었고, 이야기의 의미와 가치에 관해 대화를 나누었다. 그리고 다음 주에 역할을 정할 것이니 하고 싶은 역할을 몇 개 정해서 연습해 오라고 했다.

그래서 두 번째 만났을 때 오디션을 거쳐 배역을 정했다. 3학년이 주요 인물을 맡았고, 2학년이 해설, 1학년은 대사가 없거나 대사를 한 문장만 하는 역할을 받았다. 그런 다음 공연에 필요한 소품도 스스로 준비해야 한다고 말했다.

세 번째 만남에서는 배역에 어울리는 읽기에 초점을 두면서 등퇴장과 관련한 큰 그림을 그렸다. 오른쪽에서 등장하여 왼쪽으로 퇴장한다는 규칙을 정했다. 주인공이 말을 타고 이동하는 장면이 있는데, 말을 표현하기 어려우니 보자기 두 개를 연결하여 보자기 한쪽은 머슴이 잡고 말 머리처럼 끌고, 신랑은 가랑이 사이에 보자기를 놓도록 했다. 그런 다음 수줍음이 많은 1학년 한 명이 대사 없이 말꼬리를 잡고 흔들면서 표현하도록 했다.

그런데 네 번째 만남부터 문제가 생겼다. 주요 인물인 머슴을 맡은 아이가 우리 교실에 오지 않는 것이었다. 이유를 알아보니 학교 대표로 어디를 갔다고 했다가, 아파서 결석했다고도 하고, 또 무슨 일이 있다면서 3주 연속 빠졌다. 그러다 보니 연극 연습하는 데 어려움이 많았다. 몇 장면 연습하다가 소품 만들고, 또 기다렸지만 안 되겠다 싶어서 주인공을 맡은 아이에게 말했다. 머슴 맡은 아이를 점심시간에 만나서 둘이 개인적으로 연습을 하라고 말이다. 주인공을 맡은 아이는 알았다고 했지만, 실제로는 만나서 연습을 하지 않았다고 했다. 그러자 속이 더 답답해져서 나는 그다음 주에도 개인적으로 연습 좀 하라고 했다. 그러나 소귀에 경읽기로 아무 소용이 없었다.

다행히 공연하기 3주 전에는 출석하였고, 두 번은 연습할 수 있었다. 나는 화가 많이 났지만, 화를 낼 시간이 없었다. 그 시간이라도 아껴서 연습해야 했기 때문이다. 부직포로 나무와 샘, 감 등 몇 가지 소품을 만들어서 사용하고 나머지는 검은색 옷을 입는 것으로 하려고 했다. 그런데 내가 공연을 준비하는 얘기를 들으신 소꿉놀이 선생님 한 분께서 옛날 사람들의 의상과 갓 등 의상을 빌려주시겠다고 했고, 말머리도 만들어주셔서 큰 도움이 되었다.

그런데 또 한 번 문제가 생겼다. 리허설하는 날 등퇴장 약속 때문에 깜짝 놀랐다. 그날 처음 알게 된 일인데 모든 팀의 등퇴장은 우리 연극팀이 준비한 것과 반대로 한다는 것이었다. 얼마나 놀랐는지 모른다. 무대에 올라가기 전에 아이들에게 달라진 등퇴장에 관해 이야기를 해 주었다. 그런데 아이들은 별로 놀라지 않았고, 자기들이 알아서 하겠다고 했다. 초등학교 3학년들이 알아서 하겠다고 하니 내가 참 어이가 없었다. 이런 반응에 한 번 더 놀란 것이다.

5. 스태프 관련 준비

1학기 때 물체변형 놀이를 통해 보자기를 상징적으로 사용하는 것을 연습했다. 그래서 '말(馬)'을 표현할 때 보자기 두 개를 길게 연결하여 상징적으로 나타내자고 했다. 그리고 나무는 부직포를 잘라서 만들었고, 다른 옛사람들의 의상은 보자기로 표현하도록 했다. 끝으로 물이 나오는 샘을 표현할 때 부직포로 샘을 만들어 주고, 고동색으로 물 항아리를 만들어 사용하게 했다. 물은 마임으로 표현하겠거니 했는데, 하늘색 보자기를 어디서 구했는지 그것을 물 항아리에 천천히 담음으로써 액체인 물을 나타내었다. 이 부분에서 나는 깜짝 놀랐다. '아! 저렇게 표현할 수도 있구나!'

6. 마무리

여러 학년이 모여 공연하는 것은 어렵다는 것을 절실히 느꼈다. 누가 이런 방식으로 공연한다면 말려야겠다는 생각을 하게 되었다. 대사 전달 때문에 고민이 있을 때 무선 마이크를 대안으로 생각했는데, 여기에도 문제가 있을 수 있다는 것도 알게 되었다. 큰 비용을 지급해야 하는 선택임에도 결과가 나쁠 수 있다는 것을 실제로 경험하였다.

아이들이 발성, 발음 연습을 체계적으로 하면 효과가 있지만, 그런데도 대사 전달이 어렵겠다 싶으면 배역 선정을 할 때 목소리가 큰 사람을 뽑는 게 좋겠다. 하지만 학교의 체육관이나 큰 강당이라면 아이의 타고난 성량만으로는 감당이 어려우니 여전히 고민은 남는다.

이야기 귀신

때 : 옛날

곳 : 어느 곳

나오는 이들 : 해설, 신랑, 머슴(칠복), 소리 1, 2, 3, 신붓집 하인, 감나무, 샘물, 끝순이, 방석

해설   (조명이 해설자만을 비친다. 도화지에 큰 글씨로 제목을 써서 관객에게 보여준다) 옛날 어느 곳에 이야기 듣는 것을 좋아하는 아이가 살았어요. 밥 먹고 자는 것을 빼고는 늘 이야기만 들었어요. 그런데 특이하게도 이 아이는 이야기 듣는 것만 좋아하지 절대 다른 사람에게 들려주지는 않았어요. 다른 사람의 이야기를 들으면 종이에 적어 자기 주머니 안에 넣어두기만 했어요. 여러 해가 지나자 주머니가 가득 찼고, 아이가 총각이 되자 그런 주머니가 여러 개가 되었어요. 주머니 안에 들어 있는 이야기들은 갑갑했어요. 그렇게 오랫동안 주머니 안에 있다 보니 이야기들은 그만 귀신이 되고 말았어요. 그리고 총각이 장가가는 날 드디어 일이 터졌어요. (사이) 무슨 일이 벌어졌을까요?

암전.

1장 신부네 집 가는 길

신랑은 말을 타고 신이 나서 콧노래를 부르고 있다. 머슴은 그런 신랑의 말을 뒤따르며 걱정스러운 표정이다.

신랑   (콧노래를 부르다가 머슴을 보고) 따라올 필요 없다니깐. 어서 그만 집으로 가.

머슴   (걱정하는 목소리로) 도련님, 혼례 구경 좀 하게 해 주세요. 네.

신랑   허허허. 칠복이 좀 봐라. (사이) 너도 신부 얼굴이 보고 싶으냐?

머슴   (웃으며) 하하하. 예.

신랑   좋다. 그럼 네가 말의 고삐를 잡도록 해라.

머슴   (고삐를 단단히 잡고 신나게 걸어간다) 고맙다. 도련님.

조금 더 가니 홍시가 달린 감나무가 나온다.

신랑   칠복아, 저 감 좀 따 와라.

머슴   (못 들은 척하며 계속 간다)

신랑   어허. 칠복아. 멈추어라.

머슴   (말을 멈추며) 예, 도련님. 무슨 일이십니까?

신랑   (손으로 가리키며) 저기 홍시가 보이지 않느냐? 먹음직스럽게 익었구나. 얼른 가서 따오너라.

머슴   (감을 한 번 쳐다본 다음 말도 안 된다는 표정으로) 에에. 보기엔 저렇지만, 아직 덜 익었습니다. 저런 감 먹으면 곧바로 설사 시작합니다.

신랑   정말이냐?

머슴   정말이고, 말고요.

신랑   그렇더라도 한 번 보기라도 하자. 따오너라.

머슴   (망설이는 표정으로) 제가 이런 말까지는 안 하려고 했는데요, 실은 제가 며칠 전에 직접 겪었는데요. 저도 모르게 바지에 살짝 지렸습니다. (코를 잡으며) 냄새가 어떻게 나는지 ---.

신랑   (민망한 표정으로) 험험.

머슴   (신랑의 눈치를 살핀다) 혼례 올리다 말고, 옷에 실례하거나, 화장실에 다녀오실 수는 없잖아요?

신랑   (망설이는 목소리로) 쩝쩝. 맛있게 보이지만, 너 말도 그럴듯하니 어허 이를 어쩐다.

머슴   (신랑 눈치를 살피며) 그래도 정드시겠다면 따다 드리겠습니다. 따올까요? (감나무로 가려고 한다)

신랑   (불편한 표정으로) 아, 됐다. 그냥 가자.

머슴   (말을 끌고 가며 씩 웃으며) 예.

신랑   (말을 타고 가면서 다시 한번 감을 쳐다보며) 아주 잘 익은 것 같은데---. 아깝군. 아까워.

조금 더 가니 샘물이 나온다.

신랑	칠복아, 목이 마르는구나. 어디 물 마실 곳 없느냐?
머슴	(무시하며) 예- 도련님, 곧 신붓집에 도착합니다. 그곳에서 마시세요.
신랑	(헛기침하며) 험험. (머슴을 괘씸하게 생각하며) 저 녀석이. 집에 있으라니까, 따라와서는 날 목말라 죽게 하려고 그러나.
머슴	(묵묵히 말고삐만 쥐고 걸어간다)
신랑	(반가운 목소리로 크게) 칠복아, 저기 샘이 보인다.
머슴	샘은 무슨 샘이요? 제 눈에는 아무것도 안 보이는데요.
신랑	(손가락으로 친절하게 가리키며) 저, 저기를 봐라.
머슴	아, 저 샘물이요. (단호하게) 안 됩니다.
신랑	(놀라며) 안 되다니! 뭐가 안 돼. (말에서 내려 샘으로 달려간다)
머슴	(뒤따라가며) 도련님, 도련님.
신랑	(두 손으로 물을 떠서 마시려고 한다)
머슴	(신랑의 어깨를 머리로 들이받아 물을 쏟게 하며) 아이코.
신랑	(화를 내며) 너 지금 뭐 하는 짓이냐?
머슴	모르세요? 이 동네 팔복이 사건 정말 모르세요.
신랑	(더욱 화를 내며) 팔복이 사건이라니?
머슴	이 동네 사는 팔복이가요, 저 샘물 마시고 배탈이 났잖아요. 일주일간 일어나지도 못하고, 정말 죽다 살아났지요.
신랑	정말이야? (입맛을 다시며) 아- 정말 목마른데---.
머슴	제가 언제 거짓말하는 거 보셨어요?
신랑	(아쉬운 듯이 샘을 한 번 더 쳐다보고 말 있는 쪽으로 걸어간다)
머슴	조금만 참으세요.
신랑	(조금 걷다가 멈추며 놀란 표정으로) 어, 저기 저. 저것 좀 봐라.
머슴	뭐요?
신랑	저기 저 처자는 물동이를 머리에 이고 샘으로 가고 있지 않으냐?
머슴	(깜짝 놀라지만. 태연한 척) 하하하. 저거요, 밤골에 사는 끝순인데요, 소 먹이려고 물 떠가는 거예요. 사람은 못 먹어요.
신랑	(못 믿겠다는 표정으로) 그래. 사람은 못 먹고 소는 먹어도 된다고?
머슴	그럼요, 소나 돼지는 좀 더러운 물을 마셔도 탈이 없잖아요.
신랑	(머리를 까우뚱 거리며 생각을 한 후) 그건 그렇기도 하지. 그래, 칠복아! 혹시 모르니,

우리 소에게는 이 샘물 먹이지 마라.

머슴	(웃으며) 예, 도련님. 어서 말에 오르세요. 조금만 가면 신붓집이에요.
신랑	(체념하고 말에 오르며) 험험.
머슴	(말고삐를 잡고 웃으며) 이랴!

2장 신부네 집

신붓집에 도착한 후 신랑이 앞장을 서고, 머슴이 뒤따라 걸어간다. 신붓집 하인은 신랑이 앉을 자리에 방석을 놓고 있다.

신랑	이보시오.
신붓집 하인	예. 도련님.
신랑	내가 목이 말라서 그러니 물 좀 가져다주시오.
신붓집 하인	(놀리며) 허허허. 긴장되시나 봅니다. 허허허.
신랑	(머슴을 보며 핀잔을 준다) 이게 다 너 때문이다.
머슴	(신랑의 말에 신경 쓰지 않고, 방석을 유심히 살피고 있다)
신랑	(화를 내며) 너, 지금 뭐 하느냐?
머슴	(방석을 손으로 만져보며 혼잣말로) 그럼 그렇지.
신랑	(칠복이 뒤통수를 찰싹 때리며) 야, 이놈 칠복아!
머슴	(깜짝 놀라며) 아이코. 도련님.
신랑	(더욱 화를 내며) 너, 지금 뭐 하는 짓이냐?
머슴	(잠깐 아픔을 참은 후 약간 화를 내며) 이것 좀 보세요. (방석에 있는 바늘을 보여준다)
신랑	(깜짝 놀라며) 아니, 이게 무엇이냐? (바늘을 만져본 후) 네가 이걸 어떻게 알았느냐?
머슴	그게 말이죠. 사실 어제 도련님 목욕하실 때요. 도련님 주머니에서 나는 소리를 들었거든요.
신랑	(어리둥절한 표정으로) 주머니에서? 무슨 소리?
머슴	주머니에 갇힌 이야기들이요, 귀신이 되어서 도련님께 복수하겠다고 했거든요. 다른 사람에게 들은 이야기는 또 다른 사람에게 들려주어야 하는데, 우리 도련님은 그렇게 하지 않으니까요.

3장 신랑의 방

머슴   (조명이 들어오면, 방에서 신랑이 벗어놓은 옷가지를 정리하고, 빗자루로 쓸면서 청소한다. 청소하다가 이상한 소리가 들려 귀를 기울인다) 어— 무슨 소리가 들리는 것 같은데, 어디서 나는 소리지? (총각의 옷에 달린 주머니를 조용히 바라본다)

소리 1   (총각의 옷에 있는 주머니에서 나와서, 화가 단단히 난 목소리로) 내가 가만있나 봐라. 꼭 원수를 갚아야지.

소리 2   (주머니에서 나와서 의미심장하게) 내일 장가를 간다고 하니 드디어 때가 온 거야.

소리 3   (주머니에서 나온 후 맞장구를 치며) 그래 맞아. 다 생각해 둔 게 있지.

소리 1   자네가 생각해 둔 수는 뭔가?

소리 3   허허허. 자, 들어보게. (사이) 이 녀석이 말을 타고 신부 집으로 갈 때를 노릴 거야. 눈에 잘 띄는 곳에서 빨갛게 익은 홍시가 되어 달려 있는 거지. 그러면 입 안 가득 군침이 돌 거야. 따먹지 않고는 못 견딜걸. 이 녀석이 홍시를 따 입에 넣는 순간 나는 목을 꽉 막아버릴 거야. 어때?

소리 2   (반가워하며) 어, 그래. 좋은 계획이군. (사이) 나도 방법을 하나 찾아 두었는데 들어 볼 텐가?

소리 3   뭔데?

소리 2   만약에 그 녀석이 홍시를 먹지 않는다면 내가 맡겠어. 녀석이 지나는 길가의 샘물이 되어 있다가 나를 마시면 죽게 할 거야. 한 모금이라도 목구멍을 넘어간다면 위장에 들어가 배탈이 나게 만들어서 떼굴떼굴 구르다가 다시는 일어나지 못하게 만들겠어.

소리 3   그것참 훌륭하군. 허허허. 길을 가다 보면 틀림없이 목이 마를 테니깐. 하하하. (소리1에게) 자네는 뭐 생각해둔 게 없나?

소리 1   두 가지 계획이면 충분하겠지만, 만에 하나 둘 다 실패한다면 난 이렇게 하겠네.

소리 3   어떻게?

소리 1   혼례식장의 바늘방석이 되어 있다가 신랑이 절하려고 방석에 앉는 순간, 엉덩이를 공격할 거야. 세상에서 가장 강력한 침으로 급소를 찌르면 비명조차 지르지 못하겠지. 손으로 하는 똥침과는 비교가 안 될걸. 어때?

소리 2   와, (손뼉을 치며) 짝짝짝. 정말 멋진데.

소리 3   (손뼉을 크게 치며) 짝짝짝. 훌륭해. 정말 훌륭해. 하하하. (소리들 퇴장한다)

4장 신부네 집

신랑   (고개를 끄덕이며 생각한다) 그래. 그랬구나. 난 그런 줄도 모르고 널 오해했어. 미안하다.

머슴   도련님, 혼례가 끝나면 이야깃주머니를 열어 사람들에게 이야기를 많이 해 주세요.

신랑   알았다. 네 말대로 이야기 주머니를 열어서 많은 사람에게 들려줘야겠어. 하하하.

다른 배우들 "이야기 들려준데——"라고 웃으면서 달려 나와 모두 손을 잡고 인사한다.

끝.

'다 함께 가는 길' 연극

1. 대본 선정하기

1) 기존의 작품 활용하기

TV로 보는 원작 동화로도 소개된 적이 있는 '양파의 왕따일기'(문선이 작, 파랑새)를 연극으로 만들기로 했다. 이 작품을 고른 이유는 아이들이 이 책의 내용을 익숙히 알고 있었고, 무대로 만들 때 배경이 주로 학교였기 때문에 연극으로 표현하기가 쉽다고 판단했기 때문이다. 작품을 고를 때에는 예산을 고려하여 의상, 소품이 얼마나 필요한 극인지 생각해야 한다. 하지만 학생 인원에 딱 맞는 작품을 고르기란 어렵다. 따라서 작품을 고른 후에는, 아이들과 필요한 인물 혹은 추가할만한 장면은 없는지 이야기해 본다.

희곡을 쓰겠다고 하는 아이들이 있으면 작가 모임을 조직, 방과 후에 작성하도록 했다. 생각보다 아이들은 희곡 쓰기에 매우 서투르므로 바로 작성하지 않고 추가하고 싶은 사건을 먼저 생각한다. 사건이 정해지고 나면, 추가할 인물을 정한다. 원래 희곡에 있는 사건과 아이들이 만드는 사건이 합쳐지면 동시에 벌어지는 일이 총 2가지 사건인데 인물이 각기 따로 등장하면 헷갈릴 수도 있으므로 사건 1과 사건 2에 걸쳐진 인물도 있으면 좋다. 대개 본 사건에 대사가 별로 없는 아이에게 사건 2에 중복해서 개입하도록 작성했다. 이렇게 필요한 인물의 수에 맞게 희곡이 완성되면 꼭 모든 아이들과 한번 읽어보고 어색한 장면, 삭제해도 좋을 장면, 추가해야 할 장면에 대해 논의를 거쳤다.

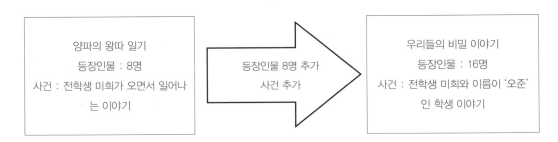

2) 주제 선정, 캐릭터 설정 후 즉흥극으로 대본 만들기

아이들은 누구나 창작 욕구가 있다. 하지만 막상 이야기를 만들어보라고 하면 시작은 창대하나 마무리를 못 짓는 경우가 대다수이다. 그래서 약간의 개입으로 아이들과 함께 연극을 만들기로 하였다.

먼저 어떤 연극을 하고 싶니? 라고 물어봤을 때 그때 당시 뉴스에서 자주 나온 '아동학대'에 대한 이야기를 했다. 아이들은 주로 연극 주제에 관해 물어보면 의외로 코미디, 로맨스보다 '학교폭력'과 같은 무거운 주제를 고른다. 그래서 주제를 아동학대와 학교폭력으로 하고, 그 이야기에 필요한 인물을 구상했다.

주요 인물은 3명이었다. 다문화 학생, 학교에서는 모범생이지만 집에서는 가정폭력에 시달리는 아이, 남들이 보기엔 집에서 사랑받고 살지만 사랑받는다고 생각하지 않고 친구들에게 목매는 아이. 이를 풀어내기 위해선 첫 장은 자기소개 형식으로 풀어내고, 그 뒷부분은 아이들에게 즉흥극으로 풀어내도록 맡겼다.

매주 진행하는 연극동아리에서 아이들은 즉흥극을 시연하고, 상호 평가하고, 부족한 부분은 수정해서 다시 시연. 시간이 기존 희곡 작품을 선정하는 것에 비교해 오래 걸리지만 반복되는 연습 끝에 대본이 완성되었을 때는 아이들 대부분 대본을 숙지한 상태였다. 그리고 아이들이 스스로 만들었다는 사실에 자부심을 느끼고 연극을 더 사랑하게 되었다.

2. 역할 선정하기

완성된 대본을 여러 번 돌아가면서 읽어본 후에는, 아이들이 각자 자기가 맡고 싶은 역할이 나오는 부분을 선택하여 나와 시연을 한다. 시연을 하는 동안 다른 아이들은 감독이 되어 역할을 캐스팅한다. 앞장에는 본인이 희망하는 배역과 이유, 뒷장에는 감독이라면 어느 배역에 어떤 친구를 캐스팅할 것인가를 써서 제출한다.

서울○○초 ( )학년 ( )반 (   )

※ 본인이 희망하는 배역과 그 이유를 쓰세요.

지망	역할	이유
예시)	한준	집에서는 작지만, 학교에서는 큰 우두머리 역할을 하는 모범생의 두 얼굴을 연기하고 싶다.
1		
2		
3		

※내가 감독이라면?
누구에게 어떤 배역을 줄 것이며 그 이유는 무엇인가요?

배역	이름	이유
수연		
한준		
오희		
가을		
승연		
승범		
선생님		
오희이모		
한준모		
(옷가게 주인)		
연출		
음악/조명		

1학기 때 한번 공연을 하고 2학기 때 재공연을 할 때는 역할을 바꾸어 다시 공연하기도 했는데 같은 대본이더라도 역할이 정반대로 바뀌기 때문에 아이들의 느낌이 색다르다.

3. 연기 외에 연극 공연을 위해 필요한 역할

연극 연습만큼 중요한 것은 아이들이 연극을 하는 무대를 만드는 일이다. 연기를 맡은 아이들도 중요하지만, 음향·조명·소품 등을 맡아줄 아이들도 필요하다.

1) 음향

음향을 맡은 아이들에게 음악이 필요한 장면을 찾아보도록 한 후, 숫자를 매겨서 USB에 담아 준비하도록 했다. 가요는 자극적인 가락이 많아 장면전환 곡으로는 지양하고 되도록 동요나 가사가 없는 노래 중에 고른다. 클래식의 경우 웅장할 수 있으니 피한다. 반대로 오프닝은 잔잔한 곡으로 관객들을 가라앉히기 위해 사용했다. 할 수 있다면 관객 예절에 관해 영상을 만들어 미리 틀어주면 좋다. 커튼콜은 마지막 대미이므로 신나는 노래일수록 좋다. 대개 팝송을 활용했다. 음향에는 장면전환 곡, 오프닝, 커튼콜도 있지만, 효과음도 필요하다. 효과음은 없으면 아이들이 직접 녹음을 해서 담아오기도 했다. (예시: 물 쏟아지는 소리, 화장실 물 내리는 소리 등) 다행히도 멀티미디어에 능숙한 아이들이 많아서 큰 어려움은 없었다. 음악을 틀 때는 음악이 너무 짧은 경우 다음 곡으로 넘어갈 때가 있으므로 한 곡 반복 혹은 한 곡만 재생될 수 있도록 미리 설정한다.

2) 조명

조명은 단순히 암전과 명전으로 나뉠 수도 있지만, 학교에 설치된 조명 사정에 따라 더 추가할 수도 있다. 우리 학교 강당에는 빨강, 파랑, 노랑 조명이 있어서 연극이 위기에 도달했을 때에는 빨강 조명을 사용하였다. 조명은 음향과 꼭 같이 연습을 해봐야 한다. 장면 전환할 때 조명이 꺼지며 음향이 커지고 배우들이 다음 장면 준비가 되면 조명이 켜짐과 동시에 음향이 줄어든다. 같이 연습을 하지 않으면 다음 장면으로 넘어가서 불이 켜졌는데 여전히 장면 전환 곡이 나올 수 있고 흐름이 깨질 수 있다.

3) 소품 및 의상

소품의 개수는 되도록 최소화하는 것이 좋다. 왜냐하면, 소품이 간단해 보여도 배우가 그 소품을 챙기지 못하면 당황해서 대사를 까먹거나, 도중에 대기실로 와서 소품을 챙기는 경우가 생기기 때문이다. 만약 소품을 챙기지 못하면 있는 척하고 하라고 할 수는 있지만, 아이들은 사실 순간의 꾀를 바로 생각하지 못할 때가 잦다. 소품 담당은 소품을 목록화하여 확인하고, 소품들은 다른 물품과 섞일 수 있으니 연극부 네임택을 달아 공연 연습 전과 후에 항상 정리하고 확인하게 하였다.

배역	의상, 꾸밈 소품	준비물
수연	5학년 더불어 숲 티셔츠 *바지는 자유	책상 8개, 의자 8개 가방(오희, 가을, 소정) 1막. 자기소개 　　주전자, 가정통신문 회신문 2막. 우리들의 진짜 모습 　　자동차 모형, 휴대전화, 카드, 　　옷가게준비물(행거, 옷걸이, 옷) 　　교과서 8권, 과학실 스탠드 2개 3막. 학부모 공개수업 4막. 알뜰바자회 　　WII 박스 (닌텐도 게임박스), 문상 봉투, 　　*개인 소지품 3개씩(알뜰바자회용) 한준 가방 5막. 소중한 것 　　사인펜(샤프 대용),옷가게준비물 6막. 우리 마음속의 두 얼굴 　　공책 8권, 편지봉투, 공
한준		
오희	5학년 더불어 숲 티셔츠, 6학년 다만세 티셔츠(커플티), 머리띠	
가을	5학년 더불어 숲 티셔츠, 6학년 다만세 티셔츠(커플티)	
승연	5학년 더불어 숲 티셔츠 *바지는 자유	
승호		
소정		
승범		
선생님	정장, 파일, 호루라기	
오희 이모	자유(깔끔하게 입기), 선글라스	
한준 이모 (옷가게 주인)	박스티, 냉장고 바지, 뽀글머리 가발, 회오리 안경	

4) 연출

연출은 연극 공연 준비를 총괄하는 담당으로서 많은 수고스러운 일들을 맡게 된다. 아무래도 꼬마 선생님 같은 역할이다 보니 배우, 스태프진들과 마찰이 잦다. 그래서 연출은 특히나 리더쉽이 있고, 성실하고, 성격이 털털한 아이가 맡는 것이 좋다.

공연을 위해 마지막 2주간은 아침에 일찍 나와서 연습을 했는데, 그때 출석 확인 및 연락을 담당한다. 앞에서 선생님이 연기를 봐주는 동안 연출은 객석 가장 뒷자리에 가서 소리가 들리는지 안 들리는지 목소리 크기를 알려주는 역할을 하기도 한다. 또 무대에서 배우들이 너무 한쪽에 치우쳐 있지는 않은지, 배우 위치 선정도 정해준다. 대본을 아직 못 외운 아이들이 있으면 대본을 대신 읽어주는 프롬프터(prompter: 배우가 대사를 잊었을 때 상기시켜 주는 사람) 역할을 할 때도 있다. 그 외 모든 부수적인 일들을 맡는다.

5) 장면전환

장면전환을 할 수 있는 방법은 2가지가 있다. 첫 번째는 PPT에 배경을 넣어 배우들 뒤에 영상을 띄우는 것이다. 두 번째는 하드보드지에 크게 글씨를 써 붙여 장면이 바뀔 때마다 이젤 위에 장소 안내판을 바꾸는 것이다. 첫 번째는 흔히 생각하는 방법이지만 문제는 영상을 띄우기 때문에 아이들의 얼굴 위에 영상이 겹쳐지는 경우가 많다. 그래서 아이들의 얼굴 연기가 잘 보이지 않고, 아무래도 멀티미디어라서 타이밍이 맞지 않거나 오류가 날 때가 잦다. 그래서 두 번째 방법으로 항상 연극 준비를 하였다.

책상과 의자 대신 네모난 상자를 의자처럼 사용하였다.
저 상자의 이름은 '카혼'이라는 악기인데 본교에서는 톡톡 학습 목공 수업에서 학생들이 1인 1악기로서 만들어서 따로 구매할 필요가 없었다. 뒷부분에는 동그란 구멍이 나있어 각자 배역에 필요한 소품은 구멍 속에 넣어 보관하도록 하였다.
이 네모 상자는 의자뿐 아니라 상자를 쌓아서 문구점 가판대, 벽 등 여러 가지 무대 효과로 사용할 수 있다.
이젤 위에 장소를 알리는 안내판을 만들어 무대 전환 때마다 바꾸어 관객들에게 알려주었다.

4. 연습하기

1) 연습 초반

아이들끼리 서로 레포관계가 형성되지 않은 상태에서 바로 연극을 연습하기란 어렵다. 서로 뻘쭘하고, 익숙하지 않아 대사를 주고받는 것이 어색하다. 그래서 연습을 시작하기 전 항상 몸을 푸는 연극놀이를 활용하여 분위기가 고무되면 그때부터 연극 연습을 시작한다. 이때 아이들이 자신이 등장하는 것이 아니면 대기하면서 놀거나, 떠들면서 방해를 하는 경우가 있다. 아이들에게 미리 대사를 하는 것만이 연기가 아니며 다른 친구들이 하는 연기를 보면서 자신도 모르는 사이에 배울 수 있으니 대기하는 동안에도 연출과 같이 연극을 봐주어야 한다고 알려주는 것이 필요하다.

2) 공연 2주 전

공연을 앞두고 있다면, 이때부터 집중 연습을 시작해야 한다. 미리 배역을 뽑기 전에 아이들에게 '연극 공연을 준비하게 되면 공연 2주 전부터는 8시에 나와서 연습을 해야 할 수도 있으니 시간을 비워둬라.'라고 예고를 한 후 각오가 된 아이들로만 뽑는다. 왜냐하면, 1명이라도 약속 시각을 지키지 않으면 연습을 할 수가 없기 때문이다. 2주 전부터 8시에 나와 연습을 시작한다. 연극을 겨울에 발표할 때가 많은데 독감으로 인해 배역 교체가 될 때가 항상 있었다. 따라서 아이들의 체력 관리도 중요하고 대체 인력도 꼭 필요하다.

연기 연습은 평소에 다듬고, 2주 전부터는 장면전환 훈련을 해야 한다. 한 장면에서 연기가 10분인데 장면전환에 3분 이상이 걸리면 기다리느라 흐름이 끊긴다. 특히 연극의 배경은 대부분 학교라서 책상과 의자를 옮기는데 필요한 시간이 많다. 소품을 최소화하여 시간을 줄이고, 각자 자신이 매 장면전환 때마다 어떤 물품을 옮겨야 하는지 숙지해야 한다.

또한, 이 기간에는 가장 중요한 커튼콜 인사를 준비할 때다. 연극 공연이 아무리 엉망이어도 마지막 커튼콜 인사는 완벽하게 해야 한다. 공연 중에 실수가 있었더라도 마지막 인사를 멋있게 하면 전부 다 잊힌다. 커튼콜 인사를 너무 일찍 준비하면 아이들이 붕 뜨는 경우가 있으니 연습 막바지에 커튼콜 인사를 연습해서 아이들의 사기를 돋고 힘을 나눌 수 있다.

5. 공연하기

우선 학교에서 공연을 할 수 있는 공간이 있는지 알아본다. 본교에는 강당과 시청각실이 있는데 강당은 단이 높아서 연극 무대와는 차이가 있지만 많은 인원이 와서 관람할 수가 있다.

하지만 공간이 넓으므로 연극을 하려면 꼭 마이크가 필요했다. 반면 시청각실은 무대와 객석이 좁지만, 계단식 구성이고 마이크가 없이도 소리가 뒤까지 들릴 수 있는 구조였다. 전체를 대상으로 발표할 때는 강당, 학년 내 발표는 시청각실로 정했다.

공연 2주 전부터는 교실에서 벗어나 실제 공연을 하는 곳에서(강당, 시청각실) 연극 준비를 한다. 그래서 아침에 일찍 나와서 연습하는 것이 편하다. 아무래도 방과 후에 하면 아이들끼리 시간이 겹치는 건 둘째 치고 방과 후나 학교 행사로 인해 공연 장소에서 연습하기가 쉽지 않기 때문이다. 아이들은 연기할 때 계속 벽에 붙어서 하려고 하므로 색깔이 있는 절연 테이프로 가이드 라인을 정해준다. 본교에서 공연할 때는 [노란색 : 여기까지는 나와서 대사를 해야 함, 빨간색 : 대기실ㆍ이 바깥으로 나오면 안 됨, 검정색 : 커튼콜 때 인사 대기 줄] 등으로 아이들과 약속을 했다. 해오름극장에서 공연할 때는 야광 스티커를 이용하여 책상을 놓는 곳을 정해두기도 했다.

강당에서 공연하기 위해서는 핀 마이크를 빌려야 했는데 생각보다 핀 마이크의 성능이 좋지 않다. 핀 마이크가 아이들에게 익숙하지 않고, 소리가 나왔다 안 나왔다 하므로 아이들이 대기하는 와중에도 종종 "아, 아." 거리며 마이크 테스트를 한다. 그래서 핀 마이크를 배부하기 전 아이들에게 소리가 나올 수도 있고, 안 나올 수도 있다고 미리 고지를 한 후 만약에 핀 마이크가 나오지 않는다면 준비해놓은 유ㆍ무선 마이크를 들어서 대사를 하면 된다고 안내를 했다.

다 함께 가는 길

등장인물: 수연, 한준, 오희, 가을, 승연, 승호, 소정, 승범, 선생님, 오희 이모, 한준 모 (옷가게 주인)

〈막〉

1. 자기소개

2. 우리들의 진짜 모습

3. 학부모 공개수업

4. 알뜰바자회

5. 소중한 것

6. 우리 마음 속의 두 얼굴

1막. 자기소개

1장. 매화반 교실

부분 조명

세영	안녕하세요? 이번 "다 함께 가는 길"의 연출을 맡은 이세영입니다. 우선 공연에 앞서 자기 소개를 들어볼까 하는데요, 먼저 김수연 학생의 이야기를 들어보겠습니다. (마이크를 건네준다.)
수연	저는 우면초등학교 5학년 매화반 1번 김수연입니다. 저희 아빠는 회사원이고요, 저희 엄마는....(머뭇거리며) 가정주부입니다. 저는 정말 다른 친구들과 똑같아요. 딱 하나 다른 점은 저희 엄마가 외국인이라는 점입니다. 하지만 그렇다고 해서 다른 건 없어요. 정말로요. 굳이 고르자면 저는 캄보디아어를 할 줄 알아요.
가을	캄보디아어를 할 줄 아는 게 아니라 한국말을 못하는 거겠지!

승연   시험지에 부모님 확인만 받아오면 되는데 왜 맨날 못해오는 거야? 쟤 때문에 우리 모둠 점수 깎이잖아~

승범   수연? 우리 반 애야? 있는 지도 몰랐네.

세영   다음 김한준 어린이의 자기소개가 있겠습니다.

한준   저도 수연이와 같은 반인 3번 김한준이라고 합니다. 전 아주 인기가 많아요. 남자 애들하고도 친하고, 여자애들이랑도 잘 놀아요. 가끔 절 무서워하는 애들이 있는데 왜 그런지 모르겠어요. 전 찌질한 애들이 제일 싫어요. 찌질한게 뭐냐고요? (짝 다리를 하며 한숨을 쉰다.) 그냥 짜증나는 애들 있잖아요. (갑자기 표정이 변하며) 저희 가족이요? 그런 건 왜 물어보죠?

소정   (속삭이는 목소리로) 나 한준이 옆집에 사는데, 밤마다 뭐 때리는 소리가 난다?

승연   진짜? 한준이 우리 학교 학생회장이잖아. 우리 반에서 얼마나 인기가 많은데.

소정   그거랑 이거랑 무슨 상관이야. 하여튼 그렇다고. 밤마다 시끄러워서 잠을 못자.

승호   그러고 보니 한준이 다리랑 팔에 멍 엄청 많던데. 그런데 자기가 원래 멍 잘 생긴다고 했어. 살짝 부딪치기만 해도 생긴다고.

소정   거짓말 아냐? 그런 사람이 어디 있어.

세영   마지막으로 윤오희 어린이의 소개가 있겠습니다.

오희   (밝게) 안녕하세요! 저는 서울우면초등학교 5학년 매화반 55번 윤오희에요! 저는 학교가 정말 좋아요. 친구들도 많고, 친구들은 다 절 좋아해요. 제일 싫어하는 건…집에 갈 때? (우울한 목소리로) 저는 집에 갈 때가 제일 싫어요. 집에는 아무도 없어요. 밥 해주는 이모가 있지만 그 집에선 전 혼자에요. 옛날엔 부모님이 오실 때까지 기다려보기도 했지만……(어깨를 으쓱인다.) 저희 부모님은 용돈만 많이 주세요. 제가 필요한 건 그게 아닌데…(밝아지며) 그런데 친구들은 그런 절 부러워해요.

소정   오희는 좋겠다~ 부자라서~

승연   맞아. 갖고 싶은 거 다 가질 수 있잖아.

가을   오희한테 사달라고 하면 되잖아. 오희가 우리가 해달라는 거 다 해주는데 뭐!

소정   그건 그렇지. 그래도 난 오희처럼 우리 엄마 아빠가 부자였으면 좋겠다.

노래. 딩동벨

학생들은 각자 자기 자리로 돌아간다.

전체 조명

선생님이 들어온다.

선생님   점심 식사 잘 했고? 5교시는 체육인 거 알고 있지? 누가 운동장에 피구 대형을 그려줬으면 좋겠는데.

남학생들 '저요, 저요!'하며 손을 번쩍 든다. 엉덩이까지 들려있다.

선생님   그럼 한준이와 수연? (아이들 : 아쉬움의 소리) 갔다 와.

한준   네, 선생님.

아이들, 부러움의 눈으로 수연이를 바라본다.

한준은 짝꿍인 수연이를 툭툭 치며 나가자고 눈빛.

수연은 얼떨결에 나가는 듯 주춤주춤 따라 나간다.

선생님   자, 남은 학생들은 오늘까지 공개수업 학부모님 참관 신청서 내기로 했지? 모둠장, 오늘 아침에 걷으라고 했는데 다 걷었니?

승연   선생님! 아직 4명 전부 못 걷었는데요.

선생님   왜 다 못 걷었어? 월요일부터 가져오라고 했잖아. 오희네 모둠은 다 걷었니?

오희   네, 선생님. 다 걷었어요. (앞으로 나가 선생님께 제출)

선생님   (선생님. 오희에게 받은 통신문을 받으며) 너희 모둠은 왜 항상 가정통신문 걷는 게 늦니. 모둠원들끼리 좀 챙기도록 해.

승연   네……. (한준이와 수연 자리를 말없이 노려본다.)

선생님   오늘은 승연이네 모둠이 남아서 청소해. 이제 나갈 준비 됐니? 나가서 줄 서자.

     (선생님 퇴장)

승연   (책상을 발로 짜증난 듯이 차면서 일어난다.)

아이들 퇴장

2장. 학교 운동장

운동장, 한준이 등장. 그 뒤를 수연이가 터덜터덜 따라가고 있다.

한준 (뒤를 돌아보며) 야! 주전자 갖고 와.

한준, 수연이 다시 말하기도 전에 다가가서 주전자를 뺏는다.

한준 야이 멍청아, 주전자에 물이 있어야할 거 아니야. 물 떠와.
수연 알았어.

수연 퇴장 했다가 헐레벌떡 주전자를 들고 뛰어온다.

한준 내가 그을 테니까 넌 저리 가 있어.

수연, 한준을 바라본 채로 뒷걸음을 친다.
한준, 주전자로 피구 대형을 그린다. 그러다 물이 잘 안 나오는지 주전자를 몇 번 흔들고 다시 긋는다.
또 나오지 않자 신경질을 내며 다시 주전자를 흔든다.

한준 (혼잣말로) 쟤 도대체 어떻게 물을 받아온 거야?

주전자를 뒤집는 순간 갑자기 쏟아지는 주전자의 물. BGM4.물소리
한준이 발을 떼지만 이미 피구 대형은 망가지고 큰 물 웅덩이가 생겨났다.

한준 아, 씨! (앉아있는 수연이를 째려본다.) 야! 너는 물 하나도 제대로 못 떠오냐? 하여튼
    찌질해 가지고…(멈춤) (선생님을 보며 놀람)

선생님이 아이들과 함께 등장한다.
수연, 화들짝 놀라 한준이 옆으로 가서 선다.

선생님 너희들, 피구 대형 그리라니까 그리지도 않았네. 한준이 넌 옷이 왜 그러니?
한준 아, 그, 그게…….(머뭇거린다.)

선생님	(말없이 한준이와 수연이를 쳐다본다.) 그릴 시간은 충분히 준 거 같은데, 물 쏟았니?

수연, 한준 대답이 없자 선생님 이어 말한다.

선생님	얘들아, 선택하렴. 들어가서 수업을 할래, 아니면 피구 그리는 거 기다렸다가 피구를 할래?
아이들	(다같이) 기다릴게요!
선생님	그럼 줄 서서 앉으세요. (아이들 줄 서서 앉는다.) 한준, 수연 빨리 그려주세요.

수연이와 한준 다시 그리기 시작하고 아이들은 기다리며 아쉬워하는 소리.

승호	아, 김수연 쟤 말고 내가 그렸으면 지금 피구하고 있는데.
승범	진짜, 쟤는 도대체 잘하는 게 뭐냐. 쟤 때문에 오늘 한준이 청소 아냐. 끝나고 축구하려고 했는데.
오희	그만해. 수연이랑 한준이가 그렸어야 했는데 못 그린 거잖아. 왜 수연한테만 그래? 한준이도 가정통신문 안 갖고 왔잖아.
승호	얼씨구? 너 수연 좋아하냐?
오희	뭐? 그거랑 이거랑 무슨 상관이야?
가을	(오희의 옆에 와 팔짱을 끼며) 오희가 어디가 못나서 수연이를 좋아하니? 하여튼 김승호, 어떻게든 못 이어서 안달이야. 으이구~ 너야말로 오희 좋아하니?
승호	아, 아니거든! 내가 왜!

피구 공간을 다 그리고 한준이와 수연이 선생님께로 온다.

선생님	자, 지금 시계를 보세요. 준비 시간이 길었기 때문에 오늘은 20분만 하고 들어갑니다. 모둠별로 각자 칸에 들어가세요. (아이들 퇴장) 수연, 한준은 잠깐 선생님한테.

수연, 한준, 선생님 앞으로 나온다.

선생님	한준, 오늘은 왜 이렇게 오래 걸렸니?
한준	죄송합니다.

선생님	수연이는?
수연	…….
선생님	좀 의외구나. 얼른 피구하러 들어가렴. 한준이는 피구하러 가고 수연은 잠깐. (한준, 선생님께 인사 후 수연이를 쳐다보며 뒷걸음치다 퇴장) 수연아, 가정통신문 어머니께 보여드렸니?
수연	……아니요.
선생님	어머니께 참관 수업이 어떤 건지 수연이가 설명을 드리는 게 필요해. 수연이가 우리말을 더 많이 알잖아. 글씨 쓰는 것도 도와드리고. 알았지?
수연	…….
선생님	들어가 봐.
수연	네.

전체 조명 OFF

2막. 우리들의 진짜 모습

1장. 매화반 교실

전체 조명 ON

피구하고 돌아온 아이들이 덥다는 듯이 옷을 펄럭이고 있다.

승호	아, 더 오래 할 수 있었는데 누구 때문에(수연 자리를 째려본다.) 못했네.
승범	그러게 말이야. 짜증나 진짜~.

오희와 가을이가 승호와 승범을 아니꼽다는 듯이 노려본다.

선생님 입장.

선생님	자, 알림장 쓰자. 이번 주 금요일 알뜰바자회 있는 거 알고 있지? 준비물 꼭 쓰고.
소정	선생님, 물건 몇 개 갖고 와요?
선생님	많이 가져올수록 좋겠죠. 적어도 3개는 갖고 와. 3월부터 이야기한 거니 준비는

해놨겠지?

오희   (작은 목소리로) 헉! 난 다 버렸는데.

가을   (속삭이며) 괜찮아, 새 물건도 상관없을 걸?

오희   아하, 그럼 새로 사와야겠다. 뭐 사오지?

선생님 집에 갈 준비하자. 가방 싸고. (아이들 알림장을 챙겨 가방에 넣는다.)

한준   다들 차렷! 인사.

아이들 감사합니다.

　　아이들 하나 둘 퇴장.

오희   (가방 메며) 가을아~ 집에 같이 가자. 왜, 왜 그래?

가을   아 진짜.... 아까 피구하다가 공에 맞았나봐. (옷 털며) 옷 더러워졌어.

오희   (더러워진 곳을 본다.) 헉, 그러게... 그때 선 긋다가 물 쏟은 데에 공이 지나가서 그런가보다. 어떡해?

가을   아 뭐 어떡하긴 어떡해. 집에 가서 다시 빨아야지. 오늘 엄마가 이번에 새로 산 옷이라고 깨끗이 입으라고 했는데. 이게 다 수연 때문이야!

오희   (관객석을 보며 혼잣말로) 수연이만 그런 게 아니고 한준이도 같이 한건데.... (가을이를 향해) 그럼 내가 옷 사줄까? 나 어제 아빠한테 용돈 받았어.

가을   뭐? 용돈으로? 됐어, 무슨 용돈으로 옷을 사.

오희   아냐, 나 엄~청 많이 받았어. 내가 이모한테 데려다 달라고 할게!

가을   이모? 이모가 너희 집에 와계셔? 이모가 왜 널 데려다 줘?

오희   아, 이건 비밀인데 말이야........(BGM3. 휴대폰 소리)어, 이모! 나랑 가을이랑 옷 사러 갈까 하는데 이모 데려다줄 수 있어? (가을이가 곁에서 듣는다.) 언제쯤 도착해? 응 갈게! (휴대폰을 끊으며) 가을아, 가자!

　　가을, 얼떨떨하며 따라간다.

2장. 학교 정문 앞

학교 앞, 이모의 자동차 도착.

차 문을 열자 노래 소리가 들린다. BGM2.오빠차(점점 커졌다가 음소거)

가을   우와, 차 되게 좋다.

오희   이모, 내가 자주 가는 메이커 옷가게 알지? 거기까지 데려다 줘!

이모   (고개 끄덕이며) 어서 와~ 네가 오희가 친구구나?

가을   안녕하세요……. (오희를 바라보며 입모양만 '누구?')

이모   아 오희가 친구 소개시켜주는 건 처음인데~ 내가 오희 진짜 이모는 아니고, 오희
          가 어렸을 때부터 내가 키웠어. 그래서 편하게 이모라고 불러.

가을   뭐라고? 너희 엄마는?

오희   아, 우리 엄마 아빠는 워낙 바쁘셔서…집에 잘 안 들어오셔. 그래서 거의 이모랑
          같이 지내는 시간이 많아.

이모   (차를 세우며) 자 도착했어.

가을   (내리면서) 감사합니다.

오희   (내리면서) 이모, 이따 봐~.

3장. 옷가게

옷가게주인   (BGM6.가게문소리) 어서 오세요, 어서 오세요~ 아이고, 우리 단골 왔구나!

오희   안녕하세요. 요즘 나온 신상 뭐 있어요?

옷가게주인   아, 그렇잖아도 오늘, 방금! 들어온 신상 있지. 자, 이 옷 어때?

가을   (넋이 나간 듯) 우와, 예쁘다.

옷가게주인   예쁘지? 내가 보는 눈이 있지. 이건 통풍도 잘 돼. 스판끼도 있어서 딱 맞아. 이
          거 원래 십만원짜린데 특별히 단골이니까 8만원에 해줄게!

가을   파, 팔만원이요?

오희   그럼, 2벌 주세요! 가을아, 우리 같이 맞춰 입자. 아줌마, 여기 카드요.

옷가게주인   성질도 급해라, 종이 가방에 담아줄게. 16만원 결제하면 되지?

가을   헉 그게 뭐야? 웬 카드?

오희	아빠가 필요할 때마다 쓰라고 카드로 주셨어. 어, 아니아니, 우리 지금 입고 갈
	거예요. 그치, 가을아?
가을	근데 피팅룸이 어디에요?
오희	내가 알아, 따라와~ (퇴장)

4장. 길거리

옷을 갈아입은 후 길가로 나온다.

오희	옷 예쁘지? 나 이 옷 내일도 입을래, 너는?
가을	나도나도! 고마워!
오희	그럼 우리 내일 같이 입고 오는 거다?
가을	좋아!
오희	아, 그리고…나 이모 있다는 거 비밀이다. 지켜줄 수 있지?
가을	……알았어!
오희	약속!
가을	(손을 같이 걸며) 약속!

5장. 매화반 교실

다음날 아침. 아이들 한두 명씩 등교를 하기 시작한다.

오희, 가을 같은 옷을 입고 등교한다. 아이들의 질문 세례.

소정	우와, 너희 옷이 똑같네? 뭐야 뭐야~~.
승호	헐, 너네 사귀냐? 여자끼리?
오희	왜? 친한 친구끼리 똑같은 옷 입을 수도 있지 뭐~.
승범	오 요즘 유행하는 나이커 아니야? 대박!
승연	얼마야? 나도 이 옷 갖고 싶었는데!
오희	얼마 안 해~~ 한…

문이 열리고, 선생님이 들어온다.

선생님	수연, 한준 선생님한테 낼 거 있지? 얼른 나오세요. (한준 제출) 알았어. 어머니 오시는 거지? (한준 조용히 네 대답한다.) 수연, (좀 쉬었다가) 수연?
승연	야, 너 또 안 갖고 왔냐?
선생님	수연, 공개수업 학부모님 참관 신청서 내야지?
수연	……깜빡했어요.
선생님	학부모님한테 보여드리긴 했니?
수연	…….
선생님	(잠시 쉬고) 자, 과학실 갈 준비하자. 줄 서세요.

줄을 서는데 승호가 수연이 자리에 온다.

승호	(수연이를 뒤로 밀치며) 너 자리 여기 아니잖아. 비켜.

아이들이 줄 서자 선생님을 따라 퇴장. 전체 조명 OFF

6장. 과학실

아이들이 자리에 앉아 실험 관찰책에 내용을 적고 있다.
선생님이 돌아다니며 검사한다. 2모둠을 지나 1모둠에서 걸음을 멈춘다.

선생님	여기, 왜 실험관찰책이 깨끗하지?

승연이가 실험관찰책에 열심히 쓰다 말고 선생님의 소리에 놀라 수연이를 바라본다.

선생님	뭐야, 왜 수연이 교과서만 깨끗해? (다른 모둠원들 교과서를 훑어본다.) 너희들, 같은 모둠원끼리 도와줬어야지. 얼른 도와줘. (선생님 퇴장)
승연	(수연이의 실험관찰책을 뺏어 보다가 던지며) 야, 아무리 엄마가 캄보디아 사람이라고 해도 그렇지. 집에 가서 한국어 공부도 안 하냐?
소정	학교 와서 배우는 게 뭐냐? 학교는 왜 다녀?
한준	넌 그냥 집에 가서 한국어나 배워. 야, (실험관찰책을 던지며) 이거나 보고 베껴.

한준, 퇴장하자 몇몇 아이들 퇴장하며 한소리씩 한다.

승호   아~ 반 분위기 이게 뭐야. 어제도 쟤 때문에 피구도 제대로 못하고.

승범   그러니까~ 그때 한준이 옷도 버렸잖아.

승연   (일어나서) 가정 통신문 안 가져와, 숙제도 안 해와, 이젠 실험관찰책까지? 아 또 청
       소야~. 진짜 짜증나. 빨리 모둠자리 바꼈으면 좋겠다.

소정   쟨 도대체 뭘 잘해? 아, 오희네 모둠은 좋겠다. 청소도 안하고. (승연. 소정 같이
       퇴장)

가을   (기가 찬 듯이 한숨을 쉰다.) 엄마가 외국인이라 그런가보지. 우리랑 안 맞아.

승범   외국인이면 외국에 가서 살 것이지 왜 우리한테 와서 그러냐고~ 짜증나. (퇴장)

가을, 오희를 데리고 퇴장. 오희는 수연이를 안타까운 듯 쳐다본다.

7장. 하굣길

하굣길, 오희가 혼자 집에 가고 있다.
한쪽에는 한준이가 불 꺼진 집안에서 웅크려 있다.

소정   오희야~ 같이 집에 가자. 어? 가을이는?

오희   가을이 오늘 방과 후 가야된대.

소정   아, 그래? (갑자기 주변을 둘러본다.) 야야야, 너 그거 알아? 한준이.

오희   한준이가 뭐?

소정   내가 어제 엄마가 전화 통화하는 걸 들었는데…(다시 한 번 주변을 둘러본다. 작은 목
       소리로) 한준이 맨날 맞고 다닌대.

오희   뭐? 진짜? 누구한테?

한준이 옆에 한준이 엄마 등장.
한준이 엄마가 한준이를 말없이 끌어안는다.

소정   누구긴 누구야 걔네 아빠지.

오희   아빠? 아빠가 한준이를 왜 때려?

소정	이건 내 생각인데, 걔네 아빠가 술을 엄청 마시나봐. 나 걔네 옆집이잖아. 현관 앞에 술병이 진~짜 많아.
오희	걔네 아빠가 술 많이 마시는 거랑, 한준이가 많이 맞는 거랑 무슨 상관이야?
소정	아이고, 이 답답아. 요즘 뉴스도 안보냐? 어쨌든, 이거 비밀이다?
오희	에이 그래도 아빠가 어떻게 애를 때려. 말도 안 돼.
소정	(손을 치켜들며) 어휴, 쯧쯧쯧. 아직 뭘 몰라요, 몰라~.

조명 OFF

3막. 학부모 공개수업

1장. 매화반 교실

오희	가을이가 왜 이렇게 안 오지? 야야야, 가을이 어디 갔는지 알아? 이러다 공개수업 늦겠다.
승범	(고개를 저으며) 모르겠는데? 어 저기 있네.

가을, 오희가 옷을 보더니 짜증내며 들어온다.

승호	오~ 오늘은 커플티가 아니네?
승범	뭐야 가을이 표정 완전 구린데? 어제까진 사귀다 오늘 헤어졌나보네?
오희	그런거 아니야! (가을이 팔짱을 끼며) 우리 얼마나 친한데.
승호	야야야, 엄마들 온다.

선생님 입장, 학부모들 한두 명씩 들어온다. 조명 OFF.
조명 ON.

선생님	이것으로 수업을 마치겠습니다.

아이들 기뻐하며 자신의 부모님을 찾아간다.

한준 모, 한준이에게 다가간다.

한준 모   우리 한준이~ 오늘 정말 멋있던데? (옆 자리를 본다.) 어머, 네가 수연이구나? 나
         한준이 엄마야, 알지?
수연   아, 안녕하세요.

한준, 의아한 듯이 수연이를 째려본다.

한준 모   둘이 짝인 줄은 몰랐네. 둘이 친하게 지냈으면 좋겠다. 한준, 엄마 먼저 밑에 가
         있을게. 가방 싸고 내려와. (퇴장)
한준   야 너, 우리 엄마 어떻게 알아?
수연   …….
한준   야, 너 벙어리냐? (일어서서) 우리 엄마 어떻게 아냐고! (수연, 대답하지 않자)와 진짜
         미치겠네, 우리 엄마 어떻게 아냐고!
수연   (고개를 숙이고 옷깃을 두 손으로 잡으며) 아, 아니…… 너희 엄마… 캄보디아…….
한준   야, 너 머리가 어떻게 됐냐? 우리 엄마가 왜 캄보디아 사람이야! 아 진짜 재수 없
         어. 야, 저리 비켜.

한준, 수연이를 어깨로 치고 퇴장. 수연 한숨을 쉰다.
오희, 이 모습을 보고 있다가 가을이에게 다가간다.

오희   한준이 왜 저래? 너무 심한 거 아니야 수연이한테?
가을   아, 뭐가 심해. 남자들끼리 저럴 수도 있는 거지. 우리까지 끼면 곤란해져.
오희   그, 그런가…?
가을   괜히 우리 꼈다가 우리도 같이 혼나. 저러다 말겠지~. 아, 배고프다. 떡볶이 먹으
         러 가자!
오희   어? 나 오늘 돈 안 갖고 왔는데.
가을   (고개를 뒤로 젖히며) 이모한테 빌려.
오희   (손 사레를 치며 낮은 목소리로) 쉿! 야, 지난번에 부탁했잖아. 이모 비밀로 하기로~
         엄마인 척 해주라.
가을   (입을 삐쭉 내밀며) 아, 알았어. 그럼 떡볶이 사주는 거지?

오희   당연하지~ 기다려~ 엄마~~!

아이들 가방 메고 퇴장, 조명 OFF

4막. 알뜰 바자회

1장. 매화반 교실

선생님   오늘 3교시에 알뜰바자회 하는 거 알고 있죠? 물건은 다 가지고 왔나요? (아이들
          네. 소리) 쉬는 시간 동안 물건 정리해서 책상 위에 올려놓으세요. (퇴장)

아이들, 하나둘씩 물건을 올려놓는다. 오희가 물건을 꺼내자 아이들이 몰린다.

승호   우와! 이거 뭐야? 헐, 이거 WII 아냐? 쩐다~.

승연   이거 아예 박스 채인데? 오희야, 너 쓰긴 쓴 거야?

오희   아…그게 (멋쩍게 웃는다.) 쓸 만한 게 없어서 그냥 샀어. 있다가 사가, 알았지?

소정   대박, 진짜 부럽다. 이건 또 뭐야?

아이들, 봉투를 열어보고 숨죽여 놀란다.

승범   헐, 문상이다, 문상!

오희   야아, 맘대로 열지 마. 있다가 바자회할 때 할 거야~.

승범   오, 근데 오늘도 커플티가 아니네?

승호   뭐야, 옷 같이 샀다더니 너는 옷 버렸냐?

오희   너희 왜 자꾸 우리 놀려? 놀리지 마.

아이들이 오희에게 집중된 순간 한준이가 가방 속을 뒤지더니 한숨을 쉰다.

한준   아…씨…….

수연, 한준이의 빈 책상 위를 보더니 자기 물건 몇 가지를 건네준다.

수연	여, 여기······.
한준	뭐냐?
수연	이서 써······.
한준	(기가 찬 듯이) 하, 이런 건 잘 챙겨오네. 내놔, 그럼.

선생님 입장

선생님	물건 다 꺼냈니? (교실을 둘러보며) 수연아, 너는 왜 물건이 없니?
수연	그게······해서······그랬어요. (말을 하지만 잘 들리지 않자)
선생님	음, 수연이는 잠깐 선생님 따라오세요. 너희들은 알뜰바자회 시작하자.

선생님, 수연이와 함께 퇴장. 아이들은 서로 '물건 사세요. 호객 행위를 시작한다.

승호	김수연 클래스 보소, 우리 한준이랑은 다르다니까~
승범	한준이 답답해서 어떻게 짝을 하냐.
한준	(고개를 끄덕이며) 아 그러니까, 재미가 없어, 재미가.

남자들이 서로 낄낄대자 오희가 보다가 한마디를 한다.

오희	야, 김한준. 내가 아까 보니까 아침에 물건 안 갖고 왔던데 지금 그 물건 뭐야?
한준	(당황하며) 뭐, 뭐?
오희	너 수연이꺼 뺏은 거 아냐? 수연이 아까 갖고 온 거 같던데. 가을아, 너도 봤지.

가을, 대답하지 않는다.

소정	나도 본 거 같아. 기억은 잘 안 나는데 한준이가 아까 수연한테 뭐라고 하는 건 확실히 봤어.
승연	야, 무슨 소리야. 한준이가 얼마나 모범생인데.
가을	(오희를 쳐다보며 날카롭게) 너, 확실히 본 거 맞아?
오희	(당황하며) 어···?
승호	야, 한준이가 어디가 못나서 수연이껄 뺏냐? 차라리 선생님한테 혼나고 말지~.
승범	맞아 맞아.

2장. 하굣길

오희와 가을이가 같이 걸어가고 있다.

가을   야, 나 샤프 오늘 하나 잃어버렸어. 하나 사주라.

오희   너……아까 왜 내 말에 대답 안했어?

가을   (모른 척 하며) 뭐? 내가 언제?

오희   아까 내가 애들이 수연이한테 뭐라고 할 때 말리면서 너한테도 물어봤었잖아.

가을   (생각하다가 어이없다는 듯이 웃으며) 아~ 그거. 그냥 대답하기 싫어서 안 한 거야. 왜? 너 내 샤프 안 사줄 거야?

오희   너 요즘 나한테 왜 그래? 내가 뭐 잘못한 거 있어?

가을   (잠깐 머뭇거린다.) 그게 아니고……. (강하게) 꼭 대답해야 되냐?

오희   아, 아냐. 난 내가 뭐 잘못했나 싶어서. 고치려고 그러지~.

가을   너야말로 왜 대답 안 해? 내가 샤프 사줄 거냐고 물어봤잖아.

오희   아, 알았어~ 샤프쯤이야 내가 사줄 수 있지! 가자가자, 너 좋아하는 걸로 다 사줄게!

5막. 소중한 것

1장. 매화반 교실

가을, 오희가 없는 것을 확인하고 샤프를 들고 승연이네 모둠으로 간다.

가을   안녕, 얘들아~ 나 어제 샤프 샀다. 예쁘지?

승연   우와, 진짜 예쁘다! 나 이거 갖고 싶었는데.

가을   줄게, 나 많아.

소정   진짜? 나도, 나도.

가을   (하나씩 나누어 주며) 수연, 너도 줄까?

수연   아, 어. 고마워…….

승호	야, 넌 자존심도 없냐? 주는 거 그대로 받게. 거지냐?
승범	거지 맞지. 캄보디아 엄청 못 살잖아.

승호, 승범 서로 킥킥대고 한준이는 마음에 드는 듯 피식 웃는다.

교실에 들어온 오희, 이 분위기가 못마땅한지 한마디 한다.

오희	너네 또 수연 가지고 놀리니? 지겹지도 않아? (수연이 가지고 있는 샤프를 본다.) 어, 이거 내가 산 건데?
승연	응? 이게 왜 네가 산거야? 가을이가 샀다고 했는데.

오희, 가을이를 빤히 쳐다본다

가을	(황급히 다가가 샤프를 뺏으며) 내가 산거야! 너 뭐 착각하는 거 아냐? 웃긴다, 너. 말을 해도 똑바로 해야지.
오희	내가 산 걸 왜 네가 샀다고 그래? 잘 쓰기로 약속했잖아.
소정	뭐야, 누구 말이 맞아.
가을	이거 내가 산거라고. 내가 산 걸 내가 나눠주겠다는데 왜 네가 난리야.
오희	어제 너 나랑 같이 문구점 간 거 기억 안나? 내가 한움쿰이나 사줬잖아.
가을	샤프가 이 세상에 한두 개야? 널린 게 똑같은 건데. 내가 따로 또 산거야.
승연	얘들아, 얘들아 싸우지 마. 우리가 샤프 안가지면 되잖아. 돌려줄게.

승연, 소정이가 샤프를 가을이에게 돌려준다.

가을이 짜증난다는 듯 오희를 등지고 다른 친구들에게로 간다.

오희는 그런 가을의 모습을 보다가 밖으로 홀로 퇴장.

가을이는 오희가 퇴장하는 모습을 보더니 입을 삐죽이곤 친구들에게 속삭인다.

가을	너희 그거 알아? 공개수업 때 온 오희 엄마 있잖아, 오희 진짜 엄마 아니래.
승연	야, 그게 말이 돼? 거짓말~.
승호	그럼 그 사람은 누군데?
승범	증거 있어?
가을	내가 커플티셔츠 사러 갔을 때,

승연	어, 어 맞아 커플티, 기억 나.
승범	아, 나이커, 나이커.
가을	(고개를 끄덕이며) 내가 오희 엄마 차에서 들었는데 오희가 나한테 자기 입으로 이모라고, 친엄마 아니라고 했어.
승범	뭐야 그럼 고아야?
가을	모르지. 걔 고아 같아.
승호	엥 진짜? 걔네 집 부자잖아.
가을	이모가 부자인가 보지.
소정	말도 안 돼. 공개수업 때 오희가 엄마라고 불렀잖아.
가을	그러니까 걔가 우리 속인 거라고.
다같이	헐~ 대박.
승범	그럼 오희한테 물어봐도 돼?
승연	오희한테 물어보면 안 되지.
가을	다른 애들도 알아야 하니까 누가 좀 말해줘. 그 대신 이 말 내가 한 거 아니다.
모두	알았어.

오희가 교실로 들어온다. 갑자기 싸해지는 교실 안.

오희가 혼자 걸어가 자리에 앉는다.

오희가 주변에는 아무도 오지 않고, 아이들은 서로 모여 오희를 힐끗대며 웅성댄다.

2장. 옷가게

옷가게 주인(한준 모) 가게 정리를 하고 있고, 오희가 등장한다.

한준 모	우리 단골 왔구나? 어, 근데 안색이 안 좋네?
오희	(고개를 숙이고 들어온다.) …….
한준 모	오늘은 혼자네? 저번엔 친구와 같이 왔잖아.
오희	아 그 친구가 사정이 좀 있어서…….
한준 모	그래? 앉아봐. (다 같이 의자에 앉는다.)
오희	(조금 뜸들이다가) 우리 반이 좀 이상해진 것 같아요. 지난번에 같이 온 친구 가을이

	는 저랑 진짜 친했거든요? 근데 가을이는 요새 절 싫어하는 것 같아요.
한준 모	왜?
오희	말만 걸어도 짜증내고, 제가 사준 선물도 함부로 쓰고……. 그리고 한준이란 애도 진짜 이상해요. 수연이 괴롭히고, 이유 없이 때리는데…….
한준 모	(깜짝 놀라며) 뭐라고? 한준이?
오희	네. 한준이 아세요?
한준 모	(당황하며) 아…아냐, 많이 들어본 이름 같아서. 계속 말해보렴.
오희	네. 하여튼 한준이가 수연이를 되게 괴롭히는데 아무도 도와주지 않아요.
한준 모	(생각에 잠기며) 그래……. 왜 그런 걸까?
오희	수연이 엄마가 외국 사람이거든요. 그래서 수연이가 한국말을 잘 못하는데……숙제랑 준비물 같은 게 좀 늦거든요. 그래서 아이들이 싫어하는 것 같아요.
한준 모	그렇구나……. 캄보디아에서 왔으니까 잘 모르겠지. 그래도 아예 모르는 건 아닐 텐데?
오희	서로 같이 부족한 점을 채워가면서 도와주면 좋을 텐데……. 학교에서 그런 건 틀린 게 아니고 다르니까 서로 도와주면 된다고 배웠거든요. 근데 아무도 수연이를 도와주지 않아요. 제가 도와주려고 해도 친구들이 끼어들지 말라고 해요.
한준 모	우리 단골손님이 고민이 많겠네. 한번 같이 생각해볼까? 이 아줌마도 생각해볼게.
오희	네, 감사합니다. (일어서서 한 번 더 인사한 후 옷가게 밖으로 나간다.) 안녕히 계세요.
오희	(집으로 걸어가다가) 어? 근데 수연이 엄마가 캄보디아 사람인 건 어떻게 알았지?
한준 모	(가게를 정리하다가) 우리 아들이……?

3장. 한준이네 집

한준 모	(문 열리는 소리) 엄마 왔다.
한준	(무릎 꿇고 앉아 있다 일어나며) 어서 오세요.
한준 모	(앉으며) 그래, 앉을까?
한준	네.
한준 모	……요즘…학교생활 재미있니?
한준	…네. 괜찮아요.

한준 모	짝꿍 누구더라? 공개 수업 때 봤던 거 같은데.
한준	(떨떠름해하며) 수연이요, 김수연.
한준 모	아, 수연이~ 어떠니? 좋아?
한준	뭐, 그냥…, (머리를 긁적이며) 그냥 잘 지내요.
한준 모	…엄마가, 요즘 일 끝나고 복지관에서 외국인 사람들 한국어 가르치는 거 알지?
한준	네.
한준 모	거기서 친해진 사람이 있는데, 알고 보니까 수연이 엄마더라고.
한준	(놀란 듯이 엄마를 쳐다본다.)
한준 모	수연이 엄마가 외국 사람이다 보니까 아무래도 학교에 오기도 힘들고, 고민이 많은 것 같더라고. 수연이도 아마 생각이 많을 거야. 우리 아들이 좀 도와줬으면 좋겠는데, 어때?
한준	…….

한준 모가 한준이의 어깨를 쓸어 잡는다. 더 세게 껴안자 한준이가 마지못해 대답을 한다.

한준	알았어요, 알았어.
한준 모	그래, 우리 아들~~. 그리고…너희 아빠…우리 힘들게 해도, 우리 가족인 거 알지?
한준	…….
한준 모	지난주부터 재활 센터도 다니기 시작했으니까 앞으로 술도 줄이시면 곧 나아질 거야. 그때까지만 우리가 좀 기다려 주자, 알았지?
한준	……네, 알았어요.

한준, 한준 모 서로 껴안고 조명 OFF

6막. 우리 마음 속의 두 얼굴

1장. 매화반 교실

소정   오희야, 너 혹시 집에 엄마 아빠 안 계셔?

오희   (당황하며) 누, 누가 그래?

소정   아, 아니…가을이가 너 이모랑 같이 산다고 하더라고.

오희   유가을……?

    오희, 웃고 있는 가을이에게 다가가 어깨를 밀친다.

가을   (벌떡 일어나며) 아, 왜 쳐!

오희   야, 너 내가 이모 있다는 사실 친구들한테 말했어?

가을   (시치미 떼며) 아니, 안했는데.

오희   거짓말 마. 너 말고는 아는 사람 없거든.

가을   누가 그랬는데?

오희   소정이가 방금 나한테 말했는데?

가을   ……(소정이 쪽을 째려본다.) 하, 어이없다 진짜. (고개를 쳐들며) 그래, 내가 그랬어. 근데 네가 뭔 상관인데?

오희   야, 우리 이모 얘기잖아. 상관있지. 그리고 내가 말하지 말라고 했잖아.

가을   네가 말하지 말라고 해서 말하면 안 되냐? 그럴 거면 나한테 말도 하지 말았어야지. 너 바보야?

오희   (할 말을 잃은 듯 잠시 있다가) 소문을 내도 제대로 내. 내가 무슨 엄마 아빠가 없어!

    아이들이 오희의 소리를 듣고 웅성웅성 댄다.

가을   그래, 그건 미안해. (오희를 스쳐 지나가다 멈추고 뒤돌아서) 아 맞다, 그리고 너 그 티 좀 그만 입고 다녀.

오희   뭐, 뭐?

가을   똑같은 티 며칠 째야, 구질구질하지도 않냐?

오희   (충격 받은 얼굴)……

가을	너랑 똑같은 옷 입고 다니기 쪽, 팔, 린, 다, 고.
소정	야, 야, 얘들아. 그만 좀 싸워.
가을	야, 네가 말했냐?
소정	뭐, 아, 아니 어쩌다 보니까…….
가을	내가 말하지 말랬잖아. 배신자.
소정	아니 내가 생각해보니까 이거 오희 이야기잖아. 오희 몰래 오희 이야기를 소문내는 건 좀 아닌 거 같아.
승연	야, 윤소정. 그렇다고 오희한테 말하냐. 너도 똑같아.
한준	얘들아 너네 싸우지 마. 너희 다 잘한 거 없어.
가을	(날카롭게) 야, 너도 잘한 거 없어. 너도 수연이 괴롭혔잖아.
승호	(끼어들며) 한준이가 언제 수연 괴롭혔냐? 그러는 너는?
승연	실험관찰책 한준이가 수연이한테 던졌잖아.
오희	너희 피구할 때도 수연이 때문에 못했다고 말한 건 있었니?
승범	그러는 너네는 모둠 바꾸고 싶다고 매일 노래 불렀잖아.
소정	우리는 속으로만 그랬다는 거지, 너희들은 툭하면 수연이 때리고 치고 그랬잖아.
승호	치긴 언제 쳤다고 그래! 부딪친 거지.
한준	속으로나 겉으로나 어쨌든 상처준 건 똑같잖아. 누가 누구한테 뭐라 그래?
승범	그럼 누구 수연이 당할 때 도와준 사람 있어?

정적이 흐른다.

선생님이 들어온다.

선생님	…뭐야? 수업 준비 해.
아이들	……네.

아이들, 아무 말 없이 각자 자리로 들어가 교과서를 꺼낸다. 평소보다 더 조용하다.

선생님은 말없이 아이들을 지켜보다가 평소대로 수업을 시작한다.

| 선생님 | (책을 펴며) 교과서 48쪽, 학습문제……(점점 소리가 작아지며 상부 TOP 조명) |

연출 PD 등장

세영	지금 심정이 어떤지 이야기해주세요.

아이들, 한명씩 앞으로 일어나 관객들을 향해 말한다.

수연	사실 갑자기 왜 제 이야기가 나왔는지 모르겠어요. 한준이가 괴롭힐 때 절 도와준 사람은 아무도 없었어요. 그런데 왜 서로 네가 못했다, 잘했다 하면서 따지는지 모르겠어요. 그냥 절 가만히 내버려뒀으면 좋겠어요.
승범	수연이 생각이 맞아요. 생각해보니 우린 아무도 수연이를 도와주지 않았어요. 한준이는 축구할 때 절 데리고 다녀요. 왠지 한준이 편을 안 들면 축구할 때 절 빼고 할 것 같았어요. 그리고 저희가 진짜로 수연이를 때리거나, 수연이를 향해 욕을 한건 아니니까 그 정도는 괜찮을 거라 생각했죠.
소정	저는 원래 오희랑 친했어요. 5학년이 되서 오희가 저 말고 가을이랑 더 친하게 지내게 되었어요. 가을이가 오희가 소문을 퍼뜨리는 걸 보고… 처음부터 가을이 눈빛부터가 마음에 안 들었어요. 그리고 제가 모르는 오희에 대한 사실을 가을이가 알고 있다는 게 화가 났어. 제가 생각하기엔 아무래도 그게 아닌 것 같아서 오희한테 말을 했는데……일이 생각보다 많이 커진 것 같아요.
승호	저도 승범처럼…한준이랑 같이 지내고 싶어서 한준이 편을 좀 들었어요.
승연	전 모범생이에요. 늘 칭찬만 받고 살았어요. 그런데 김수연, 김한준 때문에! 자꾸 벌을 받으니까 짜증이 났어요. 한준이야 말이라도 통하지 수연이는 말해도 대답도 제대로 안하고, 짜증났어요. 하지만 생각해보니 수연 입장에서는… 답답했을 것 같아요.
오희	저는 가을이를 단짝친구라고 생각했어요. 그런데 가을이는 그게 아니었던 것 같아요. 가을이가 뭐 사달라고 할 때 그래, 같이 사고 먹으면 나도 좋으니까 하면서 계속 사주고 그랬는데 가을이는 제가 아니고 제가 사주는 물건을 더 탐냈던 것 같아요. 이제 친구들 사귀기가 무서워요. 머릿속이 복잡해요.
가을	사실 처음엔 오희가 좋았어요. 그런데 오희는 그냥 내가 뭐 갖고 싶다 말만해도 다 사주니까…그러다 보니 점점 부러움을 넘어서 질투를 했던 것 같아요. 우리 집은 동생들이나 언니 오빠들이 많아서 항상 물려받거나 빌려 쓰거든요. 제건 없어요. 그래서 이용해 먹어야지 이런 생각이 들었던 것 같아요. 난 갖고 싶은 게 있는데 오희가 안 해주면 짜증나고 그랬어요. 전 왜 그럴까요?

한준 수연이를 보면 우리 집에서의 제가 생각나요. 전 집에서 힘이 없어요. 아빠가 술
에 취해 들어와 절 때리고 욕해도 저는 할 수 있는 게 없었어요. (잠시 숨을 고른다.)
게다가 수연이는 뭐든지 느리니까 답답해서 몇 번 툭툭 쳤는데 별 반응이 없더라
고요. 그래서 더 화기 났어요. 제 모습 같았어요. (자세를 바꾼다.) 사실 얘기하지 않
았지만, 수연이가 알뜰바자회 때 저 도와줬거든요. 그때는 수연이 짜증나서 저 대
신 혼나도 아무 생각 없었는데 아이들 이야기를 들어보니 정신이 번뜩 들었어요.
저도 수연한테는 우리 아빠 같은 모습이었다는 걸요. 저도 그렇게 맞는 걸 싫어하
는데……(입술을 깨문다.) 제가 제일 수연이한테 심하게 굴었던 것 같아요.

서서히 조명이 꺼지면서 아이들은 서로가 서로를 바라본다.
BGM. 축복송 노래 부르며 뒤로 돌아서 퇴장

2장. 과학실

아이들이 자리에 앉아 실험 관찰책에 내용을 적고 있다.
선생님이 돌아다니며 검사한다. 2모둠을 지나 1모둠에서 걸음을 멈춘다.

선생님 여기, 왜 실험관찰책이 깨끗하지?

승연이가 실험관찰책에 열심히 쓰다 말고 선생님의 소리에 놀라 수연이를 바라본다.

선생님 뭐야, 왜 수연이 교과서만 깨끗해? (다른 모둠원들 교과서를 훑어본다.) 너희들, 같은
모둠원끼리 도와줬어야지. 이번 쉬는 시간 끝날 때까지 마무리해. (선생님 퇴장)

잠깐 정적이 흐른다.

승연 (수연이의 실험관찰책을 보다가 수연이 쪽으로 몸을 기운다.) 아까 선생님 설명하신 거
기억 나? 첫 번째 실험한 거, 2번이 아니고 1번에 써야 돼.
소정 내꺼 볼래?
한준 야, 야, 야. 됐어. 내가 알려줄게. (책을 수연이 책상으로 옮기고 몸을 수연이 쪽으로 기
운다.) 여기 1번 실험관찰 있잖아, 왼쪽 비이커에 있는 거……

가을, 교과서에 글을 쓰다가 샤프를 몇 번 흔든다.

가을   아, 내 샤프는 왜 이모양이야. 맨날 고장나.

오희   (눈치를 보다가) 내, 내 꺼 빌려줄까?

가을   됐어~ (실없이 웃으며) 너가 사준 것만 해도 산더미거든.

오희   (웃을 듯 말 듯) 아, 어. (다시 교과서에 글을 쓴다.)

가을   (턱을 괴고 오희를 지켜보다가) …너, 오늘 우리 집 놀러 올래?

오희   (놀라며) 뭐? 너 초대한 적 한번도 없었잖아.

가을   그래서 지금 말하는 거잖아. 안 올거야?

오희   (애써 웃음을 참으며) 아, 아니! 갈래. 갈게, 갈게.

가을   대신 우리 집 되게 좁고, 동생들도 많아서 복잡하다? (웃으며 팔을 친다.) 너네 집이
         랑 비교하면 안돼~

오희   (같이 웃으며) 내가 그런 생각을 왜 해~

가을   끝나고 바로 가는 거다?

승호   아~ 분위기 이게 뭐야. 아 오글 거려! 내 손 발!

승범   아야야, 얼른 축구하러 가자. (돌아보며) 한준아, 갈래?

한준   잠깐만, 수연이 이거 다 마무리 하고.

승범   뭔데 뭔데? 도와줄게.

승호   나도나도.

남학생들, 수연이에게 몰려가 장난을 치며 논다. 암전.

끝

'팥죽할멈과 호랑이' 패러디 연극

차시별 주요 활동			
차시	단계	활동목표	활동 내용
수업전	준비	희곡 읽기	1. 아동극집을 찾아 아동극 희곡 읽어보기 2. 연극으로 표현하고 싶은 내용 고민해 오기 3. GMO 식품과 관련한 책이나 정보 찾아오기
1~2	희곡 각색	이야기 읽기와 내용 논의	1. 이야기의 내용을 생각하며 「팥죽할멈과 호랑이」 읽기 2. 「팥죽할멈과 호랑이」 읽고 내용 파악하기 3. 희곡 각색을 위해 토론하기
3~6	즉흥 표현	희곡 각색을 위한 즉흥 표현하기	1. 희곡으로 만들 내용 의논하기 2. 의논한 내용을 즉흥으로 표현하기 3. 즉흥 표현을 공유하고 토론하기 4. 즉흥 표현을 희곡으로 정리하기 5. 다양한 역할 설명하기
7	역할 정하기	연출, 극작, 배우, 스태프 등	1. 역할 오디션 진행하기 2. 배역 표에 적절한 사람 이름 적어 내기
8-10	역할 연습	맡은 역할 수행하기	1. 역할 발표하기 2. 역할 수행하기(연기 연습, 스태프 등 역할 수행하기)
11	리허설	공연 준비	1. 배우와 스태프가 어울려 리허설 진행하기
12~13	공연 평가	공연 및 평가	1. 공연하기 2. 공연 평가하기
의상 소품			1. 체육복을 기본 복장으로 하여 보자기와 부직포를 활용하여 인물을 상징하는 의상 만들기 2. 종이나 부직포 등을 활용하여 소품 만들기

1. 들어가는 말

4학년 학생 11명과 함께 학예회 공연을 준비하여 2016년 11월 23일 수요일에 공연했다. 〈팥죽할멈과 호랑이〉라는 옛이야기를 패러디하여 식생활과 관련해 얘기하고 싶었다. 그래서 옛이야기를 읽은 후 '유전자 변형 식품(GMO)'에 관한 언론의 보도와 관련 책들을 찾아보고 우리 식탁의 안전을 지키는 방안에 관해 토론하였다. 아이들은 조금 과장된 표현일 수 있지만, 기형아 출산이란 부분을 건드리는 것이 필요하겠다는 결론을 내렸다. 설마 그런 일이 벌어질까 싶은 일을 연극이라는 상상의 장(場)을 빌어 표현한 것이다. 유전자 변형 식품을 먹은 후 어떤 일이 벌어질 수 있는지를 다양하게 생각해 보자는 취지였다.

2. 공연의 성격 : '무대 공연'에 충실한 공연

아이들은 공연을 통해 전하려는 내용을 생각해 보고, 즉흥 표현을 하면서 희곡으로 만들었다. 그런 다음 희곡을 바탕으로 배역을 정해 연기 연습을 진행하는 방식으로 공연을 준비했다. 4학년 한 반 학생 11명이 모두 공연에 참여하였다. 학기 초부터 희곡집을 교실에 비치하여 수시로 읽도록 했기 때문에 학생들이 즉흥 표현을 하고, 희곡으로 정리하는 일은 어렵지 않았다. 아이들과 교사가 함께 의논하며 희곡을 계속 수정하는 방식으로 공연을 준비했다.

3. 준비해야 할 것들

① 공연 시간

학교 전체 학예회였기 때문에 한 반에서 사용할 수 있는 공연 시간이 길지 않았다. 5분 내외로 준비한다는 목표로 준비하여 결국 7분 내외의 공연을 만들었다. 공연 시간이 짧으면 등장인물이 적어야 한다. 여러 인물이 등장하면 관객이 등장인물들의 이름과 성격 등을 파악하는 것이 어렵기 때문이다. 다만 옛이야기를 패러디할 경우 아이들이 인물에 관해 쉽게 이해할 수 있다면 여러 인물이 나와도 상관없다.

② 공연 장소

학교 체육관 무대에서 공연하였다. 학교 전체 학급 수가 12학급으로 적었기 때문에 공연 장소에서 미리 연습할 기회가 많았다. 그래서 체육관을 사용할 수 있도록 배정받은 날 연극을 충분히 연습하였다. 그런데 무대 뒤쪽이 서로 연결되어 있지 않아서 공연 중에 이동이 불편했다. 그래서 모든 공연 팀이 등장과 퇴장에 관해 약속했다. 무대 왼쪽에서 등장하여 무대 중앙에서 연기하다가 무대 오른쪽으로 퇴장하는 방식으로 등장과 퇴장을 했다. 그러나 같은 인물이 다른 장면에 또 등장한다면 어디에서 무대로 등장하여 어디로 퇴장하는 게 좋을지 미리 생각해 보도록 했다. 그런 원칙 속에서 큰 움직임과 작은 움직임, 표정과 대사에 이르기까지 세부적인 연기까지 준비하였다.

③ 참여자

서울 시내 중부교육지원청에는 학급 수가 적은 학교가 많은데, ㅇㅇ초등학교는 학급 수뿐만 아니라 한 학급의 학생 수도 적었다. 학기 초 3월에는 14명이었고, 2학기에 3명이 전학을 하여서 11월 공연을 할 때는 학생 수가 11명이었다. 등장인물이 9명이어서 모두 한 배역씩 맡았고, 나머지 2명은 연출과 극작, 소품을 맡았다. 엄밀하게 얘기하면 연출과 극작을 2명이 맡았고, 나머지 아이들은 배역을 맡았다. 오디션을 통해 배역을 선정하였고, 나머지는 공연을 위해 배우 역할을 맡기 싫은 아이일지라도 하나씩 역할을 맡기로 했다.

④ 희곡 만들기

먼저 공연에서 무슨 이야기를 할지 토론하였다. 그런 다음 그 내용으로 모든 아이들이 희곡을 써 오게 하였다. 그렇게 만들어 온 희곡을 살펴보고 공연에 사용할 만한 장면이나 인물, 대사가 있으면 표시하였다. 이를 바탕으로 즉흥극을 해 보면서 내용을 확인하고 수정하는 방식으로 조금씩 희곡을 만들었다. 처음엔 장면 설명 정도의 희곡이었지만, 차츰 대사가 정교해지고, 인물의 성격도 살아났다.

처음엔 '팥죽할멈' 역할이 남학생일 거라고 예상하지 못했다. 그런데 공교롭게도 남학생이 할머니 역할을 맡다 보니 공연의 분위기가 혼란스러워졌다. 그래서 할멈 대신 할아범으로 역할을 바꿨다. 그랬더니 남학생이 어색하게 할머니 연기를 하는 것보다 나았다. 현실 속에서도 할아버지 혼자 농촌에서 농사를 지으시며 사는 경우가 있기 때문에 꼭 팥죽할멈이어야 할 이유는 없었다.

4. 연습 일정과 절차

담임 선생님이 자신이 맡은 반 아이들과 함께 공연을 준비하는 것은 연습 일정을 조율하는 데 편리하다. 공연일이 다가오면 연습하는 시간을 더 많게 해야 하고, 공연에 필요한 것들을 준비하는 데도 시간이 필요하다. 그래서 진도가 늦어지지 않게 미리 공부에 집중함으로써 진도를 더 나가 놓는 것도 좋다. 그리고 공연이 끝난 후에 부족한 진도를 보충하면 연습 일정에 무리가 없다.

처음부터 완성된 희곡으로 공연 준비를 시작하는 건 연기로 표현하는 과정에서 어려움이 있다. 즉흥 표현을 하면서 희곡을 만들어 가면 그 과정에서 자연스럽게 연기가 좋아진다. 즉, 희곡을 만들기 위해 연극놀이도 하고, 즉흥극도 하며, 마임도 조금씩 하는 게 좋다. 그런 다음 약간의 줄거리와 방향이 잡히면 즉흥 표현으로 희곡을 완성해 나간다. 그런 다음 배역을 정하기 위해 오디션을 하고, 역할을 정한다. 오디션에 응하지 않는 아이들이 배역 표에 가장 어울리는 사람을 적도록 한다. 교사가 이를 모아서 정리한 후 역할을 발표한다. 이렇게 역할이 정해지면, 계속해서 즉흥극을 하여 장면을 더 정교하게 만들고, 필요한 장면이 있다면 더 만들면 된다.

5. 스태프 관련 준비

스태프가 맡은 역할에는 조명, 의상, 음악, 소품 등이 있다. 여기에 연출과 극작을 포함해 처음부터 연출과 극작 중심으로 공연 준비를 시작할 수도 있다. 스태프 역할을 맡은 아이들이 만들어온 내용이 부족하거나 잘 될 수 있다. 그 완성도와 관계없이 아이들이 준비한 그 상태 그대로 무대 위에 올리는 것도 좋다. 다른 선생님께서 아이들이 만든 의상이나 소품을 보시고 성의가 부족해 보인다고 말씀하셔도 상관없다. 어차피 공연에는 부족한 것이 있기 마련이고, 그것을 채우다 보면 한도가 없다. 그리고 교사가 나서면 준비한 아이의 마음을 다치게 할수도 있다. 그리고 교사가 한두 개 챙겨주다 보면 아이들의 자발성과 창의성이 발휘될 여지가 없어지기도 한다.

6. 마무리

공연을 함께 만들었던 아이들이 공연을 준비할 때와 공연이 끝난 후 이 공연에 관해 어떻게 생각하고, 기억하는지 확인하기 위해 평가회를 해야 한다. 평가회에서는 함께 의논하면서 만들었던 공연이 무대에서 표현될 때 자부심과 자신감이 생기고, 연습할 때도 공연할 때도 대충하는 친구 때문에 매우 열심히 준비했던 친구가 속상해하는 얘기도 나올 수 있다. 늘 일어나는 일이지만 무대 위에서 벌어지는 돌발 상황에 즉흥적으로 대응하며 그 장면을 완성했던 추억은 오래 기억될 것이다.

팥죽 할아범과 문어 호랑이

때 : 오늘날

곳 : 어느 숲속

등장인물 : 팥죽 할아범, 며느리, 호랑이, 문어 호랑이, 팥죽 할아범 손주, 새, 쥐, 붉은 개미,

멧돼지

이상한 숲속 어느 무더운 날 한 부지런한 할아버지가 커다란 밭에서 땀을 흘리며 콩을 키우고 있다. 할아버지 앞에 호랑이가 나타난다.

호랑이	(큰소리로) 어흥! 할아범, 팥 농사를 지었나?
팥죽 할아범	(떨리지만 작은 소리로 속삭이며) '어이구 저 바보, 이건 팥이 아니라 콩인데.... 그래도 호랑이니 어쩔 수 없지. 쩝!
호랑이	할아범, 뭐라고 하는 거야!
팥죽 할아범	(큰 소리로) 예! 팥이 맞다. 콩처럼 보이지만 팥이죠. 분명히 팥입니다. 하하하.
호랑이	흠! 할아범. 요즘 먹이도 없고 해서 내가 배가 아주 고파. 그래서 할아범을 잡아먹어야겠어.
팥죽 할아범	아이고, 호랑이님, 먹을 것이 없다니요. 여기 있는 팥으로 죽을 끓이면 얼마나 맛있는데요. 제가 끓인 팥죽은 둘이 먹다가 하나가 죽어도 모를 만큼 맛이 있답니다.
호랑이	어, 그래. 그 말 정말이야? (생각에 잠겨 혼잣말로) 할아범을 잡아먹으려고 했는데, 팥죽이 그렇게 맛있다면 어쩔 수 없지. 그럼, 팥죽을 먹고 나서 할아범을잡아 먹어야지. (큰 소리로) 할아범! 내가 다음 주에 찾아올 테니까 팥죽을 만들어놔! 알았지? 안 그러면 할아범을 잡아먹을 거야. 흐흐 어흥~ (호랑이는 퇴장한다)
팥죽 할아범	아이고. 어째 난 왜 이렇게 일이 꼬일까? (풀 죽은 팥죽 할아범 발밑에 붉은 개미, 새, 쥐가 콩을 갉아 먹고 있다) 휴우! (콩을 던져주며) 옛다, 여기 콩이다. 많이들 먹어라. (잘 먹는 붉은 개미, 새, 쥐를 보며 팥죽 할아범은 잠시나마 근심을 잊고 마음을

	잠시 놓았다. 그러다 문득 생각이 떠올라서 손으로 무릎을 치며) 아! 맞다! 지난번 며느리가 팥을 샀다고 했지? 당장 전화해 봐야겠다! (전화를 건다) 010 - 뚜뚜, 뚜뚜
며느리	(다른 쪽에 등장하여 전화를 받으며) 아버님, 안녕하세요?
팥죽 할아범	그래 너도 별일 없지?
며느리	네, 어머님. 우리 주은이가 수영을 잘해서요, 상을 받았어요. 호호호
팥죽 할아범	어, 그래, 그것참 반가운 소식이구나! 그런데 참, 네가 지난번 팥 많이 사났다고 했지? 그거 나 조금만 줘라~
며느리	알겠어요. 그런데 그건 왜 필요하세요?
팥죽 할아범	그게 말이다. 이웃에 사는 호랑이가 팥죽을 먹고 싶대서 그렇단다.
며느리	아 근데 그게. 그냥 팥이 아니라 GMO 팥이어서요.
팥죽 할아범	며느리야~ 내가 영어를 모르는 것도 아니고 딸내미가 가르쳐줬어~ G는 그랜마, M은 맘, O는 오빠! 할아버지와 엄마와 오빠의 손맛~이잖아~
며느리	아니에요, 아버님. GMO는 그 뜻이 아니고.
팥죽 할아범	아니다~ 그냥 줘~ GMO 팥이든 아니든 상관없어~
며느리	아니 그게 아니라 GMO 팥은 위험해서요.
팥죽 할아범	위험하든 아니든 상관없어. 어쨌든 내일까지 꼭 가져와라! 이만 끊자. (전화기 소리: 뚝!)
며느리	(혼잣말로) 휴~ GMO 팥은 유전자변형식품이어서 먹으면 몸에 안 좋을 수 있는데, 어떡하지? (사이) 그래도 아버님 말씀이니 할 수 없지!

　　　일주일 후

호랑이	어흥~ 할아범! 나왔어! 은 다 했겠지? (작은 소리로 혼잣말을 하며) 팥죽을 먼저 얼른 먹고 할아범도 잡아먹어야겠다. 으흐흐~
팥죽 할아범	(그릇을 들고 나오며) 그럼, 다 끓여 놨지. (호랑이에게 그릇을 전해주다 떨어져 팥죽을 쏟는다)
호랑이	앗, 뜨거워! (호랑이가 뜨거워서 펄쩍 뛰다가 넘어진다) 으악! 아이고, 아파. 이건 또 뭐야!
팥죽 할아범	에구머니나! 조금만 기다리시게. 얼른 다시 떠다 줌세. (팥죽을 다시 들고 나와 내밀며) 자. 여기.

호랑이	(맛있게 먹는다) 쩝쩝~ (갑자기 배를 만지며) 으악 그런데 왜 갑자기 배가 아프지? (괴로운 목소리로) 할아범 팥죽에 뭐 넣었어?
팥죽 할아범	아니, 팥 말고는 아무것도 넣지 않았어. 그런데 그냥 팥이 아니라 GMO 팥이야!
호랑이	(아파하며) GMO 팥이라고, 진작 알려줬으면 안 먹었을 텐데, 팥죽 할아범 너무해. 으앙 (호랑이는 배를 잡고 데굴데굴 구르며 집으로 간다)
팥죽 할아범	쌤통이다. 나쁜 짓을 했으니 벌을 받아야지. 그런데 왜 그런지 호랑이가 좀 불쌍한걸.

한 달 후

문어 호랑이	(팥죽 할아범 집 문을 두드리며) 쾅! 쾅! 쾅!
팥죽 할아범	(문을 열어주며) 뉘신지요?
문어 호랑이	누구냐고? 나는 네가 준 팥죽을 먹고 태어난 문어 호랑이다. 네가 나한테 한 짓을 복수하러 왔다.
팥죽 할아범	에구머니나. 미안하다. 난 몰랐단다. 어떻게 도와줄까?
문어 호랑이	도와주긴 뭘 도와줘. (소리를 지르며) 어홍, 할아범을 잡아먹겠다.
팥죽 할아범	(도망치며) 으악! 사~ 사람 살려! (문어 호랑이를 피해서 이리저리 도망친다)

(쥐, 새, 불개미들이 달려 나온다)

문어 호랑이	(할아범을 바라보며) 내 이 잘생긴 이빨로 널 먹어버리겠다!
	(새가 날아와서 이빨을 쪼아 구멍을 내서 부러뜨린다)
문어 호랑이	괜찮아. 나에겐 이 날카로운 손톱이 있으니까!
	(쥐가 달려와서 손톱을 갉아 먹는다)
문어 호랑이	그럼 난 아무것도 할 수 없으니. 너를 매일 지켜보며 "어홍!" 큰 소리로 겁을 주겠다!

(불개미가 나와 눈을 물어 부어서 한동안 앞을 볼 수 없게 한다)

문어 호랑이	으악. 내 눈! 내 눈! 앞이 안 보인다.

멧돼지	(반대쪽에서 달려와 호랑이를 밀어버린다)
팥죽 할아범	날 잡아먹으려 했으니 어쩔 수 없지만, 문어 호랑이가 왠지 불쌍한걸. 눈이 가라앉는 약도 주고 내가 모아둔 마법 약초들도 줘야겠다.
문어 호랑이	(마법 약초를 먹으며) 팥죽 할아범, GMO 팥은 유전자 조합 콩이어서 이걸 임산부가 먹으면 팔이나 다리가 많은 기형아가 태어날 수 있는데요.
팥죽 할아범	문어 호랑이야 미안하다. 나는 몰랐단다. 알았다면 네 엄마에게 팥죽을 주었겠니?
문어 호랑이	몰라요, 전 이제 어떻게 해요. 엉~ (울면서 퇴장한다)

(며느리와 손자, 손녀가 차를 타고 온다)

팥죽 할아범 손주들	(차에서 내리며) 와! 할아버지, 저희 왔어요!
팥죽 할아범	그래, 귀여운 내 손주들. 어서 오너라.
팥죽 할아범 손주들	할아버지, 저희 팥죽 좋아하는데 팥죽 끓여 주세요!
팥죽 할아범	안 돼! 팥죽은 안 돼! 애들아, GMO 팥이어서 몸이 안 좋을 수 있단다. 이 할아버지가 좋은 팥을 사서 그걸로 끓여줄게.
팥죽 할아범 손주들	네! 할아버지, 저희에게 건강한 음식만 만들어 주세요.
팥죽 할아범	그럼, 그럼, 우리 귀여운 강아지들~

끝.

7. 개작을 위한 제언

① 문어 호랑이가 너무 많이 공격을 받는다고 생각한다면 그 학급에서는 문어 호랑이를 위해 몇 가지 대안을 마련할 수 있다. 팥죽 할아범이 마법 약초를 가져와 호랑이 눈을 고쳐주는 것처럼 다른 방법을 찾으면 좋겠다.

② 팥죽 할아범이 며느리에게 GMO 팥을 받지 않고, 상인에게 사는 것으로 할 수 있다. 상인이 유기농 재래종 팥은 가격이 비싼 대신 GMO 팥은 가격이 싸다고 호객행위를 할 수 있다.

③ 학급 아이들이 스스로 내용을 고칠 때 이유나 근거를 생각해 보게 하는 게 중요하다. '그냥 재미있을 것 같아요.'라는 말을 하면서 바꾸려고 하면 더 생각하도록 해야 한다.

'노잣돈 갚기 프로젝트' 학예회 연극

1. 사전 준비

1) 학급 분위기 조성

연극을 준비하기에 앞서, 3월 한 달 동안은 서로 익숙해지기 위해 연극놀이를 자주 이용하여 수업을 열었다. 그리고 국어 시간에는 항상 시작할 때 감각을 열기 위한 놀이를 하여 국어에 대한 부담감을 덜고 아이들이 국어 시간을 기다릴 수 있도록 분위기를 조성하였다. 온 작품 읽기로 선정한 '노잣돈 프로젝트'는 장편에 해당하기 때문에 책 읽기 훈련도 필요했다. 선수학습으로 '좋은 엄마 학원', '멀쩡한 이유정', '진짜 별이 아닌 별이 나오는 이야기' 등의 단편을 읽고 본 온 작품 읽기 수업을 시작했다. 단순히 연극을 준비하는 것이 아닌, 국어 교과 문학에서 필요한 성취기준을 채워야 했기 때문에 책을 읽어준 후 인물의 성격 알기, 뒷이야기 꾸며보기 등 성취기준에 기반을 둔 수업을 구성하였다.

2) 작품 선정하기

\# '노잣돈 갚기 프로젝트'(2015), 김진희 글, 문학동네 어린이

'노잣돈 갚기 프로젝트'라는 동화는 2017년 어린이 도서 연구회(이하 어도연)에서 선정한 '학생들이 추천하는 도서' 중에 한 권이었다. 책을 고르기 전 어도연에서 추천 도서 목록을 뽑아 서점에서 읽어보고 선정하였다. 많은 책 중에서 이 책을 고른 이유는 책이 두껍지 않을 것, 아이들이 흥미를 느낄 만한 내용일 것에 해당하기 때문에 선정하였다. 노잣돈 갚기 프로젝트는 쪽수가 200쪽 이하라 한 달 정도 기간을 두고 교사가 읽어줄 수 있었고, 사람이 죽으면 노잣돈을 챙겨줘야 한다는 우리나라 전통을 모티브로 한 내용이기 때문에 아이들이 흥미를 느끼리라 생각했다.

2. 온 작품 읽기_교과통합을 통한 교육과정 재구성

본교에서는 아이들이 책을 준비하지 않고, 교사가 책을 읽어줌으로써 온 작품 읽기 활동을 진행하였다. 단점은 1권의 책을 전부 읽어줘야 하므로 목이 아프지만, 장점은 책을 읽어주면서 아이들과 눈을 마주치며 상호작용을 할 수 있으므로 아이들과 교사 간 즉각적인 피드백이 가능했다.

차시 (블록)	교과 학습 요소	수업 내용 (생각 열기, 공책 정리)
1B	배경, 인물 파악 인물의 삶을 파악하고, 자신의 삶 되돌아보기	'노잣돈 갚기 프로젝트'이야기 읽어주기 (7~40쪽) 이야기 배경(시간, 공간) 파악하기 이야기 속 등장인물 성격 파악하기 동우가 저승에서 본 지옥문들을 이야기한 후 저승에는 어떤 지옥들이 있을까? 그 지옥에는 어떤 죄를 지으면 가게 될까? [상상해서 그려보기] ※ 큰 죄(성폭행, 살인 등)가 아닌 작은 죄(숙제 밀림, 친구 뒷담하기)에 대해서도 생각할 수 있게끔 한다. · 주제글쓰기(일기) : 지금까지 나의 삶을 저승 거울에 비춰본다면?
2~3B	이야기의 구성요소들 관계를 생각하며 이야기의 뒷부분을 상상하기	'노잣돈 갚기 프로젝트'이야기 읽어주기 (41~67쪽) 즉흥극 만들기(모둠) : 동우가 나라면 어떻게 노자를 갚을까? 예시: 준희의 숙제를 대신 해준다. 준희의 고양이가 사고 날 뻔할 때 구해준다. 등 인물의 성격을 고려하여 글쓰기 : 5학년 때 준희와 동우에게는 무슨 일이 있었을까? 이야기 뒷부분 상상해서 글쓰기 : 인물의 성격이 바뀐다면, 이야기가 어떻게 진행될까?
4B	동화의 특성을 생각하며 작품 읽기	'노잣돈 갚기 프로젝트'이야기 읽어주기 (67~99쪽) 학급 마니또 활동 · 주제글쓰기(일기) : 내 마니또 관찰일지 동우가 노잣돈을 갚기 위해 준희를 관찰하고, 노자 갚기 프로젝트를 시작한 이야기에서 적용 – 마니또 친구가 좋아하는 것, 잘하는 것, 싫어하는 것, 못 먹는 것 등을 자세히 관찰 후 내가 마니또를 위해 할 수 있는 일 목록화 해보기 [우렁각시 되어주기]
5B	이야기의 구성요소들 관계를 생각하며 이야기 읽기	'노잣돈 갚기 프로젝트'이야기 읽어주기 (99~122쪽) 이야기 추측하고 즉흥극 만들기 : 동우가 어떤 일을 함으로써 갚아야 할 노자가 줄어들었지만, 동우는 그 이유를 모른다. 이제까지 동우가 갚은 노자가 어떤 행동 때문이었을까?
6B	동화의 특성을 생각하며 작품 읽기	'노잣돈 갚기 프로젝트'이야기 읽어주기 (123~143쪽) 나의 마니또는 ○○일 것 같다! : 내가 받은 마니또의 도움 생각해보기 마니또 발표하기 : 편지 · 선물(2,000원 이내)과 함께 내가 왜 이 선물을 준비했는지 발표. 인물과 배경 상상하여 그려보기 인물의 생김새와 옷차림은? 인물의 성격이 드러나는 겉모습 생각해보기 예시) 성재 : 모자를 거꾸로 씀. 배경(무대)을 어떻게 표현할 것인가? 무대의 한 장면 그려보기
7B	면담의 절차를 알고, 절차에 따라 면담하기	'노잣돈 갚기 프로젝트'이야기 읽어주기 (143~163쪽) 저승사자가 나타나 동우와 마지막 이야기를 나눈 후 저승사자와 면담하기[핫시팅 : 상황에 따라 학생이나 교사가 저승사자의 역할을 함]

3. 연극 준비하기

1) 희곡의 특성을 생각하며 작품 읽기

아이들은 연극보다 드라마를 더 쉽게 접하므로 드라마의 한 장면을 보고 시나리오와 비교를 해본다. 희곡의 3요소(해설, 지문, 대사)에 대해 알려주고, 시나리오에서 해설·지문·대사를 분류해보는 연습을 한다.

2) 이야기를 희곡으로 바꾸어 쓰기

모둠별로 이야기의 한 부분을 맡아 동화를 희곡으로 갈래를 바꾸어 써본다. 상황에 따라 인물을 삭제하거나 추가할 수도 있고 장소를 바꿀 수도 있음을 알려준다. 연극으로 나타내기에 불가능한 장면은 어떤 것으로 대체할 것인지 회의를 통해 정한다. 생각이 안날 때에는 아이들이 즉흥극을 만들고 그걸 받아 적음으로써 희곡을 완성하였다.

대본을 완성한 후에는 돌아가면서 읽기, 역할 나누어 읽기, 바꿔 읽기 등 다양한 방법으로 대본 읽으며 대본을 지속적으로 수정, 점검해나갔다. 무대 전환이 잦으면 시간이 지연되므로 이야기 순서를 바꾸더라도 무대 전환을 최소화시키려고 노력했다.

4. 바꾸어 쓴 희곡으로 연극하기

1) 연극을 위해 필요한 역할 알아보기(무대 앞, 무대 뒤)

준비하는 모든 과정은 아이들과 회의를 거쳐 정하였다. 필요한 역할부터 배경음악, 장면전환, 소품 제작까지 학생들이 정하였다. '노잣돈 갚기 프로젝트'에는 준희가 키우는 고양이가 나오는데 이 고양이도 인형으로 할 것인가, 배역으로 할 것인가 토의를 하다가 배역을 주기로 하였다. 아이들에게 희망자를 받거나 추천을 받아 역할을 정하였다. 거수투표를 하면 인기투표처럼 될 가능성이 있어 활동지를 나눠주어 자신이 감독이라면 누구를 어떤 배역에 주고 싶은지 각자 적어 쓰게 하고 1, 2, 3지망을 고려하여 배역을 정했다.(61쪽 배역표 참고)

연극을 프로젝트 형식으로 긴 기간 동안 준비할 예정이었으므로 배역과 제작진 역할이 정해지면 역할에 따라 자리 재배치를 하여 언제든지 팀별 회의가 가능하도록 했다.

5. 연극 시연하기

배역이 정해지면 연극 연습을 시작한다. 무대에 오르지 않는 아이들은 관람객 입장에서 배우가 바라 보아야할 방향, 목소리 크기 등을 알려주거나 시연 중에 어색한 대사나 장면이 있으면 수정할 수 있도록 의견을 자유롭게 낼 수 있는 분위기를 만든다.

6. 장면전환곡(음향) 정하기

장면전환곡이나 오프닝, 커튼콜 음악도 아이들이 미리 조사해 붙임쪽지에 써서 제출하면 협의를 통해 결정했다. 아이들에게 거의 일임하다 보니 적극적으로 참여하여 소품을 만들고, 함께 장면전환을 돕고 연기를 봐주면서 공연을 준비하였다.

7. 커튼콜 정하기
8. 공연 홍보하기 : 포스터, 영상 제작
9. 최종 총 연습

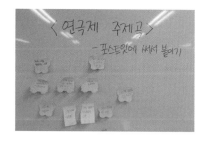

10. 연극이 끝난 후

연극 발표를 누구에게 하느냐도 중요하다. 동학년에게 발표할 것인가, 아우들에게 발표할 것인가를 고민하다가 동학년에게는 위화감을 불러일으킬 수도 있으므로 미리 5학년 부장 선생님과 논의하여 5학년에게 발표를 하기로 했다. 5학년은 앞으로 6학년이 되면 연극을 제작할 수도 있으므로 선배들이 하는 것을 보고 내년에 도움이 되길 바라는 마음도 있었다.

관객과의 대화_면담의 절차를 알고, 절차에 따라 면담하기
공연 시작 전 시청각실 입구에 이젤을 두어 미리 질문을 받고 싶은 역할을 선정한 후 "○○에게 묻습니다."판을 전시해 두었다. 5학년들이 극을 관람한 후 붙임쪽지에 질문을 써서 우드락에 붙였다. 공연이 끝난 후 각 역할을 맡은 아이들이 붙임쪽지를 보고 그 중 마음에 드는 질문을 뽑아 답변하는 시간을 가졌다. 시간이 부족해 차마 답변을 못 한 것은 나중에 붙임쪽지에 따로 답변을 써서 질문 붙임쪽지 밑에 붙여 전시하였다.

'푸른 사자 와니니' 낭독극 만들기

1. 사전 준비

'푸른 사자 와니니'라는 책은 200여 쪽에 달하는 중장 편에 속하는 동화이다. 그래서 준비 없이 읽어주면 아이들이 흥미를 잃을 수 있으므로 꼭 교사가 한번은 미리 책을 읽고 어느 부분에서 끊으면 아이들이 다음 시간을 기대할 수 있을지 확인을 해보기를 바란다. 이번에도 마찬가지로 장편을 읽기 전 몇 가지 단편을 통해 온 작품 읽기 훈련을 거친 후 실시하였다.

2. 온 작품 읽기

푸른 사자 와니니(2015), 이현 글, 창비 출판사

'푸른 사자 와니니'는 사자 무리에서 살던 체구가 약한 와니니가 쓸모없다며 사자 무리에서 쫓겨난 후 새로운 무리를 만들어 성장하는 이야기이다. 초원에 사는 여러 동물 이야기라 아이들의 흥미를 유발하기 충분하다. '푸른 사자 와니니' 책으로 온 작품 읽기 수업을 하신 선생님들이 많이 계신다. 여러 가지 방법을 찾아보고 참고하시길 권한다.

차시 (블럭)	책 쪽수	수업 내용 (생각 열기, 공책 정리)
1B	7–39	'푸른 사자 와니니'를 보고 떠오르는 생각 마인드맵 이야기 차례를 보고 내용 추측해보기 와니니가 사는 곳은 어디일까? 세렝게티 초원, 남아프리카 공화국 등 초원에 사는 동물들은 무엇이 있을까? 누, 임팔라, 가젤, 바위너구리, 사바나 개코원숭이 등

2B	40–52	40쪽 : '사자는 초원에서 가장 [다정한] 동물이다.'바꿔 쓰기
		    ☞ 나는 별 반에서 가장 [ ]한 별이다.
		41쪽 : 내가 듣고 싶지 않았던 말에는 무엇이 있었나요? – 경험 나누기
		    듣고 싶은 않은 말은 대부분 가장 내가 믿고, 사랑했던 사람에게 듣는다.
		    그렇다면 나는 누구에게 듣고 싶지 않았던 말을 했을까?
		[토의토론] 와니니의 선택 – 수사자들을 보낼 것인가, 마디바에게 말할 것인가?

3B	53–78	● 뉴스기사
		① http://www.insight.co.kr/news/156162 의리 있는 암사자/ 수사자보다 센 암사자
		① http://www.insight.co.kr/news/155706 무리에서 떨어진 사자
		61쪽 : 가장 무거운 벌이란 무엇일까?
		    – 마디바 입장에서 일기 쓰기 – 마디바는 어떤 가치를 중시하는 사자인가요?
		    – 마디바는 그 날의 결정을 후회하고 있을까요?
		    – 내가 중요하게 여기는 가치 3가지를 찾고 나를 설명하기
		예시) 나는 친구들을 배려하며협동하고 성실한 ○○○입니다.

4B	79 –114	와니니들의 보이는 점, 보이지 않는 점 표로 작성하기 [수학 직육면체 겨냥도와 통합 지도] – 내가 갖고 있는 보이는 점은 무엇이고, 갖고 있지만 보이지 않는 점은 무엇인가요?
5B	115– 138	119쪽 : [즉흥극] 그날 밤의 진실 – 그날 밤 말라이카는 누구에게 해를 당한 것일까요?

3. 낭독극 만들기

연극이 아니고 낭독극을 선택한 이유는 짧은 준비 시간으로 아이들이 연극적인 요소를 경험하기에 충분하다고 생각했기 때문이었다. 연극은 배우가 대본을 외우고 행동, 입퇴장까지 준비하고 연기해야 한다. 하지만 낭독극은 대본을 외우지 않아도 된다. 낭독극에서 배우들은 역할에 해당하는 자리에 앉아서 목소리로만 연기한다. 무대 효과를 넣는 대신, 낭독극에는 해설로 모든 것을 설명한다. 아주 최소한의 준비로 관객들과 무대를 약속하는 것이다.

장점	단점
• 준비해야 할 것들이 간단함. 　–장면전환, 분장 준비가 필요 없음. 　–소품도 필요한 경우 준비할 수 있지만, 소품 없이 공연함. • 완성도가 높지 않은 공연이지만 학생들은 높은 성취감과 자신감을 가질 수 있음.	• 책의 내용을 모르는 학생들이 듣기에는 많은 집중력이 필요함. 　→ 신체움직임을 최소화하고 언어로만 이야기를 전달하려다 보니 한계가 있음. • 짧은 준비 기간으로 공연을 할 수 있으나 발성 연습은 꼭 해야 할 필수 과제임.

낭독극 대본을 만들기 위해 책을 전부 읽은 후, 아이들과 명장면을 뽑는다. 하지만 명장면만 뽑으면 이야기의 진행이 매끄럽지 못하다. 절정에 다다르기 위해선 전개, 발단이 필요한데 아이들이 뽑은 명장면은 절정에만 해당하기 때문이다. 따라서 명장면을 뽑은 후에 그사이를 이어줄 사건들을 추가한다. 줄거리가 완성되고 나면, 모둠 수에 맞게 나눈다. 모둠이 총 여섯 모둠이라면 6개의 이야기 조각으로 나눈다.

\# 와니니 명장면 6가지

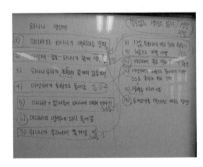

붙임쪽지 협의

① 처음-1 : 마디바와 엄마들이 와니니에 관해 이야기
② 처음-2 : 와니니가 무리에서 쫓겨남. 배고파서 풀을 뜯는 와니니
③ 중간-1 : 아산테, 잠보, 와니니가 함께 생활 /토끼 고기를 먹으려고 싸우는 장면

④ 중간-2 : 아산테, 잠보, 와니니가 함께 생활 /삭은 무화과를 먹고 취한 원숭이, 초원의 끝

⑤ 끝-1 : 마디바와 와니니가 재회하는 장면

⑥ 끝-2 : 아산테가 초원으로 돌아가기 위해 스스로 혼사가 되는 장면

모둠끼리 책의 구간을 나눈 뒤에는 가장 인상 깊은 구절, 장면 등을 붙임쪽지에 써서 순서대로 나열한다. 이를 옮겨 적으면 낭독 대본이 된다. 이때도 줄거리 만들 때와 같이 인상적인 부분만 쓰면 이야기의 진행이 어색하므로 대본을 여러 번 읽어보면서 중간에 대화나 해설을 추가해서 넣어야 한다.

대본이 완성되면 아이들이 등장인물에 이입하거나 상황을 나타내는 시를 쓴다. 시를 낭독할 만한 이야기 상황 뒤에 자신의 시를 첨부한다.

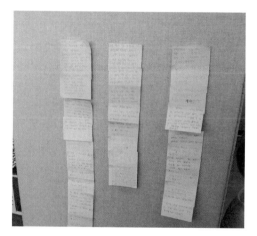

붙임쪽지로 낭독대본 만들기

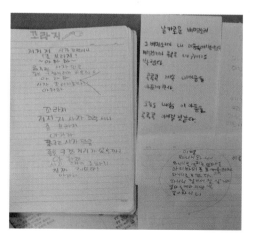
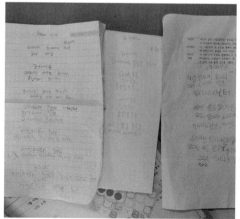

아이들의 시

낭독극 대본 (부분)

1장. 마디바의 아이

등장인물 : 와니니, 말라이카, 마디바, 다다, 해설 1, 해설 2, 마쉬, 랄라

장소 : 큰 언덕 풀숲, 은가레 강, 반달언덕

해설　　와니니는 쉽게 나오지 않았다. 와니니는 마디바 할머니가 영 어려웠다. 오직 말라이카만 마디바에게 편하게 말을 걸고 심지어 장난도 쳤다. 마디바도 말라이카를 각별히 아꼈다. 말라이카를 생각하자 오기가 났다. 줄지어 가던 대열에서 벗어나 마디바에게 뛰어갔다.

와니니　　할머니, 마디바 할머니! 두 번째 웅덩이가 너무 조용해요. 하마들이 없나 봐요.

마디바　　와니니! 네 자리로 돌아가! 네가 무엇을 보고 들었는지는 중요하지 않아! 오직 우두머리의 명령에 따라라! 그것이 사자가 사는 법이야!

해설　　마디바는 다시 걸음을 옮겼다. 무리의 사자들이 차례로 와니니를 스쳐 지나갔다. 말라이카가 와니니 곁을 지나며 들으라는 듯 혀를 찼다.

말라이카　　쯧쯧, 내 그럴 줄 알았어.

모두가 날 무시한다.

—이○○

모두가 날 무시한다.

말라이카가 덩치가 작다고 무시한다.
마디바 할머니가 쓸모없다면서 무시한다.

모두가 날 무시한다.

나도 인정받고 싶다.
그래도 모두가 날 무시한다.

마디바	지라니! 싱가!
해설	지라니와 싱가는 곧 두 살이 되는 수사자들이었다. 둘은 겁에 질린 얼굴로 앞으로 나갔다.
마디바	너희들은 이제 무리를 떠날 때가 되었다. 이만 가야 할 길을 가거라.
해설	와니니는 소리 죽여 안도의 한숨을 내쉬었다. 다행이었다. 암사자들은 어른이 된 다음에도 무리에 남아 엄마들의 대를 잇지만, 수사자는 다르다. 수사자는 갈기가 자라면 무리를 떠나야 한다. 여느 사자 무리에서나 일어나는 일이다. 하지만 지금은 건기였다. 무리에서 쫓겨난다는 것은 송곳니를 뽑히는 것보다 무서운 일이었다. 암사자에게도 그렇지만 수사자에게는 더욱 힘든 일이었다. 지라니와 싱가는 마디바 할머니에게 애원했다.
마디바	일어나라! 마디바의 아이답게 당당하게 떠나라!
해설	지라니와 싱가는 은가레 강을 건너 초원으로 떠났다. 그들은 이제 마디바의 아이들이 아니었다. 만약 돌아온다면, 그때는 마디바의 영토를 침입한 적으로 여길 것이었다.
해설	그날 밤, 와니니는 엄마들의 이야기를 엿들었다. 마쉬 엄마의 목소리를 똑똑히 들었다.
마쉬	…그래도 와니니는 지난 건기에 태어난 일곱 아이 중 유일하게 말라이카와 살아남았잖아요. 와니니는 보기보다 강한 아이예요.
마디바	운이 좋았을 뿐! 어차피 와니니는 오래 살지 못할 아이야. 제대로 된 사냥꾼이 되지 않을 게 뻔해. 쓸모없는 아이란 말이다. 강한 아이들을 기르기에도 벅찬 계절이라는 사실을 모르는 거야?

쓸모없는 아이

－박○○

모든 사자들이 나를
쓸모없는 아이처럼 대한다.

말라이카와 마디바에게
치타만도 못한 사자처럼

무시당한다.

나는 어딜가도 쓸모없는 아이

나도 사자들에게 도움이 되고
쓸모있는 아이가 되고 싶다.

해설 마디바의 말이 끝나자 반달언덕은 조용해졌다. 와니니의 엄마들은 더 이상 아무
말이 없었다. 잠시 뒤 마디바가 이어 말했다.
제 몫을 못 하는 아이까지 돌볼 순 없어. 마디바의 사자가 될 자격이 없다면 떠나
야지! 크하하하항!

그 말
-한○○

다른 사람과 나를
비교하지 마

그 말 하나하나가
내 머릿속
내 마음속에 박히게 돼

나에게 아무 때나 화내지 마
그 말 때문에 나는 점점 작아지게 돼

내가 쓸모없다고 얘기하지 마!
그 말 때문에 내가 쓸모없어지는 것 같아

4. 공연 준비하기

각자의 시를 포함한 낭독극 대본이 완성되면 모둠 내 역할을 정한다. 장면을 나누었기 때문에 주인공 역할을 맡은 아이는 모둠이 바뀔 때마다 바뀐다. 다인 1역을 하는 셈이다. 장점은 필요한 배역은 적은데, 자신이 원하는 역할을 하려 하다가 서운해 하지 않는다. 역할을 정한 후에는 대본 읽기 연습을 한다. 입퇴장과 무대 연출이 필요 없으므로 오로지 발성 연습만 하면 된다.

아이들이 대본 연습을 하는 동안 교사는 모둠이 나눈 장면 이름과 그 장면을 맡은 아이 이름이 적힌 PPT와 음악을 준비한다. 시간이 허락한다면 아이들에게 미리 배경음악을 생각해 오라고 한 뒤 함께 정해도 좋다.

5. 낭독극 공연하기

아이들은 낭독하는 데에 의의를 두기 때문에 장소도 중요하지 않다. 교실에서 하되, 중간놀이 시간(쉬는 시간)에 동학년에게 오픈하여 보고 싶은 아이들은 교실에 방문하여 보도록 하였다. 하지만 연극과는 달리 시각 효과가 매우 적은 극이기 때문에 책을 읽지 않은 아이들이 보기에는 많은 집중력이 필요했다.

6. 연극이 끝난 후에

본인이 한 역할은 아주 적을지라도, 연극을 잘했든 못했든 공연을 마치고 나면 만족감이 상당하다. 만들어진 성공 경험이 아닌, 스스로 이룬 맺음에 자아효능감도 느낄 것이다. 이런 여러 가지 감정들이 일시적인 순간으로 그치지 않도록 아이들과 원으로 둘러앉아 소감을 이야기하는 시간을 가졌다. 공연하고 난 뒤 좋았던 점, 아쉬웠던 점, 앞으로 연극을 할 기회가 더 주어진다면 신경 쓰고 싶은 점 등을 나누었다. 아이들은 연극을 공연하는 것뿐 아니라 책을 만난 순간부터 공연을 마칠 때까지의 과정 전체를 재미있어했고 또 다시 연극을 하는 경험을 하고 싶어 했다. 아이들의 의견을 존중해 1학기 때 낭독극을 한 경험을 토대로 2학기에는 악기ㆍ연기팀을 나누어 진형민 작가의 '꼴뚜기'책을 토대로 뮤지컬을 만들고 공연하였다. 1학기 때 학생들은 이미 공연 만들기를 경험하였기에 2학기 뮤지컬을 준비할 때는 오랜 시간이 필요하지 않았다.

해설이 있는 연극놀이

차시별 주요 활동			
차시	단계	활동목표	활동 내용
1~2	희곡 읽기	희곡 읽고내용 파악하기	1. 교사가 준비한 희곡을 학생들이 읽는다. 2. 희곡의 주제, 사건, 인물의 성격 등 파악하기 3. 다양한 역할 설명하기
3	역할 정하기	연출, 극작, 배우, 스태프 등	1. 역할 오디션 진행하기 2. 배역 표에 적어 내기
4~7	역할 연습	맡은 역할 수행하기	1. 역할 발표하기 2. 역할 수행하기(연기 연습, 스태프 등 역할 수행하기)
8	리허설	공연 준비	1. 배우와 스태프가 어울려 리허설 진행하기
9~10	공연 평가	공연 및 평가	1. 공연하기 2. 공연 평가하기
의상 소품			1. 노란색 학급 티셔츠를 입고 각자 편한 옷(주머니가 큰 조끼를 입고 주머니에 여러 소품을 넣어두게 함). 2. 보자기, 일회용 빨대와 플라스틱 컵, 페트병, 텀블러 등

1. 들어가는 말

서울 신○○초등학교 1학년 3반 어린이들이 학교 강당에서 2018년 10월 22일 10시 40분경 공연하였다. 이전에 4학년 학생들과 함께 공연한 '물고기가 되어'가 〈교육연극 아동극집(2008, 정인출판사)〉에 실려 있다. 그것을 바탕으로 1학년 수준으로 개작하였다. 요즘 플라스틱 쓰레기에 대한 관심이 많고, 관련 기사들도 나오곤 해서 이 소재를 선택하였다. 먼저 바다거북이 코에 플라스틱 빨대가 끼어 있는 사진에서 출발하여, 왜 플라스틱을 사용하게 되는지 알아보고, 실생활에서 편리하게 사용하고 있는 플라스틱 제품들을 사용하지 않도록 하자는 내용을 담았다. 연극적인 상상과 재미보다는 교육적인 인식과 처방에 초점을 두었다. 예술적인 활동이 약해서 다음 공연에서는 이를 강화하면 좋겠다.

2. 공연의 성격 : 연극놀이와 차이

교실에서 하는 연극놀이와 강당이나 체육관에서 하는 학예회는 성격이 크게 다르다. 연극놀이는 참여하는 아이들의 마음에 무엇이 생겨나고 사라지는지에 초점이 있다. 아이들의 표현 활동을 지켜보는 사람이 없는 게 보통이고, 설령 지켜보는 사람이 있다고 하더라도 아이들은 그를 신경 쓰지 않는다.

그러나 학예회는 이와 달리 무대 위에서 연기하는 사람보다 객석에서 관람하는 사람을 위해 준비한다. 관객이 누구이고, 그 사람에게 어떤 말을 하고 싶은지, 그에 적절한 메시지를 정하는 것이 중요하다. 관객에게 의미 있고, 준비하는 아이들도 좋아하는 것이라면 금상첨화이다. 학예회와 같은 공연은 관객이 우선이란 점에서 연극놀이와 근본적으로 차이가 있다. 교실에서 하는 연극놀이는 자기 생각과 느낌에 집중하면서 말하고 행동하면 되지만, 학예회 공연은 관객이 잘 이해하고 느낄 수 있도록 말하고 행동해야 한다. 그래서 목소리도 잘 들려야 하고, 표현하는 사람의 얼굴이나 몸이 잘 보여야 한다. 그래서 표현하는 아이는 어색할 수 있겠지만, 관람하는 친구를 위해 꾹 참고 연습을 많이 해야 한다.

3. 준비해야 할 것들

① 공연 시간

1학년이라면 대체로 5분 내외의 공연을 준비한다. 특히 올해 근무하는 학교에서 1학년은 10개 반이어서 5분 이상으로 더 긴 시간을 배정할 수 없었다. 공연장에 모여 준비하고, 등장과 퇴장 시간을 고려하며, 마무리까지 생각하면 각 반에서 5분씩만 공연하더라도 2시간이 넘어간다. 공연 시간이 길어지면 관객 입장에서 관람하기 불편할 수 있다. 좋은 의자에 앉아 편안하게 관람하는 극장 공연이 대체로 60분인데, 이 시간은 학교 시간으로 환산하면 1시간 반이다. 특별히 연극은 길게 해도 된다고 허용할 수 있지만, 연극이 아닌 다른 공연 시간이 5분 이내이기 때문에 거기에 맞춰 준비하는 게 보통이다. 그리고 긴 내용을 준비하려면 연습하는 데 더 많은 시간이 필요하다. 그 외에 학교마다 다른 사정이 있기 때문에 상황을 파악해 보고 맥락에 어울리게 적절한 길이의 공연을 준비해야 한다.

② 공연 장소

공연 장소가 각 반 교실이 아니라 학교 강당이나 체육관이라면 생각해야 할 점이 있다. 그 장소는 늘 아무 때나 사용해도 되는 곳이 아니기 때문이다. 다른 학년이나 반에서 사용하는 약속이 정해져 있어서 공연 장소에서 연습하는 것이 한정적이다. 이 문제를 해결하기 위해 연습 공간을 더 사용할 수 있는 방법이 있는지 찾아보아야 하고, 만약 찾을 수 없다면 주어진 시간을 최대한 잘 이용해야 한다. 한 번이라도 더 무대 위에서 연습하는 게 아이들이 공연할 때 실수를 줄일 수 있고, 마음의 부담도 저어지기 때문이다.

공연 장소에서 제일 먼저 살필 일은 '안전'에 관한 것이다. 아이들이 연습하거나 공연할 때 불편하거나 다칠 수 있는지 살펴야 한다. 아이들에게 '안전'의 중요성을 얘기하고 함께 찾아보거나 생각하도록 하는 것이 필요하다. 그렇게 함께 의논하는 것은 아이들의 안전 의식을 신장시키는 데도 긍정적이지만, 교사가 미처 생각하지 못한 것을 아이들이 문제를 발견할 수도 있어서 유용하다. 교사가 직접 자를 가지고 가서 공연 장소의 가로와 세로의 길이를 재고, 이를 바탕으로 학급 교실 바닥에 표시해 두고 연습하면 좋다. 표시된 범위 안에서 연습하면 공연장과 같은 규격에 맞게 준비할 수 있기 때문이다.

③ 참여 인원

2018년에 맡았던 1학년 학생의 수는 28명이다. 어떤 서사를 바탕으로 모두 등장하는 공연을 한다는 것은 쉽지 않다. 물론 보는 입장에서는 그게 별거냐 싶겠지만, 준비하는 아이나 교사는 고민이 많다. 주요 배역과 그렇지 않은 인물로 나눠서 할 수 있는 일반적인 공연을 생각하는 것이 어렵겠다고 판단했다. 그래서 '해설이 있는 연극놀이'로 가자는 생각을 했다.

④ 희곡 만들기

정인출판사에서 펴낸 〈교육연극 아동극집〉에 있는 '물고기가 되어'를 참고하였다. '물고기가 되어'는 몇 해 전에 4학년 학생들과 함께 공연했던 것인데, 요즘은 플라스틱 쓰레기 문제가 언론에 자주 보도되고 있어서 이를 반영하여 각색하였다. 바다 생물들이 플라스틱 때문에 피해를 보고 있는 사실을 확인하고 플라스틱 컵과 빨대 등 일회용품 사용을 줄이자는 것이 중심 내용이었다.

4. 연습 일정과 절차

근무하고 있는 학교의 학급 수가 60학급이라 공연하는 공간을 사용할 수 있는 시간이 2학기에 2번밖에 없었다. 그래서 한 번 갔을 때 무대 크기를 재서 교실 바닥에 표시한 후 연습했다. 공연 장소가 비좁아서 학부모를 초대할 수조차 없었다. 그래서 아이들이 공연한 영상을 일정 기간 홈페이지에 올리는 방식으로 공유하였다. 그것도 학부모 모두 동의하면 그렇게 하는 것이어서 한 명이라도 동의하지 않는 반은 그것도 하지 못했다. USB에 영상을 담아서 보냈을 때 어딘가에 공연 영상을 올려서 문제가 될 수 있기 때문이다. 즉, 초상권 문제가 법적으로 비화할까 걱정하여서 공연 영상을 학부모에게 보내지 않은 것이다.

공연 연습을 할 때 배역 선정이 어려웠다. 누가 왜 그 역할을 했는지를 가지고 문제 삼는 학부모가 있을 수 있다는 말을 들었기 때문이다. 그래서 주인공이 없고, 모두 여러 역할을 경험하는 데 초점을 두었다. 그런데도 해설이나 대사를 하는 역할은 비중이 있기 때문에 고민이었다. 결국 가위바위보로 순위를 정해서 이긴 사람부터 주요한 역할을 맡도록 했다. 그런데 아이가 주어진 기회에 맡은 역할을 잘하면 계속 그 역할을 하지만, 부족하거나 문제가 있으면 다음 사람에게 기회가 넘어가도록 했다. 그래서 결국 연습하는 과정에서 몇 명이 역할을 맡지 못했다. 가령 집중력이 약하거나 목소리가 어울리지 않거나 이런저런 이유로 해설이나 대사를 하는 역할이 바뀌었다. 역할 선정은 어렵고, 문제가 일어날 수 있으므로 아이들에게 자세히 설명하고 동의를 구해야 한다.

공연 1주일 전 무대에 올라 리허설을 해 보니 부족한 게 보여서 수정하였다. 연습할 때는 마임으로 플라스틱 컵과 빨대를 표현하였는데, 이렇게 하기보다 실제 제품을 사용하면 좋겠다 싶었다. 텀블러도 아이들이 직접 가져오도록 했다. 그리고 더위를 표현하는 장면과 시원한 것을 마시는 장면에서 남녀 모두 등장하여 표현하는 게 지루하다 싶어서 각각 하나만 하는 것으로 줄였다.

5. 스태프 관련 준비

해설이 있는 연극놀이 형식으로 공연하여 스태프 관련 내용은 특별히 없었다. 공연이 끝나고 나서 생각하니, 음악이나 영상을 배경으로 사용했으면 좋았을 것 같다. 공연장에서 그것을 작동시킬 시설이 안 되어서 포기했는데 아쉬웠다.

6. 마무리

1학년 학생들과 함께 공연할 때는 '해설이 있는 연극놀이'형식이 효과적이다. 아이들이 대사를 표현하기도 어렵고, 암기하는 것은 더욱 힘들어하니 주위에서 표현할 내용을 알려주는 방식이 효과적이다. 이런 형식의 공연은 프롬프터가 배우와 함께 무대에 등장하는 형태의 공연이라고 할 수 있다.

해설을 맡은 학생이 적당한 간격으로 밑줄 친 부분을 읽어준다.

거북이가 되어

> 때 : 무더운 여름
> 곳 : 우리 마을과 지구
> 나오는 이들 : 거북이들, 물고기들, 사람들

1학년 3반 학생들이 무대 왼쪽으로 올라가서 맨 뒤에 두 줄로 선 다음, 관객석을 등지고 앉는다. 이름이 적혀있는 아이는 그 대목에서 마이크 앞으로 나와 자기 생각을 말한다.

1. 여름

해설자   (아이들이 모두 앉으면, 종이에 쓰인 글씨를 읽는다) **날씨가 점점 더워지고 있다. 아주 무덥다. 얼마나 더운지 표현해 볼까요?** (남자 아이들이 먼저 일어나 걸어가면서 부채를 부치거나, 선풍기, 에어컨 등을 표현한다) **이젠 더위를 식힐 과일을 먹어볼까요?** (여자 아이들이 걸으면서 수박이나 참외 등 과일 먹는 모습을 표현한다)

2. 음료수 가게

배경 사진   음료수 가게의 일회용 컵과 일회용 빨대

해설자   **이번엔 더위를 이기기 위해 음료수를 마셔봅시다. 일회용 컵과 일회용 빨대를 사용하는군요. 음료수를 시원하게 마시는 장면을 표현해 봅시다.** (사이) **음료수를 다 마신 후 일회용 컵과 빨대를 어떻게 했을까요?** (신ㅇ의, 최ㅇ준, 정ㅇ수 : 휴지통에 버렸어요. 가지고 다니다가 흘렸어요. 모르겠어요. 기억이 안 나요. 에라 모르겠다. 버리자)

3. 바다

해설자 이젠 맑은 바닷속을 헤엄치는 물고기가 되어 봅시다. 자기가 되고 싶은 물고기가 되는 겁니다. (사이) 맛있는 것이 많이 있군요. 배부르게 먹어 보세요. (사이) 이젠 친구들과 함께 줄을 지어서 헤엄쳐 봅시다. (사이) 이번엔 거북이가 되어 헤엄쳐 봅시다. (물 위에 떠서 힘들게 헤엄치는 거북이가 있다. 한 마리 거북이 뒤를 따라 더 많은 거북이가 줄을 지어 헤엄친다) 예. 좋아요. 얼음!

배경 사진 코에 빨대가 꽂힌 바다거북이 사진

해설자 가만히 살펴보세요. 거북이가 이상해요. 뭐가 문젤까요? 얼음! 뭐가 문제인지 말해볼 사람? (김O은, 김O석, 정O현) 거북이가 아파요. 플라스틱이 거북이 코를 막은 게 문제입니다. 왜 이렇게 되었나요?

학생들 왜 이렇게 된 거야? (처음 위치로 이동한다)

4. 음료수 가게

다시 음료수 가게입니다.

남학생들 (물병을 내밀며) 음료수를 물병에 담아 주세요! (물병을 내밀며) 저도요. 저도요. 저도요. ~~~ (남학생들이 무대 한쪽으로 퇴장하여 줄 맞춰 앉는다)

여학생들 (물병을 손에 들고) 일회용 컵은 사양합니다. 일회용 빨대도 안 쓸래요.

편지를 읽겠습니다 - 안녕하세요? 저는 사람들이 버린 일회용 플라스틱 때문에 힘들게 사는 거북이입니다. 플라스틱을 함부로 버린 사람들이 미워요. 그런데 사람들이 버린 플라스틱은 바다로 흘러와 바닷물고기들이 먹고, 사람들은 그 물고기를 잡아먹어요. 그러면 사람들 몸에도 문제가 생길 거예요. 부탁합니다. 일회용 플라스틱을 사용하지 말아 주세요. 잘 아셨죠?

사람을 미워하지만 걱정하는 거북이 올림

커튼콜 아이들 모두 무대 앞으로 나오며 손을 잡고 인사한 후 무대 오른쪽으로 퇴장한다.

💡 소품으로 만든 연극

아이들이 만들 연극과 꿈을 펼칠 무대는 누구에게 보여 주기 위한 것이 아니다. 본 활동은 어떤 작품을 만들었냐가 아니라, 어떻게 만들었느냐, 누구와 어떤 경험을 했느냐에 초점을 맞췄다. 과정 속에서 아이들은 서로 더불어 사는 것을 배울 것이다. 여럿이 무언가 해결하려고 낑낑대는 모습은 정말 예쁘기 그지없다. 아이들은 1학기 동안 연극놀이, 교육연극 수업으로 다양한 연극 요소를 경험해서 연극을 만드는데 주저함은 없었다. 함께 놀고, 즐기고, 익혔던 것을 조금 더 잘 버무리고 더 개성 있는 인물, 스토리, 주제를 입혀서 소품을 이용한 아주 작고 간단한 연극을 만들어 볼까 한다.

구분	활동 내용	준비물
신문지 변형 연극	신문지 막대 만들기, 즉흥극 만들기	신문지, 투명테이프
스티로폼 공 인형극	인형 만들기, 대본 쓰고 발표하기	스티로폼 공, 면장갑
가면극 퍼레이드	가면 만들기, 가면극 연습하기	가면, 색칠도구

신문지 변형 연극

💡 활동 내용

누구에게 보여주기 위한 연극은 무대를 꾸미고, 의상, 소품을 준비하는데 적잖은 부담을 준다. 다 읽고 분리수거함에 들어 갈 신문지를 가지고 연극 소품을 만들었다. 그리고 그 신문지는 아이들의 상상으로 여러 가지 물건으로 변형되었고, 연극 속으로 들어왔다.

① 아이들은 각자 신문지로 막대를 만든다.

② 다 만들었으면 자리에 일어나서 전체 큰 원을 만들어 서로 마주본다. 교사의 신호에 맞춰 한 명이 신문지 막대가 무엇인지 마임으로 보여주면, 다른 친구들이 보고 맞춘다. 처음에는 교사가 시범을 보여주는 것도 좋다. 예를 들어 신문지 막대로 등을 긁는 모습을 표현하면

서 "선생님이 신문지 막대로 무엇을 표현했을까요? 맞춰보세요."하고 아이들에게 문제를 내고 맞춰보는 연습을 해보는 것도 좋다.

③ 모둠별로 모여서 신문지 막대가 무엇으로 변형될 수 있는지 종이에 1~10까지 써본다. 앞에서 발표한 친구들의 내용을 참고해서 써도 된다.

④ 10가지 변형되는 물건 중 세 가지를 고른다. 세 가지가 들어가는 짧은 이야기를 만든다. 모둠원 모두가 역할을 가져야한다. 그 역할은 사람이 될 수도 있고 배경이나 물건, 환경이 될 수도 있다. 단, 모두 참여해야한다.

⑤ 모둠별로 발표한다. 신문지가 들려주는 작은 이야기, 신문지 변형 연극이 된다.

모둠 발표할 때 관객들은 무엇을 표현했는지, 어떤 내용인지 맞추는 작업은 하지 않는다. 단, 발표에 앞서 교사가 또는 모둠의 리더가 "우리는 피리, 마취 총, 빗자루가 들어간 이야기를 보여주겠습니다."라고 말하고 변형 연극을 보여주면 된다.

아이들이 발표한 내용은 아래와 같다.

모둠	변형된 막대 3가지	작은 연극 이야기 내용
1	피리, 마취 총, 빗자루	피리를 연주하던 사람이 마취 총으로 마녀를 잠들게 하고 마녀의 빗자루를 뺏어 돌아다닌다.
2	몽둥이, 낚싯대, 회초리	낚시를 하던 중 아주 큰 물고기를 잡았는데, 너무 힘이 세서 회초리와 몽둥이로 기절 시켜서 끌어올렸다.
3	지팡이, 망원경, 바게트 빵	지팡이를 짚고 여행을 떠난 할머니가 망원경으로 풍경도 보고, 중간에 배가 고파 바게트 빵을 먹었다.

1, 2 모둠에서 나온 이야기를 살펴보면 마녀의 물건을 뺏고, 물고기를 때리는 장면이 등장한다. 발표하는 아이들도 즐거워하고 보는 아이들도 재미있어한다. 모둠 구성원 성비에 따라, 또는 그 모둠의 숨은 리더의 성향이 어떠냐에 따라 이야기가 엽기적이거나 폭력적으로 흐르는 경우가 많다. 아이들이 직접 창작한 이야기이고 꼭 이런 것도 나쁘다고 할 수 없다. 하지만 좀 더 자유로운 상상을 펼칠 수 있는 이야기나 자기들의 경험을 바탕으로 이야기를 만들 수 있게 교사의 안내가 필요하다.

신문지 막대 만들기	변형된 3가지 요소를 넣어서 모둠별로 발표

스티로폼 공을 활용한 손가락 인형극

💡 활동 내용

스티로폼 공을 활용한 손가락 인형극은 모둠원이 협동하여 대본을 쓰고, 그 대본을 바탕으로 짧은 연극을 준비한다. 대본을 쓸 때 주제는 교사가 제시해줘도 되고, 모둠에서 협의하여 정해도 된다.

① 스티로폼 공 인형은 검지가 들어 갈 수 있게 구멍을 뚫는다.
② 맨 손보다 아동용 하얀색 면장갑을 착용하면 더 좋다.
③ 공에 표정은 그리지 않는다. 그러면 보는 이로 하여금 인물의 표정이나 상황에 대해 더 큰 상상력을 입힐 수 있다.

④ 연극 발표 전에 아이들에게 손가락을 쥐었다 폈다 하는 것을 자주 연습하게 하면 발표 당일 날 관객들에게 좀 더 전달력 있게 표현된다. 예를 들어 울고 있는 장면은 중지와 엄지를 비비면서 스티로폼 공을 푹 숙이고, 기쁜 장면은 두 손가락을 활짝 들면 된다.
⑤ 또한 한 명이 움직일 때 다른 인형들이 멈추면 보는 이로 하여금 산만함을 느끼지 않고 집중할 수 있게 한다.

⑥ 각자 역할 맡아서 연극발표를 했는데, 무대 막에 가려 목소리가 잘 들리지 않을 수 있다. 이 경우에 한 사람이 해설과 대사를 말하고, 다른 친구들은 손가락 움직임만 해주면 훨씬 효과적이다.

우리 반은 '학교폭력'을 주제로 접근하도록 했다. 학교폭력 예방이 주제였기 때문에 모둠 대부분 표현하는 방식이 달랐을 뿐 학교 공간으로 친구를 왕따 시키거나, 때리지 말고 화해하고 잘 어울려 놀자는 이야기였다. 일반 학급에서 적용할 경우 특정 주제를 제시하지 말고 '나의 경험', '우리들의 이야기'에서 출발할 것을 제안한다.

첫째, 1년 동안 있었던 또는 과거에 있었던 일 중에서 자신이 경험했던 것을 이야기하고 (아쉬운 점이나 후회하는 점이 있다면) 둘째, 아쉬움이나 후회를 남기지 않기 위하여 '내가 만일~했다면' 방식으로 이야기를 만들고 셋째, 모둠원의 이야기 중 하나를 골라서 대본을 만들어 넷째, 그것을 스티로폼 공 연극으로 꾸며보는 것이다. 이렇게 한다면 아이들이 연극을 준비하면서 과거의 자신의 모습을 되돌아보고 다른 사람의 입장을 연기하면서 그 사람의 입장을 이해할 수 있을 것이다.

가면극 퍼레이드

🔦 활동 내용

가면은 아이들의 표정을 숨길 수 있기에 소극적인 아이도 편하게 참여할 수 있다. 또한 가면 자체로도 강한 인상을 주기 때문에 아이들의 서투른 움직임을 보완할 수 있다. 모둠별 가면극 발표시간이 길면 한 모둠씩 발표하고, 다른 모둠들은 관객이 되어 볼 수 있다. 우리 반 경우는 발표시간이 대부분 1~2분 이내였기 때문에 퍼레이드 형식을 이용하여 모둠이 연달아 음악에 맞춰 등퇴장하면서 발표하도록 했다.

① 전체 주제 정하기(우리 반은 동물 사랑, 생명존중)

② 모둠별로 주제에 맞는 상황 의논하기

③ 가면극 개요 작성하기

　　(개요 표에 역할, 상황, 공연 전제 분위기와 어울리는 음악 적기)

④ 모둠별로 가면극에 나올 주요 장면 연습하기

　　(말없이 몸짓으로만 이뤄지기 때문에 고개, 팔짓, 손동작 등이 조금 과장되게 움직이

　　더 효과적이다. 아이들이 이해하기 힘들면, 애니메이션에서 볼 수 있는 인물들의 행동을 관찰해보도록 하면 된다.)

⑤ 모둠별로 상황과 역할에 맞는 가면 만들기

⑥ 퍼레이드 등장 순서 정하기

⑦ 브릿지 음악에 맞춰 한 모둠씩 등장. 각 모둠음악을 배경으로 하여 가면극을 발표하고
　　퇴장하고 바로 그 다음 모둠이 나와서 발표하고 퇴장하기를 반복하기

⑧ 동영상으로 촬영해서 다시 한 번 감상하기

⑨ 전체 느낌, 소감 발표하기

모둠	제목	연극 내용	음악
1	북극곰 구출 대작전	위험에 빠진 북극곰을 UN동물 보호단체가 파견되어 구출	러브레터 ost a winter story
2	고양이 로드 킬	목줄이 풀린 고양이가 교통사고를 당했는데 지나가던 사람들이 구해서 동물병원에 데려감	웰컴투동막골 ost
3	사냥꾼과 경찰	무분별하게 사냥을 하는 사람을 경찰이 와서 동물학대 죄로 잡아감	추노 ost
4	자동차 사건	친구가 교통사고가 난 것을 다른 아이들이 도와서 무사히 데려감	공명 1집 수록 고속운동
5	강아지의 힘든 하루	유기견이 될 번한 강아지를 다른 사람들이 경찰에 신고해서 주인에게 돌려줌	벼랑위의 포뇨ost

　　가면은 한 번 만들면 수정이 되지 않기 때문에 처음부터 주제와 상황설정을 잘해야 한다. 퍼레이드의 가장 중요한 요소는 음악이다. 모둠별 가면극 음악은 모둠과 함께 정한다. 교사가 개요표를 보고 해당음악이나 비슷한 분위기 음악을 여러 개 들려주면, 아이들은 모둠에서 자기 공연과 가장 어울리는 음악을 선별했다. 리허설 때 교사가 찍은 모둠별 동영상을 보면서 가면극 장면의 미흡한 점을 찾아 몸짓이나 동선을 수정하여 최종 발표를 했다. 실제 퍼레이드 발표 때는 전체 모둠을 두 팀으로 나누어 한 팀은 퍼레이드 하고 다른 팀이 볼 수 있게 했다.

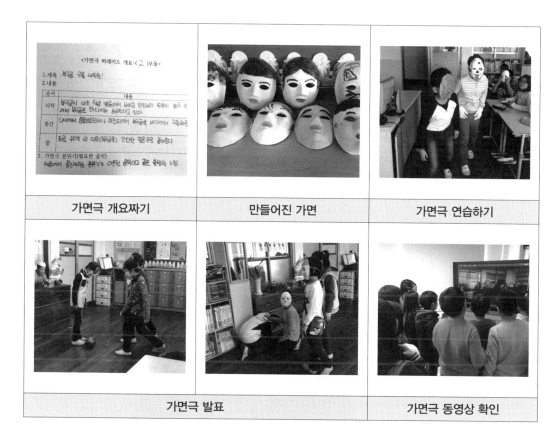

가면극 개요짜기	만들어진 가면	가면극 연습하기
가면극 발표		가면극 동영상 확인

---------------------활동지---------------------

가면극 퍼레이드 개요-( )모둠

1. 제목 :

2. 내용

순서	장면 내용(글이나 그림)
시작	
중간	
끝	

3. 가면극 분위기 (필요한 음악은? 장르는?)

3막

교육연극
수업 이야기

인물의 마음을 짐작해요

성취기준 글을 읽고 인물의 마음을 짐작하고 자신의 생각을 문장으로 표현한다.

수업목표 글을 읽고 인물에게 하고 싶을 말을 쓸 수 있다.

단계	활동 내용	유의점(준비물)
준비	자신의 경험 떠올려 말하기	신문지 공
활동	'크록텔레 가족'읽기, 인물 초대하기 인물에게 하고 싶은 말 쓰기	보드마카, 보자기
마무리	나만의 방법 생각하기	–

수업의도

• 2015 개정 교육과정 초등국어 2학년 교과서에 '크록텔레 가족'이 텍스트로 실렸다. 텍스트는 무분별한 텔레비전 시청이 현대인의 삶을 주체적이지 못하고 수동적으로 만들었다는 점을 비판하고 있는데, 무겁거나 심각하지 않고 가벼우면서도 재치 있게 그림을 주로 하고 글을 조금 써서 표현하고 있다.

• 수업을 설계하면서 교과서에서 제시하고 있는 인물에게 편지쓰기가 갑자기 제시되어 학습자들이 다소 당혹스러울 수 있겠다 싶었다. 그래서 연극놀이와 핫시팅 기법을 배치하여 등장인물에게 충분히 다가갈 수 있도록 고려하였다.

준비

• 교사 준비물 : 종이 공 (신문지나 이면지를 뭉쳐서 종이 공을 만든다. 교실에 있는 가벼운 스펀지 공을 사용할 수 도 있다.)

• 활동 방법 : 종이 공을 만들어 주고받으면서 즐겨보는 텔레비전 프로그램명을 말한다. 종이 공을 받은 사람이 즐겨보는 텔레비전 프로그램명을 말한다. 종이 공을 던지려는 사람을 모두 바라보고 있어야 한다. 교실 의자에 앉아서 할 수 있다. (종이 공 만드는 방법: 책상 서랍이나 가

방에서 버리는 종이를 찾아내어 구겨서 동그랗게 만든다. 굳이 스카치테이프를 사용해서 둥글게 만들려고 하지 않아도 된다.) 먼저 시작은 선생님부터 하는 것이 좋다.

• 활동 예시 : 선생님이 종이 공을 들고서 "나는 스포츠 뉴스를 즐겨봐. 특히 야구 경기 결과에 관심이 많아"말을 한 후 다른 아이에게 종이 공을 던진다. 종이 공을 받은 아이는 "나는 보니하니를 즐겨봐, 퀴즈를 맞추는 것이 정말 재미가 있어."처럼 자기가 즐겨보는 텔레비전 프로그램에 대해 말을 한 후 다른 친구에게 종이 공을 던진다. 공을 받은 친구는 선생님과 공을 준 친구처럼 즐겨보는 텔레비전 프로그램에 대해 말을 한 후 다른 친구에게 공을 넘긴다. 모두 할 때까지 반복한다.

활동1

등장인물의 마음을 짐작하며 '크록텔레 가족'읽기

크록텔레 가족

글: 파트리시아 베르비, 옮김: 양진희, 그림: 클로디아 비엘린스키

(줄거리) 아침부터 저녁까지 하루 종일 텔레비전만 보는 가족이 있습니다. 텔레비전은 화가 머리끝까지 났고, 결국 쓰러지고 맙니다. 그러자 아르망 할아버지, 아빠, 엄마, 제데옹은 당황하지 않을 수 없습니다. 쓰러진 텔레비전이 건강을 회복하는 동안 가족들은 스스로 텔레비전 시청이 아닌 취미 활동을 찾아냅니다. 이젠 텔레비전을 적당히 보면서 즐겁게 생활할 수 있게 됩니다.

활동2

핫시팅 기법으로 등장인물 초대하기

• 활동 방법 : 텔레비전, 제데옹, 엄마, 아빠 등 등장인물의 역할을 할 친구를 결정합니다. 역할을 맡은 친구들이 앞으로 나와 친구들의 질문에 답한다.

• 활동 예시 : "텔레비전아, 야자수 밑에서 쉬는 것이 정말 좋았니?"한 인물을 여러 사람이 맡아 대답하는 부담을 줄일 수 있어 좋다. "말 좋았어. 늘 전원이 켜져 있어서 몸이 정말 뜨거웠고, 하루 종일 나만 보는 가족들 때문에 잠시도 쉬지 못했어.""이틀 정도는 좋았는데 사흘째 부터서는 심심해졌어. 그래서 가족들이 그리워지기도 했어."

• 교사의 역할 : 등장인물들이 자유롭게 질문하는 분위기를 조성한다.

인물의 마음을 생각하며 인물에게 하고 싶은 말을 글로 쓰기

• 활동 방법 : 먼저 어떤 내용으로 쓸 것인지 생각을 한 후에 생각이 났으면 글을 쓸 종이 (여러 가지 크기의 종이)를 교실 뒤쪽에서 가지고 와서 쓴다. (교사는 미리 여러 가지 종류의 크기와 색깔의 종이를 준비하여 교실 뒤편에 놓아둔다.) 글을 쓸 때에는 하고 싶은 말과 그 까닭을 생각하며 쓴다. 내가 맡은 역할을 한 인물에게 글을 쓸 수도 있고, 다른 등장인물에게도 써도 좋다. 글을 쓴 다음 발표를 한다. 자기 글과 다른 사람의 것이 어떻게 같거나 다른지 생각하며 듣는다.

• 활동 예시 : "발표한 친구들의 글을 듣고 어떤 생각이 들었는지 말해볼까요?" "친구들의 생각이 비슷하다는 생각이 들었습니다." "장난스럽게 쓴 친구의 글도 재미있었습니다."

마무리

[반영 질문]

텔레비전을 보는 것보다 더 재미있게 지내는 나만의 방법을 생각해 봅시다.

[관련 활동 소개]

모둠끼리 가족이 되어 회의를 열어 적당한 취미 활동을 찾아봅시다.

🎨 마음을 느껴 봐요

성취기준　인물의 모습, 행동, 마음을 상상하며 그림책을 감상한다.

수업목표　글을 읽고 인물에게 하고 싶은 말을 할 수 있다.

단계	활동 내용	유의점(준비물)
준비	해설이 있는 판토마임	–
활동	'숲 속 작은 집 창가에'읽어 주기 노래와 율동, 마임놀이	악보, 음악
마무리	인물에게 하고 싶은 말하기	–

수업의도

요즘 아이들은 형제들이 많지 않고 외동인 경우가 많다. 또 배려하고 양보하면서 함께 어울려서 다함께 행복하게 생활하는 것을 어려워하는 아이들도 많은 것 같다. '숲 속 작은 집 창가에'를 읽어 주고, 노래와 율동, 연극놀이를 통해서 설명하기 어려운 배려, 용서, 사랑, 평화를 느껴보게 하고자 한다.

준비

해설이 있는 판토마임을 설명해 준다. 해설에 따라서 나무, 바람, 총, 노루, 토끼, 여우, 사냥꾼, 사냥개 등등의 움직임을 마임으로 표현해 보도록 한다.

활동1

등장인물의 마음을 짐작하며 '숲 속 작은 집 창가에'를 읽어 봅시다. (교사가 읽어 준다.)

숲 속 작은 집 창가에

유타 바우어 글과 그림, 유혜자 옮김, 북극곰 출판사

숲 속 작은 집 창가에 노루가 밖을 보는데
토끼 한 마리가 뛰어와 문 두드리며 하는 말
"살려주세요! 살려주세요! 사냥꾼이 저를 땅 쏘려고 해요!"
"작은 토끼야, 들어와!"
"손을 잡으렴!"
숲 속 작은 집 창가에 노루가 밖을 보는데
한 마리가 뛰어와 문 두드리며 하는 말
"살려주세요! 살려주세요! 사냥꾼이 저를 땅 쏘려고 해요!"
"작은 여우야, 들어와!"
"손을 잡으렴!"

〈중략〉

'숲 속은 작은 집 창가에' 전체 이야기가 노래 가사가 된다. 교사가 읽어주면서 노래와 율동을 알려 준 다음, 노래를 부르면서 율동을 하게 한다. 남녀별, 모둠별, 전체 등 다양한 방법으로 노래와 율동을 여러 번 반복한다.

전체 아이들을 반원으로 둘러앉게 한 다음, 앞에 책상으로 노루네 식탁을 만들어 놓는다. 전체 아이을 5명씩 한 모둠을 만들어서 노루, 토끼, 여우, 사냥꾼, 사냥개의 역할을 맡게 한다. 반원으로 앉은 아이들이 부르는 노래에 맞춰서 한 모둠씩 마임놀이를 하는데 노루는 식탁 옆에 서 있는 상태에서 시작한다. 토끼, 여우, 사냥꾼, 사냥개 역할을 차례대로 노래에 맞춰 마임을 한 후에 노루네 식탁에 와서 앉는다. 마임놀이를 끝낸 모둠은 다시 제 자리로 들어가 앉는다. 다른 모둠도 같은 방법으로 마임놀이를 한다.

인물의 마음을 생각하며 노루, 토끼, 여우, 사냥꾼 등 자기가 꼭 말해 주고 싶은 동물(자기가 한 역할이나 다른 동물)에게 해 주고 싶은 말을 해 준다.

[반영 질문]

노루, 토끼, 여우, 사냥꾼, 사냥개가 둘러앉은 노루네 식탁의 느낌은 어땠을까요?

여러분은 노루의 행동을 보면서 무엇을 느꼈나요?

 **명탐정이 되어 봐요**

성취기준   인물의 모습, 행동, 마음을 상상하며 이야기를 감상한다.

수업목표   글을 읽고 인물에게 하고 싶은 말을 할 수 있다.

단계	활동 내용	유의점(준비물)
준비	달라진 곳을 찾아라.	–
활동	'누가 내 머리에 똥 쌌어?' 읽기, 즉흥극하기	두더지 집, 두더지 가면 개(한스) 가면
마무리	인물에게 하고 싶은 말하기	–

수업의도

문제가 발생했을 때 그 문제를 어떻게 해결해 낼 것인가? 감정적으로만 해결하려고 할 때 원만한 해결이 되지 않을 것이다. '누가 내 머리에 똥 쌌어?'에 나오는 두더지의 행동을 보면서 오감을 이용해 좀 더 주변을 잘 관찰하고, 문제를 지혜롭게 해결해 보려는 태도를 갖게 하고자 한다.

준비

연극놀이 '달라진 곳을 찾아라.'를 설명해 주고, 연극놀이를 한다. 달라진 곳을 잘 찾으려면 어떻게 해야 좋은지 생각해 보도록 하면서 자연스럽게 우리의 오감(시각, 청각, 미각, 후각, 청각)을 사용하여 잘 관찰해야 사물의 특징을 알 수 있게 됨을 깨닫게 한다.

활동1

'누가 내 머리에 똥 쌌어?'책 읽기

작은 두더지가 문제를 어떻게 해결해 나가는지 '누가 내 머리에 똥 쌌어?'(베르너 홀츠바르트 글, 울프 에를브루흐 그림)를 읽어 본다. 교사가 읽어 주면서 두더지 머리에 떨어진 똥, 비둘기, 말, 토끼, 염소, 소, 돼지의 특징(모습, 울음소리, 똥)을 말과 행동으로 표현해 본다.

역할을 나누어서 간단한 즉흥극 하기

역할은 교사(해설), 두더지(1명), 파리(2명)를 정하고, 나머지 아이들은 비둘기, 말, 토끼, 염소, 소, 돼지 중 희망하는 역할을 맡게 한다. 해설과 두더지를 제외하고 나머지 아이들은 원으로 둘러 앉게 하는데 파리(2명)는 맨 끝에 앉게 한다.

해설(교사)에 따라서 땅 위로 올라 온 두더지가 자기 머리에 똥 싼 동물을 찾아 나선다. 두더지가 자기 자리 앞에 오면, 의자에 일어나서 동물을 흉내내서 자기가 맡은 역할이 어떤 동물인지를 알려준다. 이 때 두더지가 "네가 내 머리에 똥 쌌지?"라고 물으면 "나, 아니야. 내가 왜? 내 똥은 이렇게 생겼는걸."하면서 자기 똥의 특징을 말로 설명해 준다. 역할이 끝나면 의자에 앉는다. 같은 방법으로 두더지는 계속 옆으로 가면서 자기 머리에 똥 싼 동물을 찾는다. 파리 앞에 도착했을 때 파리에게 누가 머리에 똥을 쌌는지 물어본다. 파리 두 마리가 냄새를 맡아 보고는 개가 한 짓이라고 말해 준다. 두더지는 개(한스) 집(책상 위에 한스 가면을 세워 놓는다.) 위(의자)로 올라가서 이마에 똥을 싸 주고 웃으면서 땅 속으로 사라진다.

인물의 한 행동을 생각하며 두더지나 개(한스)에게 꼭 해 주고 싶은 말을 해 준다.

[반영 질문]

자기 머리에 누가 똥을 쌌는지 알아내는 과정과 알아낸 후의 두더지 행동을 보면서 무엇을 느꼈나요?

몸짓으로 이야기 읽기

| 성취기준 | 인물의 모습, 행동, 마음을 상상하며 그림책, 시나 노래, 이야기를 감상한다. |
| 수업목표 | 이야기를 읽고, 느낀 점을 말하여 봅시다. |

단계	활동 내용	유의점(준비물)
준비	조개와 진주 놀이	–
활동	해설 있는 마임, 설명이 있는 마임	핸드벨
	느린 동작 무언극, 일인 구두 활동	–
마무리	도미노로 정리 활동	–

수업의도

동화 교육의 목적이 학습자들의 문학 체험을 확대하여 상상력과 창의력을 기르는 데까지 이르게 하기 위해 연극적 기법을 활용하여 수업을 설계해 보았다.

준비

교실을 Π자 모양으로 만들어 아이들이 충분히 활동할 수 있는 장소가 되도록 한다. 아이들이 자유롭게 움직이기 위해 충분히 넓은 공간이면 좋고, 안전을 위해 부딪칠 만한 물건은 잘 치운다.

〈 조개와 진주 놀이하기 〉

이 놀이는 세 사람이 함께 활동하는 연극놀이이다. 가위 바위 보를 하여 진사람 두 명은 조개, 이긴 사람은 그 사이에 들어간 진주 역할을 한다. 세 명이 되지 않고 남은 사람이 술래를 하는데, 술래는 '뛰어', '움직여', '불가사리'라고 말할 수 있다. '뛰어'라고 말할 경우에는 진주 역할을 하는 사람들만 다른 조개로 이동할 수 있고, '움직여'라고 하면 조개들만 이동하며, '불가사리'라고 말하면 모두 해체되어 세 명이 함께 조개와 진주를 만들어야 한다.

활동1

〈 해설이 있는 마임 〉

여러분은 과거시험을 보러 가는 나그네입니다. 숲 속을 걸어가고 있습니다. 숲에는 무엇이 있나요? 얼음!(학습자들에게 인터뷰를 한다) 땡! 오랫동안 걷다보니 발이 아프지요. 마침 그늘이 있는 맑은 시냇가가 있군요. 물가에서 잠시 쉬었다 갈까요. (사이) 무엇을 하며 쉴까요? 얼음!

〈 설명이 있는 마임 〉

숲 속에 사는 구렁이 역할을 해 봅시다. 먹을 것을 찾아 숲 속을 헤매던 구렁이는 먹이를 구하고 있습니다. 1부터 30까지 천천히 세는 동안 구렁이는 세 가지 먹이를 찾아내어 먹습니다. 무엇을 먹었을까요? 어디에서 무엇을 하고 있는 어떤 먹이일지 상상을 하여 표현해 보세요. 준비 되었으면 시작할게요. 시작! (학습자들 표현활동) 교사는 천천히 숫자를 센다. 30까지 센 후 열심히 활동한 학생 몇 명을 골라 먹이가 무엇이었는지 질문한다.)

활동2

〈 느린 동작 무언극 〉

꿩이 되어 천천히 움직이면서 활동을 해 봅시다. 활동할 내용은 다음과 같습니다. (꿩이 되어 하늘로 날아오릅니다. 한참을 날아 종이 있는 곳까지 날아간 후 종에 온몸을 부딪칩니다. 땅에 떨어져 죽습니다.)

〈 일인 구두 활동 〉

은혜 갚은 꿩은 나그네를 살리기 위해 자기의 목숨까지 바칩니다. 그런데 꿩은 어떻게 해서 나그네를 살리는 방법을 알게 되었을까요?

마무리

'도미노'로 자신이 가장 인상 깊게 느낀 장면을 말이나 동작으로 발표한다.

도미노 발표란?

원으로 서 있는 경우에는 한 사람부터 시작하여 오른쪽으로 활동이 이어질 수 있지만, 칠판을 바라보고 분단별로 앉아 있는 경우에는 가장 왼쪽이나 오른쪽부터 시작하여 반대편까지 그 다음은 뒤로 넘어가 다시 반대쪽으로 이동하는 방식으로 학습자들 모두가 연속적으로 표현을 이어가는 모양이 도미노가 넘어지는 것과 같다. 자기가 가장 인상 깊게 느낀 장면의 말이나 동작을 표현하면 다음 사람이 그 말이나 동작을 그대로 반복하며, 다음에는 그 다음 사람이 시작하고, 또 그 다음 사람…… 계속 이렇게 끝까지 표현을 하는데, 3-4초 사이에 생각이 나지 않는 사람의 경우에는 건너뛰고 맨 나중에 할 수 있도록 해도 좋다.

수업 후기 : (교사)동화를 동작으로 이해하고 표현하는 활동이 저학년에게 효과적인 것 같다. (아이들) 몸으로 움직이면서 수업하니까 꿩이나 구렁이의 마음을 더 잘 이해할 수 있었어요.

 시로 떠난 시간여행

| 성취기준 | 작품 속 세계와 현실 세계를 비교하며 작품을 감상한다. |

| 수업목표 | 인상 깊은 표현, 자신의 경험을 생각하며 시를 읽어 보자. |

단계	활동 내용	유의점(준비물)
준비	'우리 아이가 사라졌어요.' : 전문가 망토	–
활동	사라진 아이에게 어떤 일이 일어났을까?	단서가 담긴 쪽지
	아이가 간 나라를 시로 표현하기	[시간여행]시
마무리	'나의 별'은 무엇인지 색 찰흙으로 만들기	색 찰흙

수업의도

[시간여행]이라는 시는 신형건 작가의 동시집 배꼽에 수록되어 있다. 이 시는 아이가 가끔 혼자 있고 싶을 때 책상 위에 엎드려 시간 여행을 다녀 온다는 내용이다. 우리 아이들도 혼자 있고 싶을 때가 있을까, 혼자 있고 싶은 때는 언제이며 어딜 가고 싶은지, 다시 돌아오게 되는 계기는 무엇인지 연극놀이를 적용하여 수업하려고 한다. 드라마를 구축하고 아이들을 수업에 쉽게 끌어들이는 방법은 가상의 상황을 적용하는 것이다. 본 수업 역시 가상의 상황을 집어넣어 수업을 하려고 한다.

준비

'우리 아이가 사라졌어요.': 전문가 망토

교사   지금부터 여러분들은 탐정입니다. 지금 한 사람이 여러분께 사건을 의뢰하러 올 것입니다. 탐정의 품위를 지키면서 사건을 잘 해결해 보세요. (문을 열고 나갔다 들어오며) "탐정님, 큰일 났어요. 우리 아이가 사라졌어요."

아이들   탐정이 되어 교사에게 질문을 던지며 사라진 아이에 대한 단서를 얻는다.

사라진 아이에게 어떤 일이 일어났을까?

교사	참, 그러고 보니 얼마 전에 아이의 책상에서 이런 쪽지를 발견했어요.「혼자 있고 싶어요.」사라진 아이에게 어떤 일이 있었을까요?
아이들	모둠별로 상의하여 즉흥극을 만든다.

사라진 아이는 어디에 갔을까?

교사	이 아이는 혼자 있고 싶어서 집을 나갔지만 막상 갈 곳이 없었을 거예요. 아이는 어디에 가고 싶을까요? 과거, 미래, 이상한 곳도 괜찮으니 상상력을 발휘하여 나라를 만들어 보세요.

모둠별로 공간을 정해 나라를 만들면 교사는 돌아다니며 어떤 나라인지 확인한다.

아이가 간 나라를 시로 표현하기

〈나만의 타임머신을 타고 어디 머나먼 곳을 잠깐 동안 다녀오려는 것뿐이야.〉모둠별로 아이들이 간 나라에 대해 시로 표현해 본다.

시 읽고 인상적인 표현 찾기

교실로 돌아와 시 속의 지은이처럼 책상 위에 엎드려 교사가 낭독하는 시를 듣고 인상 깊은 표현을 찾아 발표한다.

'나의 별'은 무엇인지 색 찰흙으로 만들기

시 속 지은이가 다시 깨어나는 '나의 별'은 무엇인지 색 찰흙으로 만들어 발표한다.

시간 여행

신형건 동시집 中

가끔, 아주 가끔
책상 위에 엎드리고 싶을 때가 있지.

아무런 까닭 없이 맥이 풀릴 때
아무도 아는 척하고 싶지 않을 때
그냥 눈을 꼬옥 감아 버리고만 싶을 때

책상 위에 두 팔을 가지런히 포개고
그 위에 뜨거운 이마를 얹고
가만가만 숨을 고르노라면
친구들이 왁자지껄 떠드는 소리는
아득하게 멀어져 가고
깜깜한 어둠은 점점 더 깊어지지.

날 그냥 내버려 두렴.

잠들려는 것이 아니야.
어떤 꿈을 꾸려는 것이 아니야.

나만의 타임머신을 타고
어디 머나먼 곳을 잠깐 동안
다녀오려는 것뿐이야.

그 곳에서 나의 별을 찾으면
그 별이 문득 환하게 빛나는 것처럼
나도 다시 반짝 깨어날 거야.

 느낌을 살려 말하기

단계	활동 내용	유의점(준비물)
준비	얼굴 근육 풀기	-
활동	거울놀이 하기, '아'소리에 알맞은 표정 짓기	-
	대사 카드 뽑고 말하기, 그림보고 즉흥극 만들기	대사카드, 그림카드
마무리	상호평가 후 마무리	-

수업의도

본 수업은 어울리는 표정과 목소리는 많은 연습과 상황에 대한 이해에서 주어지는 것이므로 최대한 많은 극적 상황을 설정하여 연습을 하는 데 주안점을 두었다. 말하기를 하는 동안 서로 자연스럽게 평가하는 분위기를 조성하여 자신의 표정과 목소리를 수정할 기회도 제공한다.

준비

다양한 표정을 짓기 위한 연습으로 얼굴 근육을 풀어본다.

① 입을 최대한 크게 벌린다. 작게 오므린다.

② 코를 최대한 크게 벌린다. 작게 오므린다.

③ 이마를 최대한 찡그린다.

④ 눈을 최대한 크게 한다. 작게 한다.

⑤ 손을 따라 얼굴 근육이 움직이는 연습을 한다.(오른쪽, 왼쪽, 위, 아래)

⑥ 손을 지나가면 활짝 웃는 표정에서 우는 표정으로 바꾼다.

⑦ 손을 지나가면 삐친 표정에서 흐뭇한 표정으로 바꾼다.

거울 놀이하기

• 주어진 상황에 따라 짝의 표정을 따라해 본다. 얼굴 근육 하나하나 최대한 구체적으로 따라하도록 지시한다.

• 상황의 예시) 동생이 내 장난감을 망가뜨릴 때, 엄마한테 혼날 때, 100점 맞았을 때, 너무 행복해 죽겠을 때 등

'아'소리에 알맞은 표정 짓기

• '아'소리가 날 수 있는 상황을 생각하여 소리를 낸다. 한 명이 소리를 내고, 그 상황에 맞는 표정을 예상하여 5-6명이 나와 표정을 지어 본다.

상황의 예시) 다쳤을 때, 뭔가를 이해했을 때, 뭔가 생각났을 때, 위협할 때, 뭔가가 이상하다고 생각 했을 때 등

대사 카드 뽑고 말하기

• 주어진 대사 카드에 맞추어 표정과 목소리를 내고, 그것을 듣는 아이들은 빨간색, 파란색 카드로 평가한다. 빨간색 카드는 표현을 어색하게 한 경우에 들고, 파란색 카드는 표현을 자연스럽게 잘 한 경우에 든다.

대사 카드의 예시) (망설이면서) 할 말이 있어. 음... 음.... 니 짝 수진이가 전학을 간대.

그림 보고 즉흥극 만들기

• 주어진 그림에 나타난 아이들 표정을 보고 그 표정이 연출될 수 있는 상황을 만들어 즉흥극을 꾸민다. 짧은 상황을 만들도록 하고, 두 모둠씩 짝지어 서로 평가할 수 있도록 평가지를 만들어 나누어 준다.

서로 평가한 내용을 공유한다.

수업후기 : (교사) 책을 읽듯이 표현하지 않고 정말 그 상황인 것처럼 생각하고 그에 어울리는 표정과 목소리를 표현하는 모습이 인상적이었다. 간혹 어려워하는 친구들도 있었지만……(아이들) 상황에 맞추어 표현해 보는 게 너무 재밌다. 다른 친구들도 참 잘 했다.

시와 교육연극

성취기준 | 인물, 사건, 배경에 주목하며 작품을 이해한다.

수업목표 | 시를 읽고, 주제를 알 수 있다.

단계	활동 내용	유의점(준비물)
준비	택배 및 시인의 편지 준비	-
활동	배달 된 택배 살펴보기	택배상자
	싸움에 대한 경험 발표하기	-
	소그룹 즉흥극	-
	시 낭송하기	김종영의 싸움한 날 시
마무리	시 주제 알아보기	-

수업의도

〈 시교육과 교육연극과의 만남 〉

시는 지은이의 생각이나 느낌을 나누는 것이다. 그것은 삶의 공감이다. 시를 학습거리가 아닌 서로의 삶, 서로의 경험으로 나눌 수 있는 장으로 만나 글쓴이와 아이들의 생각과 느낌을 공유할 수 있기를 바랐다. 이러한 의도에 가장 적합한 교육방법이 교육연극이다. 사람의 감정은 직접 경험하여야 다시 되살릴 수 있다. 글쓴이의 중심 생각인 시의 주제는 글쓴이의 생각이나 느낌을 내가 겪은 일과 관련지어 보았을 때 알 수 있는 것이다.

〈 드라마 상황은 매우 큰 동기 부여 〉

시인이 보낸 편지를 통해 시인의 고민을 듣고 그 고민에 도움을 주기 위하여 아이들은 함께 탐구한다. 싸움을 한 아이의 일기를 탐구해 보는 것이 수업활동이다. 이 수업은 전체가 드라마 상황 속에 놓이게 된다. 이 드라마 상황은 아이들에게 수업활동이 학습이 아닌 어쩌면 억지스러울지 몰라도 놀이상황처럼 느껴질지도 모른다. 드라마는 아이들에게 매우 큰 동기부여가 된다.

〈 시를 이야기 구조 속에서 만나다. 〉

시인이 어떤 고민과 생각으로 자신의 생각을 담아 시를 쓰게 되는지, 또한 시인이 독자와 함께 나누고자 하는 생각과 느낌이 어떤 경험들을 통하여 시로 표현되는지 경험하였으면 좋겠다. 이야기를 좋아하는 아이들을 위해 시를 이야기 구조로 수업을 한다면 아이들은 더 흥미를 갖고 그 경험 속에서 더 느끼고 생각할 수 있지 않을까? 본 차시 수업의 이야기 구조는 아이들의 관점을 I 관점에서 You 관점으로 변경시킨다. 이것은 싸움에 관한 더 솔직하고 진솔한 표현을 할 수 있을 것이다. 자신의 얘기가 아닌 다른 사람을 위한 조언이라면 더 적극적으로 표현되어질 수 있기 때문이다.

준비

택배(찢어진 일기와 시인의 편지, 동봉한 편지지와 편지 봉투), 비디오카메라, CD player, 시낭송 할 때 배경으로 활용할 여러 곡의 CD, 발표에 도움을 줄 악기(예시, 우드로 폰, 에너지 차임 등)를 준비한다. 간단하게 '싸움'에 관한 설문조사를 실시하여 자료 제작 시 직접 아이들이 대답한 글귀들을 직접 인용하면 매우 효과적이다.

본시 수업 전에 싸움에 관한 경험을 상기시키고 본시 수업의 동기 유발 자료로 활용되는 택배 배달된 '찢어진 일기장'을 만들 때, 아이들이 쓴 문구를 직접 인용하기 위해 사전에 설문조사를 실시하였다. 학교에서 인성지도에 도움을 받고자 실시하는 설문조사라고 하여 '싸움'에 관한 수업을 할 것이라는 생각을 하지 않도록 의도하였고 그것 때문에 김종영 시인이 택배를 보내 도움을 구한다고 하여 수업과 연결시켰다.

① 사전에 택배를 제작해야 한다. 택배에 들어갈 내용물은 김종영 시인이 쓴 편지, 편지봉투에 든 답장, 지퍼 백에 든 찢어진 종이조각 2장)

② 수업 전에 미리 택배 배달부를 섭외하는 것이 더 극적인 상황을 연출할 수 있어 좋다. 예를 들어 행정실 선생님께 부탁하여 그 수업시간에 교실 문을 급하게 두드리면서 "앗, 수업시간이세요? 죄송합니다."하고 배달되는 상황이라면 아이들에겐 이미 연극상황이 아닌 실제상황으로 빠져들기 시작한 것이다.

③ 아이들과의 수업 진행 상황에 따라 60~80분의 시간이 필요하다. 미리 두 시간 연속 수업을 할 수 있는 시간에 하는 것이 좋다.

| 동기 유발 자료 – 택배 | 찢어진 일기 조각들 | 제작 중인 일기 |

④ 택배 상자는 실제로 그 학교에 배달된 상자를 재활용하면 좋다. 학교 주소가 적혀 있어 아이들이 그것을 확인할 수 있으면 더 좋다. 사전에 제작된 자료라는 것이 철저히 숨겨지도록 반 아이나 동학년이 아닌 5,6학년 아이와 제작하는 것이 좋다. 그 아이도 재밌는 경험이 될 것이다. 아이가 직접 쓰고 젖은 흙을 밟은 신발로 직접 일기 종이를 밟게 하고 교사가 수업의도에 맞게 아이들이 상상할 부분을 찢으면 된다.

⑤ 시인의 편지들은 시인의 글씨에 대한 불필요한 호기심이 생기지 않도록 컴퓨터로 치는 것이 좋다.

사전 준비가 많고 복잡하다고 느낄지 모른다. 하지만 아이들에게 평생 잊혀지지 않는 수업의 경험을 줄 수 있다고 감히 말하고 싶다.

활동1

교실로 택배가 배달된다.

찢어진 일기와 김종영(시 '싸움한 날'의 지은이) 시인이 쓴 편지가 들어있다. 찢어진 일기에는 싸움을 한 아이가 화가 났을 때, 화해하고 싶을 때의 마음이 나타나있다. 시인의 편지에는 '싸움'에 관하여 시를 쓰고 싶어서 도움을 구한다는 내용과 도움을 받고 싶은 부분들이 어떤 것들인지 구체적으로 적혀 있다.

택배 배달부	(교실 문을 급하게 두드리고 문을 연다) 선생님!
	(교실 안을 살펴보며) 앗, 벌써 수업 시작하셨어요?
교사	(약간 당황하며) 아, 네.
택배 배달부	죄송합니다. 택배가 왔네요.

아이들과 택배의 내용물을 살펴본다.

찢어진 종이 조각들, 편지봉투에 든 편지를 본다. 발견하거나 알게 된 내용을 발표한다.

(4학년 아이가 친구와 싸우고 쓴 일기, 그 일기의 찢어진 부분들이라는 것, 김종영 시인이 보낸 편지라는 것, 시인이 부탁한 내용 등)

시인이 보낸 편지를 읽고 시인이 부탁한 내용들을 발표한다.

① 정말 싸우고 나면 그런 느낌이 드는가?

또 어떤 생각이나 느낌이 드는가?

② 엄마가 어떻게 위로/조언해 주었을까?

③ 미안해서 용기가 나지 않는 아이가 어떻게 하면 화해할 수 있을까?

④ 동영상으로 찍어 보내주시면 좋겠다.

(위로하는 엄마의 마음, 화해하려는 아이의 마음이 잘 드러나도록)

⑤ 내가 지은 시는 이메일로 보내 주겠다.

발표 내용을 순서대로 정리해 준다.

도와 줄 것인지 말 것인지 결정한다.

답장을 작성할 지원자가 질문에 대한 답과 발표내용을 간략히 적는다.

교사   (택배를 살펴보며) 어? 이건 우리 반 이름으로 온 택밴데?

            택배 상자를 열어 본다

아이들   뭔데요?

교사   (혼잣말처럼) 뭐야 이게?

            (천천히 하나씩 꺼내며) 편지랑 지퍼백에 든 찢어진 종이조각?

아이들   선생님, 우리 읽어봐요.

교사   그럴까? 실물화상기로 봅시다, 그럼.

    시인이 보낸 편지, 찢어진 일기장 순서로 아이들과 함께 살펴본다.

    편지는 교사가, 실물화상기에 비친 일기장은 아이들이 읽는 것이 효과적이다.

교사   (찢어진 일기장을 함께 살펴본 후 혼잣말 하듯이) 이거 재밌네.

（두 조각을 연결시켜 보며) 가운데 부분이 찢어져서 없네?

가운데 부분에 어떤 내용이 있었을까요?

아이들   어머니가 감동적으로 무슨 말씀을 해 주셨나 봐요.

아이들   위로의 말씀을 해 주셨을 거예요.

교사   (방금 생각난 듯) 아, 편지에 뭐라고 적혀 있었죠?

아이들, 기억나는 편지 내용들을 발표한다.

교사   참, 편지가 하나 더 있었다. 근데 편지봉투에 우표가 붙어 있네?

편지를 아이들이 읽게 한다.

교사   (편지 내용을 다시 한 번 말해 주며) ~ 이러 이러한 내용이 궁금하다?여러분, 어떻게 할까요? 시인을 도와줄까요?

아이 1   도와줘요. 재밌을 것 같아요.

아이 2   힘들어요. 하지 마요.

아이 3   우리가 도와줘서 이 시가 잘 되면 교과서에 실릴지도 모르잖아요.

교사   (돕기로 결정한 후) 답장 보내려면 누군가 써야할 텐데, 누가 써 주실래요?

☞ 편지내용은 활동내용과 연관되므로 아이들이 분명하게 알도록 강조한다.

☞ 지원자는 서로 짝인 두 사람으로 정하여 간단하게 적도록 한다.

활동2

싸움에 대한 경험(엄마의 위로와 조언, 화해)을 발표한다.

• 친구와 싸운 직후 기분이나 느낌, 드는 생각은?

     - 친구 안 해. 그 친구가 세상에서 제일 미웠다.

     - 열이 올라 왔다. 화가 나고 이해가 안 간다. 등등

• 시간이 좀 지난 후의 기분이나 느낌 또는 생각은?

     - 미안했다.

     - 좀 멀어진 느낌이었다./더 짜증났다.

– 화해를 해야겠다고 생각했다.
- 일기의 주인공은 엄마의 위로와 조언을 받고 화해하고 싶은 마음이 들었다고 했다. 주인공과 같은 경험이 있다면 발표한다.
  – 먼저 사과를 하면 그 친구도 사과를 할 거야.
  – 친구와 친하게 지내다보면 싸울 수도 있는 거란다.
  내일 네가 먼저 화해의 손을 내밀어봐. 그럼 그 친구도 기뻐할 거야.
- 싸운 친구와 화해를 하고 싶었는데 용기가 없어서 못했던 경험이나 용기 내어 사과를 한 경험을 발표한다.
  – 편지를 쓰고 이벤트를 준비해서 화해를 하게 되었다.

활동3

소그룹 즉흥극 – 엄마의 위로나 조언, 화해했던 경험을 재연한다.

조별로 엄마가 위로, 조언해 주었던 경험과 친구와 화해했던 경험을 재연하되, 방법과 그때의 감정이 잘 나타나도록 강조한다. 엄마가 위로, 조언해 주었던 경험과 친구와 화해했던 경험 중 하나를 선택하여 발표한다. 어떤 시를 쓰실지 기대하며 편지지를 봉투에 담아 보낸다. 비디오테이프를 함께 동봉한다.

활동4

이메일로 보내준 시, '싸움한 날'을 읽어 본다.

- 시낭송 한다. (어울리는 배경음악을 선택하게 할 수도 있다)
- 너무 멋진 시라서 교과서에도 실렸었대!
  김종영 시인이 2연과 4연처럼 표현한 까닭을 무엇일까요?
  2연: 친구와 싸움한 날, 마음이 울적하고 쓸쓸해서
  4연: 친구와 빨리 화해하고 싶어서
      화해하는 방법을 생각하다 보니까

마무리

'싸움한 날'의 주제를 알아본다.

- 시인이 우리와 함께 나누고 싶었던 생각/마음은 뭘까? 글쓴이가 우리에게 말하고자 하는 중심생각은 뭘까?
    - 어머니의 사랑
    - 친구를 생각하는 마음/친구와 화해하고 싶은 마음
- 우리가 발표했던 것들, 글쓴이의 중심생각을 우리는 뭐라고 한다?
    - 시의 주제!

토론연극으로 풀어보는 빼빼로 day

성취기준 절차와 규칙을 지키고 근거를 제시하며 토론한다.

수업목표 '적절한 근거'를 들어가며 토론을 할 수 있다.

단계	활동 내용	유의점(준비물)
준비	상황극을 발표할 아이들 사전 지도	–
활동	문제 상황 발견 및 인식	–
	토론연극하기	–
마무리	시 주제 알아보기	–

수업의도

토론은 하나의 논제에 대하여 적절한 근거로 상반된 주장을 펼쳐 상대를 설득하는 것에 목적이 있다. 그러므로 토론에서는 주장에 대한 적절한 근거를 마련하기 위한 생각을 정리하는 활동이 필요하다. 본 차시에서 이루어지는 토론 연극은 자신의 주장과 생각을 정리해서 토론을 활성화시키는 데 도움이 될 것이다.

준비

문제 상황을 연기할 아이를 교사가 미리 지도해 주는 것이 토론연극의 효과를 높일 수 있다.

〈 문제 상황 발견 및 인식 〉

• 빼빼로 day에 빼빼로를 주지 못해 친구와 부모님과의 갈등을 겪는 모습을 즉흥극으로 표현한다.

문제 상황

내일은 빼빼로 day이다. 영수도 친구들에게 빼빼로를 주고 싶어 엄마께 빼빼로 살 돈을 달라고 했다. 하지만 엄마는 빼빼로 day는 상술이라면서 불필요한 곳에 돈쓰지 말라며 꾸중만 하신다. 시무룩하게 학교에 갔지만 아이들은 서로 빼빼로를 주고 받으며 즐거워한다. 빼빼로를 준비하지 못한 영수는 어찌해야 좋을지 고민이 되어. 괜히 친구 얼굴을 피하며 의자에 앉아 있다.

• 극에서 나타난 문제 상황 발견하기
  − 빼빼로 day에 빼빼로를 꼭 주어야만 하는가?

활동2

〈 인상 깊은 장면 조각상으로 연출하기 〉

• 빼빼로 day에 생각나는 장면들
• 빼빼로를 판매하는 회사나 가게들의 장면
• 빼빼로를 받고 즐거워하는 친구들 모습(받거나 주지 못해 슬퍼하는 모습)

〈 해결 방안 탐색 및 문제해결 (토론연극 하기)〉

• 문제 상황 재현하기(처음에 연기하였던 아이가 그대로 연기한다.)
• 관객 참여하기
  − 역할을 보면서 장면에 관해 의견을 가진 아이가 'stop'을 외친다.
  − 자신의 의견을 짧게 이야기 한다.
  − 자신이 원하는 배우의 역할을 맡아 그 지점부터 다시 연기를 한다.
  − 극에서 자신의 역할을 다 했다고 생각하면 원래 배우 아이에게 역할을 넘겨준다.
  − 원래 배우 아이는 새로운 상황과 어울리게 즉흥극을 펼쳐 나간다.

어머니가 빼빼로 day는 상술이라며 돈을 주지 않는 장면에서 극을 보고 있던 한 아이가

1) stop을 외친다.

2) 의견을 말한다.: 발렌타인 데이나 화이트 데이는 괜찮으면서 빼빼로 day만 상술이라고 하는 것은
잘못되었습니다. 엄마는 돈을 주셔도 됩니다.

3) 그리고 나서 자신이 엄마 역할을 맡아 연기한다. : "그래, 엄마가 돈을 줄 테니 친구들에게 빼빼로 선물하렴."

4) 자기가 할 역할을 다 했다고 생각하면 다시 자기의 자리로 돌아간다.

5) 원래 연기를 하던 배우 아이가 거기서부터 다시 연기하기 시작한다.

6) 또 다시 자신의 의견과 반대되는 장면에서 의견을 가진 아이가 stop을 외친다.

※어떤 의견이든 허용하며 이런 식으로 반복해서 이야기를 엮어 나가다가 더 이상 의견이 없을 때 극을 마친다. 한 장면에서 여러 의견이 나오면 이야기의 내용 전개는 계속 변하게 될 수 있으므로 아이들에게 자유롭게 생각을 말하며 연기할 수 있는 허용적인 분위기를 제공해야 한다.

〈 토론하기 〉

- 자신의 입장 정하기(찬성인지 반대인지 정해 나누어 앉는다)
- 양측 주장 듣기(찬성 측 입장, 반대 측 주장듣기)
  - 타이머를 이용해 시간 제한하는 것도 효과적이다. (예시: 5분 동안 찬성 측 입장 말하기)
- 반론하기
  - 상대의 주장에 대해 반론을 펼친다.
- 최종변론하기(상대를 설득할 수 있는 결정적 주장을 펼친다)
- 판정하기
  - 토론이 다 끝난 다음의 자신의 생각은 무엇인가? (빼빼로 day에 빼빼로를 수는 것에 관한 입장 다시 정하기)
  - 유의점: 판정단을 따로 구성해서 토론을 듣고 판정하게 하는 것도 좋다.

〈 도미노로 느낌 말하기 〉

깨달은 점, 활동에 대한 느낌 등 어떤 의견이든 허용한다. 이때 반 전체가 도미노로 말하는 시간을 측정하면 흥미롭고 빠르게 발표를 진행하기도 한다.

#수업후기 : (교사) 토론 연극을 할 때 상황과 동 떨어지는 방향으로 흘러가기도 했는데 그 때는 교사가 참여자가 되어 상황을 되돌리는 질문들을 해주는 것이 좋다. (아이들) 토론연극을 한 뒤에 내 생각을 정리하기가 훨씬 쉬었다.

마법의 설탕 두 조각

성취기준	재미나 감동을 느끼며 작품을 즐겨 감상하는 태도를 지닌다.
수업목표	등장인물의 행동에 대한 자신의 생각을 극으로 표현할 수 있다.

단계	1차시 활동 내용	1차시 준비물	2차시 활동 내용	2차시 준비물
준비	마음열기 놀이	상자, 여러 가지 물건	마음열기놀이, 극으로의 초대	–
활동	이럴 때 화가 나요	역할을 나타낼 수 있는 소품	마법사를 만나러 가다	가면, 검은 망토
	요정 집과 요정꾸미기	–	우리 집의 마법은?	역할을 나타낼 수 있는 소품
			뒷이야기 만들기	
마무리	이야기 나누기	–	이야기 나누기	–

수업의도

'항상 혼만 내고 잔소리만 하는 부모님 없이 나 혼자서 마음대로 할 수 있다면?' 부모님과 의견이 부딪힐 때 아이들 머릿속을 스쳐갈 수 있는 생각이다. 어느 순간 마법의 힘으로 손가락만큼 작아진 부모님을 연상하며 벌어지는 '마법의 설탕 두 조각' 이야기는 아이들에게 많을 것을 생각하게 하고 뒤돌아보게 만들 것이다. 1차시에 책의 처음 일부분을 교사가 읽어주고 함께 연극 놀이 활동을 힘으로써 아이들은 책을 너무나 읽고 싶어질 것이나. 1차시 수업 후 책 제목을 안내하여 아이들이 책 읽을 기간을 갖고, 2차시에서는 '미리 쓰여 진' 대본 없이 아이들이 직접 인물과 사건을 구성하면서 온몸으로 느껴보는 과정 중심 이야기 극화로 극적인 재현을 넘어 '스스로'를 위해 의미를 만들어갈 수 있도록 하고자 한다.

〈 마음 열기 놀이 〉 마술가게

놀이방법 : 원 한가운데 가서 상상의 마법 상자 안에서 자신이 원하는 물건을 가져와 응용하여 사용하는 모습을 마임으로 표현하고 다른 아이들이 맞춘 후 다시 마법의 상자에 넣는다.

(예시 : 리코더를 골라 눈에 대고 먼 곳을 보았을 때 다른 아이가 망원경이라고 맞춘다.)

〈 이럴 때 화가 나요 〉 드라마 관습 : 장면 만들기

책 주인공인 렝켄과 부모님의 의견이 부딪히는 부분까지(한쪽 정도) 교사가 읽어주고, 주인공 상황과 현재 아이들의 경험을 연관시켜 이야기 나누어 봄으로써 자신의 일상생활을 돌아보는 계기를 가진다.

| 교사 안내 | 여러분도 부모님 때문에 화가 난적이 있었나요? 왜 부모님 때문에 화가 났었는지 모둠별로 장면 만들어 즉흥극으로 표현 해봅시다. 즉흥극을 준비할 때에는 먼저 모둠원들이 함께 표현할 이야기를 모두 나누고 나서 역할을 정합니다. 이야기 나누기에 잘 참여해야 자신이 맡은 역할을 어떤 내용으로 어떻게 표현할지를 잘 알 수 있습니다. 역할을 정하고도 시간이 남으면 간단히 연습을 해도 좋습니다. |

교실에 다양한 색깔의 보자기나 간단한 소품을 비치하여 아이들이 발표 때 사용할 수 있도록 하고 연습 때는 소품은 사용하지 않도록 해야 준비과정에 집중할 수가 있다. 이야기 만들기부터 총 준비시간은 5분 이내로 준다. 한 모둠씩 발표할 때 마다 서로 좋은 점을 칭찬하는 시간을 갖는 것이 좋다.

〈 요정 집과 요정 꾸미기 〉 드라마 관습 : 공간 만들기

렝켄이 요정 집 대문 앞에 도착하는 부분까지(네 쪽 정도)만 읽어준다.

| 교사 안내 | 렝켄이 드디어 요정 집에 도착했네요. 요정의 집엔 어떤 것들이 있을까요? 교실에 있는 것과 자신이 가지고 있는 물건을 사용하여 모둠별로 요정의 방을 |

꾸며봅시다. 또한 모둠원 중 1명은 요정으로 꾸며주세요. 꾸미기가 끝나면 우리 모두가 렝켄이 되어 각 모둠의 요정 집에 방문할 것입니다. 모둠에서 요정을 맡은 사람 이외는 요정의 비서가 되어 요정 집에 대해 설명을 하고, 요정은 렝켄이 된 우리들에게 부모님과의 문제를 해결할 수 있는 무언가를 주며 사용 방법과 효과를 설명하는 즉흥극을 하겠으니 이를 생각하며 꾸며주세요.

〈 요정 집에 방문 했어요 〉 드라마 관습 : 전체 역할 즉흥

교사 안내   이제 여러분들은 렝켄이 되어 1모둠이 꾸민 요정의 집부터 차례로 찾아다닐 것입니다. 1모둠 친구들은 자신들이 꾸민 집에 미리 가서 우리를 맞이해주세요. 요정 비서를 맡은 사람들의 설명이 끝나면 요정을 맡은 사람은 우리 렝켄들에게 해결방안을 제시해줍니다. 1모둠이 끝나면 2모둠으로 옮겨 갈 것인데, 그때 2모둠 친구들은 빠르게 먼저 가서 우리를 맞이해주세요. 하나, 둘, 셋하고 외치면 연극놀이 속으로 들어가고 셋, 둘, 하나를 외치면 연극놀이 속에서 나옵니다.

역할 내 교사(경찰관)   렝켄님들, 안녕하세요? 요정의 집을 찾는다고요? 제가 차례로 안내해드리겠습니다. (1모둠 요정의 집으로 인도한다.) 여기가 첫 번째 요정집입니다. 안녕하세요?

요정의 집을 방문하면 요정 비서가 설치한 여러 가지 물건에 대한 설명을 하고 렝켄의 질문에 답변도 하며 즉흥적으로 대화한다. 그리고 요정으로 부터 렝켄들에게 부모님과의 문제 해결 방안을 제시받고 역할 내 교사(경찰관)의 안내를 받으며 다음 요정의 집으로 이동한다.

1차시 마무리

[반영 질문]

연극 놀이 중 어느 부분이 가장 재미있었나요?

렝켄에게 준 해결 방안 중 어떤 것이 가장 마음에 들었으며 그 이유는 무엇인가요?

2차시 준비

〈 마음 열기 〉 초능력의 신비(자석놀이)

교사 안내 　　지난 시간 요정에게 얻어온 마법의 힘으로 누군가를 조정해 보자.

놀이방법 : 2인 1조가 되어 한 사람의 얼굴은 쇳덩이가 되고 다른 한 사람의 손은 자석이 되어 상대의 얼굴에서 한 뼘 정도 거리를 유지하며 움직여감으로써 상대방을 조정한다. 자석을 맡은 아이가 쇳덩어리 역할을 맡은 친구를 배려하여 천천히 움직이도록 하고 되도록 소리는 낼 수 없도록 한다.

〈 극으로의 초대 〉

자석놀이를 끝낼 때 쯤 미리 약속된 보조 학생이 교실 뒷문으로 나갔다가 앞문으로 들어와 우편물이 왔다며 수신자에 'ㅇ학년 ㅇ반 친구들에게'라고 쓴 편지를 전한다. 교사는 이상하다며 편지를 뜯어보았다. 편지의 내용은 다음과 같다.

> ○○초등학교에서 똑똑하기로 소문난 ○학년 ○반 친구들에게 도움을 요청합니다.
> 우리 딸 렝켄이 마법사에게 받은 설탕을 우리들에게 먹여서 점점 작아지는 마법에 걸렸습니다. 이 사실이 다른 사람들에게 알려지면 소문이 퍼져 그 마법사가 영영 사라져 버릴 수도 있으니 꼭 비밀을 유지하면서 마법사를 찾아 저희들이 다시 원래 모습으로 돌아올 수 있도록 도와주세요.

교사 발언 　　(깜짝 놀라며) 큰일 났구나. 너희들이 렝켄 부모님을 도와줄 수 있겠니? 그럼 우리 이야기 속으로 들어가도록 하자.

〈 약속하기 〉

교사 안내 ·　　이제 여러분들은 렝켄의 이웃사람들이 되어 요정을 찾아가는데 그 길이 험해서 선생님이 안내자가 될 것입니다. 하나, 둘, 셋하고 외치면 연극놀이 속으로 들어가고 셋, 둘, 하나를 외치면 연극놀이 속에서 나옵니다.

〈 요정을 만나러 가다 〉 드라마 관습: 마임, 개와 뼈다귀 놀이, 즉흥극

교실 뒷문을 이용하여 아이들을 복도로 안내하고 다음과 같은 지시어를 내려 아이들이 마임으로 표현하도록 한다. 이때 미리 약속한 아이는 교실에 남아 재빨리 얼굴에 탈을 쓰고 검은 망토를 입고 교실 앞쪽 문 앞에 의자에 앉아 있게 한다.

역할 내 교사(안내자)	(복도로 아이들을 안내하며)하나, 둘, 셋! 여러분, 요정을 만나러 갑시다. 그런데 요정 집 앞에는 눈은 멀었으나 청각이 아주 발달한 힘센 문지기가 있습니다. 여러분이 힘들다고 작은 소리라도 내면 우리 모두 문지기에게 잡혀갑니다. 아무리 힘들어도 조용히 따라 오십시오.

- 여기는 가시밭길이니 까치발로 걸어오세요.
- 강물이 앞을 가로 막고 있군요. 배가 없으니 수영해서 건넙시다.
- 높은 산이군요. 너무 가파르니 네발로 기어 올라갑시다.

역할 내 교사(안내자)	(앞문을 이용하여 교실로 들어와서) 쉿! 조용히 하십시오. 저기 문지기가 지키고 있습니다. 문지기는 눈은 멀었으나 청각이 아주 발달하였으니 소리 나지 않게 저 뒤쪽 문턱을 넘어야합니다. 만약 소리가 나서 문지기가 소리를 듣고 손가락으로 가리키면 그 사람은 맨 뒤로 가서 다시 시도해야 합니다. 한번에 5명씩 시도하고 성공한 사람은 복도에서 기다립니다. 우리 모두가 성공해야 마법사를 만날 수 있습니다.

모두 성공하여 복도로 나가는 순간 교사는 요정이 되고 문지기가 역할을 한 아이가 다른 아이를 교실로 데리고 들어오도록 한다. 요정이 된 교사는 일부러 어려운 제안을 하거나 말꼬리를 잡고 늘어지면서 상황을 어렵게 하여 아이들이 즉흥적으로 대처하도록 한다.

역할 내 교사(요정)	그래 너희들이 뭔가 나에게 부탁이 있어서 왔다고? 나는 렝켄이 원하는 대로 해주었던 것이고 분명 두 번째 부탁은 쉽지 않다고 말했었다. 한 모둠씩 내 앞으로 나와서 한번 나를 설득해 보아라.
아이(1모둠 이웃주민들)	렝켄의 부모님이 너무 작아져서 작은 벌레한테도 잡아먹힐 것 같

	습니다. 불쌍하지 않나요?
역할 내 교사(요정)	불쌍하지만 나도 이 설탕을 만들려면 돈이 많이 들었으니 이제 공짜로 줄 수 없다. 너희들 돈 얼마나 가지고 있니?
아이(1모둠 이웃주민들)	요정님, 세상에서 제일 소중한 것은 돈이 아니라 사람 목숨이라고 울 엄마에게 배웠습니다. 마법사님은 엄마도 없나요?
역할 내 교사(요정)	흐흐흑. 엄마라고 했느냐? 나도 엄마가 있었지. 그런데 돌아가셨어. 엄마, 보고 싶어요. 앙~
아이(1모둠 이웃주민들)	너무 슬퍼하지 마세요. 우리가 위로해줄게요.
역할 내 교사(요정)	그럴까? 그럼 내가 큰마음 먹고 이 설탕을 다시 주마. 단, 이 설탕을 쓰고 안 쓰고는 렝켄에게 달렸는데 이 설탕을 렝켄이 먹으면 부모님이 다시 원래대로 돌아오지만 렝켄이 부모님 말씀을 듣지 않으면 작아진다는 것을 꼭 알려주도록 하여라.
아이(1모둠 이웃주민들)	네. 고맙습니다.
역할 내 교사(요정)	다음 2모둠 나오너라.

2차시 활동2

〈 우리 집의 마법은? 〉 드라마 관습 : 토론 연극

1차시 '이럴 때 화가 나요' 발표한 내용 중 학급원이 가장 공감하는 장면을 한 가지 정하여 부모님 때문에 화가 날 때의 해결방안을 토론 연극으로 생각해보도록 한다. 토론 연극은 배우로 설정된 아이가 실연하여 문제 상황에 이르는 순간, 해결방안을 제시하려는 관객 학생이 '얼음'을 외쳐 극을 중단 시키고, 자신의 생각을 간단히 설명한 후, 앞에 나와 극에 개입하여 자신의 해결방안을 즉흥극 형식으로 제안하는 관습이다. 토론 연극은 배우로 설정된 아이가 자신의 주장을 고집하지 않으면서, 다른 아이가 즉흥적인 연극으로 제시하는 해결 방안에 즉흥적으로 대처해야하므로 어려움이 있다. 그러나 말로만 하는 토론에는 언어 능력이 뛰어난 아이들 몇몇만 참여하거나 시간이 지날수록 집중도 떨어진다. 토론 연극은 흥미와 집중도를 높이고, 실연이라는 상황 맥락 속에서 문제 해결 과정을 구체적으로 경험하게 함으로써 반성적인 사고의 기회를 갖는데 유용하다. 주의할 점은 다양한 생각을 허용하는 분위기를 조성하고 시간이 허용되는 한 많은 아이들의 의견을 토론연극화 할 수 있게 하는 것이다.

1단계	문제를 명확하게 보여줄 수 있는 문제 상황극 만들기
2단계	즉흥적인 상황에 대처할 수 있고 문제 상황극을 보여줄 수 있는 배우 선정
3단계	문제 상황극 제시
4단계	상황극에 대한 관객의 부정적인 반응 표출 (얼음을 외침)
5단계	새로운 해결 방안을 가진 관객이 배우로서 극에 참여
6단계	관객이 제안한 해결 방안에 대한 토론
7단계	3~6단계를 반복하며 해결 방안을 수정 보완하여 최선의 해결책 제안

2차시 활동3

〈 뒷이야기 만들기 〉 드라마 관습 : 즉흥극

교사 안내   이웃 주민들의 도움으로 렝켄의 가족은 마법의 설탕을 구했습니다. 이 설탕은 렝켄이 먹으면 부모님이 다시 원래대로 돌아오지만 렝켄이 부모님 말씀을 듣지 않으면 작아집니다. 과연 렝켄을 어떻게 했을까요? 책의 결말을 연극으로 만들어봅시다.

마무리

[반영 질문]
연극 놀이 중 어느 부분이 가장 재미있었나요?
렝켄과 여러분 자신을 비교해서 말해볼까요?

 새들의 왕 뽑기

성취기준 재미나 감동을 느끼며 작품을 즐겨 감상하는 태도를 지닌다.

수업목표 이야기 내용을 몸으로 표현하고 인물의 말이나 행동에 대해 내 생각을 말할 수 있다.

단계	활동 내용	유의점(준비물)
준비	마음열기 놀이, 극으로의 초대, 약속하기	–
활동	새들의 치장	미술시간에 만든 날개
	새들의 왕 선출	산신령 복장, 왕관, 음악
	새들 나라의 인터뷰	모형 마이크
	까마귀에겐 어떤 일이 있었을까?	간단한 소품
	까마귀에게 충고를	–
마무리	까마귀에게 한마디, 활동 소감 나누기	빈의자, 보자기

수업의도

남과 다르다는 것이 큰 매력일 수 있으나 한편으로는 그 다른 점 때문에 공동체에서 밀려나지는 않을까하는 두려움을 갖기도 한다. 실제로 자신들과 '다름'을 가진 구성원을 '틀림'으로 규정하고 가슴 아프게 만드는 사례도 많다. 그러기에 자신이 가진 것 보다는 남들이 가진 것에 눈이 더 가고, 심지어 남들 같은 흉내를 내기도 한다. '새들의 왕 뽑기'를 텍스트로 연극 놀이를 통해 '다름'을 가진 친구의 마음과 '다름'을 가진 친구를 대하는 자신의 태도에 대해 되돌아 볼 수 있는 시간을 갖고자 한다. 미술시간을 이용하여 새 날개를 만들고 본 수업은 80분으로 진행한다.

준비

〈 마음 열기 놀이1 〉 거울 놀이

놀이 방법 : 2인 1조로 마주보고 서서 한 사람이 천천히 움직이면, 또 한사람은 거울이 되어 되도록 동시에 따라 움직인다. 지원자 중 1명이 앞으로 나와 잔잔한 음악에 맞추어 움직이면 전체 아이들이 거울이 되는 활동으로 발전시켜도 좋다.

거울 놀이	'됐거든'놀이

〈 마음 열기 놀이2 〉 됐거든 놀이

　놀이방법 : 모둠에서 한 명씩만 교실 가운데에 모이고, 다른 아이들은 모둠별로 둥글게 모여 앉아 재미있는 놀이나 이야기를 나눈다. 가운데 모였던 아이들이 자기 모둠으로 돌아갔을 때 모둠원들은 손사래를 치거나 몸을 돌리며 "흥!""됐거든."등의 밀쳐내는 몸짓과 행동을 하도록 한다. 그리고 정해진 한명과 밀쳐낸 아이들의 소감을 들어본다.

〈 극으로의 초대 〉

　모든 아이가 교실 한 가운데에 모여앉아 있을 때 교사와 사전에 약속된 아이 한 명이 복도 벽에 무언가가 붙어있어서 떼어 왔다면 긴 두루마리 종이를 가지고 나온다. 교사는 전체 아이들이 보이도록 칠판에 붙이고 큰소리로 읽고 다음과 같은 질문을 통하여 공고문의 내용 파악을 돕는다.

공고문

나 ○○산 산신령은 ○○산에 있는 모든 새늘에게 알린다. 그동안 ○○산은 내가 다스렸으나 너무 바쁜 관계로 ○○산 새들 중에서 가장 아름다운새를 왕으로 뽑도록 하겠다. 모든 새들은 한 명도 빠짐없이 내일 이 시간에 이자리로 모이도록 하여라.'

교사 발문　　공고문은 누가 쓴 것인가?/ ○○산 산신령은 어떤 새를 왕으로 뽑겠다고 했는가?

　　　　　　그럼 우리 모두 이야기 속으로 들어가 새들의 왕 뽑기에 출전해보도록 해요.

〈 약속하기 〉

극화 활동이 원활하게 진행되도록 다음에 일어날 장면, 교사와 아이들의 역할이나 공간 활용, 극의 시작이나 종료, 교사와 아이들이 극 속으로 들어가고 나올 때의 신호(sign)를 미리 약속하여 혼란스러움을 미리 방지한다.

교사 안내	이제부터 우리는 이야기 속으로 들어가 보려고 하는데 지켜줘야 할 약속이 있어요. 선생님이 하나, 둘, 셋을 외치거나 어떤 소품을 손에 들거나 입으면 모두가 극 속에 들어가 극 중의 인물이 되고 셋, 둘, 하나를 외치거나 손에 들었던 소품을 내려놓거나 입었던 것을 벗으면 극 밖으로 나와 원래의 여러분이 됩니다. 그리고 지금부터 교실 전체는 숲이 되고 (파란색 천을 놓으며) 여기는 시냇물이 되고 여러분은 새들이 됩니다. 선생님의 해설에 따라 자신을 아름답게 꾸며 보도록 하겠어요. 지난 미술 시간에 만든 날개를 활용하세요. 그리고 이 자리에 다시 모여 아름다운 새 뽑기 컨테스트에 참여합니다. 1모둠부터 차례대로 나와 음악에 맞추어 멋지게 걷고 포즈를 취하고 다시 들어가 앉습니다. 그럼 이야기 속으로 들어갑니다. 하나, 둘, 셋!

활동1

〈 새들의 치장 〉 드라마 관습 : 해설 있는 마임

교사의 해설에 따라 아이들은 사전 미술시간에 만든 날개를 가지고 마임으로 표현한다. (다른 아이들이 마임으로 표현하기 전에 까마귀 역할을 하고자 교사와 사전에 약속된 아이 1명은 다른 아이들 모르게 살짝 복도로 빠져나간다.)

교사(해설자)	○○산에 있는 새들은 자신의 날개를 활짝 폈어요. 그리고 오른쪽 날개도 살펴보고 왼쪽 날개도 살펴보았어요. 그리고 구부러진 털을 예쁘게 펴주었어요. 다리 깃털에 묻은 티도 떼어내고 머리에 있는 털도 단정하게 다듬었어요. 시냇물에 자신의 몸을 이리저리 비춰 보고는 만족한다는 듯이 날개를 활짝 펴고는 친구 새들에게 자신의 멋진 모습을 뽐내기도 했지요.

새들의 치장	해설 있는 마임

활동2

〈 새들의 왕 선출 〉 드라마 관습 : 즉흥극

해설을 마친 교사는 재빨리 하얀 천등의 복장으로 산신령이 되어 자연스럽게 다음 장면으로 이동한다.

역할 내 교사(산신령)	(새들을 향하여)그래 모두들 준비 되었느냐?
아이들(새들)	예. 준비 되었어요.
역할 내 교사(산신령)	그럼 좋다. 다들 이리 모여 줄 맞추어 앉도록 하여라. 내가 오늘을 위하여 특별히 음악을 준비했으니 한 줄씩 걸어 나와 가운데에 서서 멋진 포즈를 취하도록 하여라. 아름다운 모습도 중요하나 걸음걸음과 마지막 포즈에도 점수를 많이 주겠노라. (음악을 튼다.)
아이들(새들)	새가 된 아동은 한 줄씩 음악에 맞추어 걸어 나와 포즈를 취한다.
역할 내 교사(산신령)	(모든 아이들의 등장이 끝난 후) 그래, 아주 잘 보았다. 이제 모든 새늘의 패션쇼가 끝난 것이냐?
아이들(새들)	예.
역할 내 교사(산신령)	정말 너무 멋진 새가 많아서 우열을 가리기가 힘들구나. 아참! 좀 전에 내가 ○○산에 들어오다 보니 어떤 새 한마리가 열심히 치장을 하고 있었는데 아직 보이지 않는구나. (교실 앞문을 열며) 여기 있었구나. 어서 들어 오거라.
아이(까마귀)	(미리 교사와 약속한 학생이 쑥스러워하며 들어온다.)

160

아이들(새들)	와! 까마귀다.
역할 내 교사(산신령)	모든 새들에게 기회를 골고루 줘야하니 너도 한번 음악에 맞추어 걸어 나와 보거라.(음악을 튼다)
아이(까마귀)	(여러 가지 색깔로 만든 멋진 날개를 펼치며 들어와서는 멋진포즈를 취한다.)
역할 내 교사(산신령)	이렇게 아름다운 새는 처음 보았다. 그래, 네 이름은 무엇이냐?
아이(까마귀)	까마귀입니다.
역할 내 교사(산신령)	이제 새로 뽑은 왕을 발표하도록 하겠다. 나 산신령은 ○○산의 새들을 다스릴 왕으로 까마귀로 정하겠다. (까마귀에게 왕관을 씌워주고는 퇴장한다.)
아이들(새들)	아~ 짜증나. 괜히 준비 했잖아.
아이(새)	어! 저건 내 털이잖아.

(사전에 약속하지도 않았는데 어떤 한 아이가 이렇게 외치며 극을 진행시켰다.)

다른 아이들(새들)	정말? 맞아. 이건 내 털이야.

(다른 새들은 화가 나서 까마귀 몸에 붙어 있는 자신의 깃털들을 모두 떼어내면서 혼란한 상황이 벌어짐)

새들의 자랑

까마귀 깃털을 떼어내는 장면

활동3

〈 새들 나라의 인터뷰 〉 드라마 관습 : 인터뷰

다른 새들이 달려들어 혼란할 때 교사는 기자가 되어 마이크를 들고 등장한다.

역할 내 교사(기자)	잠깐만요. (아이들을 까마귀로부터 떼어 놓는다.) 저는 ㅇㅇ산에 대혼란이 일어났냐는 이야기를 듣고 취재 나온 ㅇㅇ방송국기자 입니다. 굉장히 화가 나신 것 같은데 잠시 흥분을 가라앉히시고 제 취재에 응해주시면 감사하겠습니다. 우선 모두 자리에 앉아주십시오. 까마귀님도 이쪽으로 앉아주세요.
아이들(새들)	(자리에 앉는다.)
역할 내 교사(기자)	제가 아까 듣자하니 산신령님이 저쩌구 까마귀가 어쩌구 하는 것 같던데 무슨 일로 그렇게 화가 나셨는지 자신이 어떤 새인지를 밝히고 이야기를 해주세요.
아이 1	저는 장꼬리입니다. 글쎄 저 까마귀가 제 털을 가져가서 자기 것 인양 꾸미며서 오늘 왕으로 선출되지 않았겠습니까?

새들(아이들)은 까마귀의 털이 가짜라는 것과 산신령은 그것도 모르고 까마귀를 왕으로 선정했는데 이는 잘못된 결정이라고 토로한다. 교사는 이야기를 들어주며 다음과 같이 정리하여 다음 극화 활동으로 자연스럽게 연결 한다.

역할 내 교사(기자)	그럴 수도 있겠군요. 여러분들의 이런 심정을 ㅇㅇ방송에 잘 반영하겠습니다. 그럼 마지막으로 주눅들어있는 까마귀의 이야기를 들어보겠습니다.
아이(까마귀)	(사전에 교사와 약속한 대로)여러분이 화가 많이 난 것은 이해해요. 그러나 이럴 수밖에 없는 나의 사정을 여러분들은 모르실 겁니다. 흑흑흑.....
역할 내 교사(기자)	진정하세요. 까마귀님에게는 우리가 모르는 뭔가가 있는 것 같군요. 그 일이 무엇인지 궁금합니다.

새들 나라의 인터뷰	까마귀와의 인터뷰

〈 까마귀에게는 어떤 일이 있었을까? 〉 드라마 관습 : 즉흥극

교사는 마이크를 내려놓고 '셋, 둘, 하나'를 외쳐 교사와 아이들은 모두 역할에서 벗어나게 한다. 그리고 아이들의 날개를 정리하게 하고 교실 한가운데에 모여 앉게 한다.

교사 안내 　잠시 전에 까마귀의 이야기를 들으니 까마귀의 과거에 우리가 모르는 무슨 일이 있었던 것 같죠? 그럼 이번에는 두 모둠씩 모여 까마귀에게 어떤 일이 있었기에 까마귀는 다른 새의 깃털을 모아 꾸몄는지 이야기 만들어 즉흥극으로 표현해 봅시다. 즉흥극을 준비할 때에는 먼저 모둠원들이 함께 이야기를 만들고 난 후 역할을 정합니다. 이야기 만들기에 잘 참여해야 자신이 맡은 역할을 어떤 내용으로 어떻게 표현할지를 잘 알 수 있습니다. 역할을 정하고도 시간이 남으면 간단히 연습을 해도 좋습니다.

까마귀에게 어떤 일이 있었는지 이야기 나누기	까마귀에게 있었던 일 즉흥극

교실에 다양한 색깔의 보자기나 간단한 소품을 비치하여 아이들이 발표 때 사용할 수 있도록 하고 연습 때는 소품은 사용하지 않도록 해야 준비과정에 집중할 수가 있다. 이야기 만들기부터 총 준비시간은 7분 이내로 준다. 한 모둠씩 발표할 때 마다 서로 좋은 점을 칭찬하는 시간을 갖는 것이 좋다

활동5

〈 까마귀에게 충고를 〉

'까마귀에게는 어떤 일이 있었을까?'라는 활동이 끝나고 아이들을 다시 교실 가운데에 모으고 사전에 교사와 약속한 까마귀를 교실 뒤쪽으로 나가게 한다.

교사 안내	까마귀가 뭔가 고민이 많은 것 같아요. 우리 한번 조용히 엿볼까요? 몰래 보는 것이니 만큼 조용히 해주세요. 모두 뒤를 보세요.
아이(까마귀)	(교사와 사전에 약속된 대로)나는 이제 어떻게 해야 하지? 왕이 되었는데 왕을 해야 하나? 이렇게 깃털도 엉망이 되었는데. 다른 곳으로 떠날까?
교사 발문	모두 다시 앞을 보세요. 까마귀를 보니까 어때요?
아이들	불쌍해요. 도와주고 싶어요.
교사 안내	그럼 우리가 까마귀가 고민하는 것에 충고를 해주며 도와줄까요? 여러분이 까마귀라면 어떻게 하겠는지 마음속으로 생각해보세요. 과연 떠나야하는지 떠난다면 어디로 가야하는지. 그리고 남아있어야 하는지 남아있으면 무엇을 해야 하는지. 그냥 저 모습으로 왕을 해야 하는지. 아니면 왕을 하지 말아야 하는지.

이제 1모둠은 먼저 까마귀가 되고 나머지 모둠은 두 줄로 마주보고 서서 까마귀가 된 1모둠 친구들이 지나갈 때 살며시 충고해 주세요. 주의 할 점은 미리 말하지 않고 반드시 까마귀가 자기 앞을 지날 때 그 까마귀만 들을 수 있게 작은 소리로 이야기 해주세요. 까마귀는 천천히 지나가며 친구들의 충고를 마음으로 듣습니다.

'내가 너라면'활동 모습

　다른 사람의 생각을 들어보며 자신의 생각과 비교하는 것이 의미 있으므로 모두가 까마귀
가 되어보도록 한다. 또한 드라마를 돌이켜 보며 문제와 의미를 생각해보는 활동이므로 최대
한 차분하고 조용하게 진행되도록 한다. 활동이 끝나면 자신이 들었던 충고 중 마음에 와 닿
는 것들에 대해 이야기 나눈다.

활동6

〈 이젠 결정했어! 〉 드라마 관습 : 소그룹 연극 만들기
　'까마귀에게 충고를'통하여 들어본 여러 가지 생각을 종합하여 까마귀가 이후 어떻게 했을
지 모둠별로 뒷이야기를 만들어 즉흥극으로 표현하도록 한다.

| 자신만의 매력인 검은 깃털을 다듬는 까마귀 | 다시 왕관을 쓴 까마귀 |

마무리

〈 까마귀에게 한마디 〉 드라마 관습 : 빈의자 기법

아이들을 ㄷ자로 둘러앉게 하고 가운데에 빈의자를 놓고 다음과 같이 안내하여 아이들이 극화 활동하면서 등장인물에 대해 생각하거나 느낀 것을 직접 말해보게 한다. 빈의자에 흰색에 가까운 보자기를 덮어 까마귀가 앉아 있을 것 같은 연극적 효과를 더하면 좋다. 또한 발표할 아이를 지명할 때 이름을 부르지 않고 손으로 가리키는 등 되도록 차분한 가운데 진행하여 아이들의 마음을 나누도록 하고, 아이들이 어색해하며 잘 참여하지 못할 때 교사가 먼저 까마귀에게 마음을 전해도 좋다.

교사 안내　여기에 까마귀가 앉아 있어요. 까마귀에게 여러분의 마음을 전해주세요. 충고도 좋고 사과도 좋아요. 할 말이 있는 사람은 조용히 손을 들어주세요.

[반영 질문]

연극 놀이하면서 혹은 하고 나서 느끼거나 생각한 점을 이야기해봅시다
자신도 까마귀처럼 남들과 다른 특성 때문에 힘들었던 경험을 이야기해봅시다.
다른 사람의 다른 점을 틀린 것처럼 대했던 점을 사과하여 봅시다.

 별주부전

성취기준	재미나 감동을 느끼며 작품을 즐겨 감상하는 태도를 지닌다.
수업목표	이야기 내용을 몸으로 표현하고 인물의 말이나 행동에 대해 내 생각을 말할 수 있다.

단계	활동 내용	유의점(준비물)
준비	마음 열기 놀이, 극으로의 초대, 약속하기	토끼와 자라 복장
활동	토끼의 특징을 찾아라.	–
	토끼를 찾아서	간단한 소품
	토끼와 자라에게 건네는 한마디	빈의자, 보자기2개
	뒷이야기 꾸미기	간단한 소품
마무리	이야기 나누기	–

수업의도

우리 조상들은 '공짜를 좋아하면 머리가 벗겨진다.'라는 재미있고 지혜로운 말로 공짜를 경계하도록 가르쳐왔다. 그러나 인간은 공짜를 좋아하는 마음이 있고, 어느 땐 욕심에 눈이 멀어 자신의 욕심을 이용하는 거짓말인 줄도 모르고 속아 넘어가는 경우고 있다. 옛이야기는 인간의 내면 심리를 비현실적인 장치로 표현함으로써, 아이들이 부담스럽지 않게 내면 심리로 관심을 이끌어준다. 별주부전을 텍스트로 한 과정중심 이야기 극화를 통하여 '욕심'과 '공짜' 그리고 '거짓말'의 관계에 대하여 생각해 볼 수 있는 시간을 갖고자 하며 60분 수업으로 진행한다.

준비

〈 마음 열기 놀이 〉 사람과 사람 놀이

놀이를 통하여 학습자들 간에 친밀감을 조성하고 자유로운 신체 움직임과 자기표현이 허용적인 분위기를 만든다. 특히 이 놀이는 서로의 신체를 맞대어 가며 균형을 이루어 가면서 상호간에 친밀함과 신뢰감에 영향을 주므로 '별주부전'이야기가 다루는 '사람과 사람 사이의 신뢰'와 관련이 있다.

놀이방법 : 두 사람이 짝이 되어 교사가 지시하는 신체의 두 부분(예시: 팔꿈치와 어깨)을 계속해서 누적하며 맞대어 가는 놀이로 "사람과 사람"이라고 교사가 외치면 다른 짝을 만나서 계속 진행한다.

〈 극으로의 초대 〉

'사람과 사람'놀이가 끝날 때 쯤, 복도에서 다투는듯한 큰 소리에 앞문을 열어 자라와 토끼 맡은 아이들을 들어오게 한다. (사전에 토끼와 자라 역할 맡을 학생을 준비시켜 복도에 대기하도록 한다.)

교사	무슨 일로 이렇게 다투시나요?
아이1(토끼)	자라가 용궁에 가면 큰 벼슬을 준다기에 따라갔더니 글쎄 내 간을 빼서 용왕 의병을 고치려고 거짓말을 했던 것입니다. 하마터면 제가 죽을 뻔 했어요. 이 런거짓말을 하면 되겠습니까?
아이2(자라)	지금 용궁에 평화가 찾아온 것은 다 용왕님 덕분입니다. 이 용왕님이 돌아가 시면 용궁은 옛날처럼 모두에게 어려움이 찾아올 것이기에 용왕님 병을 고쳐 주고자 토끼를 데려온 것입니다. 저 혼자만을 위한 것이 아니라 모두를 위한 것입니다. 토끼도 자기 노력이 아니라 공짜로 벼슬을 얻으려는 욕심이 있었으 니 토끼에게도 책임이 있습니다.

교사는 두 분의 생각이 이렇게 다르니 우리가 진실을 알아보겠다며 교실 밖으로 안내한다.

교사안내	토끼와 자라가 왜 저렇게 다투게 되었는지 이야기 속에 직접 들어가서 알아봅 시다.

〈 약속하기 〉

교사가 '하나, 둘, 셋'을 외치면 모두 극 속으로 들어가서 교사는 용왕, 아이들은 토끼연구 박사가 될 것이며 '셋, 둘, 하나'를 외치면 극 속에서 나옴을 약속한다.

활동1
〈 토끼의 특징을 찾아라 〉 드라마 관습 : 전문가 망토

역할 내 교사(용왕)	내 병을 고칠 토끼의 간을 구하러 자라가 가기로 했소. 그런데 토끼라는 동물에 대해 잘 모르니 박사님들께서 생김새나 성격 등의 특징을 알려 주시오.
아이들	'토끼는 귀가 크고 눈이 동그라며 뛰기를 잘한다. 영리하다. 풀을 좋아 하니 풀밭에 있을 것이다.'등 자신이 알고 있는 정보와 경험을 말한다.

어느 정도 이야기가 나오면 교사는 자라에게 토끼를 구해오라며 회의를 정리한다.

활동2

〈 토끼를 찾아서 〉 드라마 관습 : 동상 만들기

교사 안내　토끼를 용궁으로 데려오기까지의 과정에 있었던 일 중 인상 깊은 장면을 모둠별로 동상으로 표현해봅시다. 모둠원이 4명인데 표현하고 싶은 장면에 2명밖에 안 나오면 다른 모둠원은 주변에 있는 사물이 될 수 있고 이야기를 약간 변형시켜 새로운 등장인물이 되어도 좋습니다.

어느 장면을 표현한 것인지 이야기를 나누어보고 동상을 표현한 아이들 중 몇몇 아이의 어깨에 손을 얹어 대사를 들어보기도 한다.

활동3

〈 토끼와 자라에게 건네는 한마디 〉 드라마 관습 : 빈의자

아이들을 ㄷ자로 둘러앉게 하고 가운데에 빈의자를 놓고 다음과 같이 안내하여 등장인물의 행동에 대한 자신의 생각을 말해보게 한다. 현실 속에서의 나 자신이 아니라, 극 속에서의 등장인물이 되어 말하게 함으로써, 아이들의 흥미를 높일 뿐만 아니라 자신의 생각을 좀 더 부담 없이 표현할 수 있도록 한다. 또한 빈의자에 흰색에 가까운 보자기를 덮어 등장인물이 앉아 있을 것 같은 극적 효과를 더하면 좋다. 또한 발표할 아이를 지명할 때 이름을 부르지 않고 손으로 가리키는 등 되도록 차분한 가운데 진행하여 아이들의 마음을 나누도록 하고, 아이들이 어색해하며 잘 참여하지 못할 때 교사가 먼저 마음을 전해도 좋다.

교사 안내　여러분은 이제 바다나 육지의 동물이 되어 자라와 토끼에게 이야기를 하게 될것입니다. 이야기를 할 때는 자신이 누구인지 간단히 밝히고 하고 싶은 말을 합니다. 여러분들의 한마디에 자라는 자신의 행동에 대해 되돌아보며 많은 생각을 하게 될 것입니다.

아이　저는 토끼 동생입니다. 자라님, 용왕님의 목숨만 중요한 것이 아니라 토끼 목숨도 중요합니다. 자기 나라를 위해 다른 사람에게 피해를 주면 안 되지않습니까?

어느 정도 이야기가 많이 나오면 교사는 "여러분의 이야기에 자라는 많은 생각을 하고 앞으로의 행동이 바뀔 것입니다. 어려운 자리에 나와 준 자라에게 격려 박수를 보냅시다."라고 말하며 보자기를 거둔다. 그리고 새로운 색깔의 보자기를 의자에 덮으며 "이제 토끼를 모셔왔습니다. 토끼에게 해주고 싶은 말을 해 주세요."라고 한다.

아이 저는 토끼 엄마입니다. 토끼야, 평상시에 내가 말했지? 공짜 좋아하면 큰일 난다고.

활동4

〈 뒷이야기 바꾸기 〉 드라마 관습 : 즉흥극

교사 안내 여러분들의 생각을 들은 토끼와 자라는 그 뒤 어떻게 되었을까요? 모둠별로 즉흥극으로 표현해봅시다. 즉흥극을 준비할 때에는 먼저 모둠원들이 함께 이야기를 만들고 난 후 역할을 정합니다. 이야기 만들기에 잘 참여해야 자신이 맡은 역할을 어떤 내용으로 어떻게 표현할지를 잘 알 수 있습니다. 역할을 정하고도 시간이 남으면 간단히 연습을 해도 좋습니다.

교실에 다양한 색깔의 보자기나 간단한 소품을 비치하여 아이들이 발표 때 사용할 수 있도록 하고 연습 때는 소품은 사용하지 않도록 해야 준비과정에 집중할 수가 있다. 이야기 만들기부터 총 준비시간은 10분 이내로 준다. 한 모둠씩 발표할 때 마다 서로 좋은 점을 칭찬하는 시간을 갖는 것이 좋다.

마무리

[반영 질문]
연극 놀이 중 어느 부분이 가장 재미있었나요?
토끼처럼 공짜를 욕심낸 경험이 있었나요?
자라나 용왕처럼 상대방 보다는 자신의 목적만을 생각하다가 다른 사람을 생각하지 않았던 경험이 있나요?

나도 생명이 있는 걸

성취기준   (과학) 동물의 한살이 관찰 계획을 세우고, 동물을 기르면서 한살이를 관찰하며, 관찰한 내용을 글과 그림으로 표현할 수 있다.
(도덕) 생명의 소중함을 이해하고 인간 생명과 환경 문제에 관심을 가지며 인간 생명과 자연을 보호하려는 태도를 가진다.

수업목표   등장인물의 행동에 대한 자신의 생각을 극으로 표현할 수 있다.

단계	활동 내용	유의점(준비물)
준비	케일화분 살펴보기(배추흰나비 먹이), 케일화분의 편지 읽기	케일화분 사진, 편지
활동	동화읽기	동화'하느님의 눈물'
	역할놀이(돌이토끼, 풀무꽃풀)	질문자료
	생명의 소중함이란?	–
마무리	케일화분에 답장 쓰기, 케일화분에 이름 붙이기	포스트 잇

수업의도

3학년 과학 '동물의 한 살이'단원 배추흰나비 키우기 활동에서 아이들이 배추흰나비의 성장에만 관심을 두고 배추흰나비 먹이인 케일이 말라가고 죽어가는 것에는 아무관심이 없는 것을 보고, 도덕 '생명의 소중함'과 연계하여 모든 생명이 소중함을 생각해보는 수업을 시도하였다.

준비

배추흰나비의 한 살이 과정을 되돌아본다.

교사 질문	배추흰나비 한 살이 과정은 어떻게 나요?
아이	알-애벌레-번데기-어른벌레(배추흰나비)
교사 질문	배추흰나비 애벌레는 무엇을 먹고 자랐나요? /케일
교사 질문	케일화분의 모습을 자세히 본 적 있나요? 모습을 살펴볼까요? 어떤가요?
아이	축 처져있고 시들었어요.
교사 질문	케일화분의 마음은 어떨까요?
교사 발언	1,2,3반 친구들이 매일 아침마다 선생님

교실에 와서 애벌레가 똥을 쌌어요, 애벌레가 뚱뚱해졌어요. 애벌레가 엄청 자랐어요. 번데기가 되었어요. 나비가 되었어요 하고 자랑을 하는데 케일화분 얘기를 하는 사람은 한 명도 없었어요. 이런 서운한 마음에 케일화분이 우리에게 편지를 보냈어요. 어느 날 케일화분에 물을 주는 데, 케일화분이 선생님에게 말을 걸었어요. 그걸 편지로 써보았습니다. 무슨 내용인지 한번 읽어볼까요?

케일 화분의 편지를 읽어준다. (국어시간에 배운 편지쓰기의 형식을 고려해 형식에 맞게 쓴 편지인지 확인하는 작업도 함께할 수 있다.) 직업소개로 '위스퍼러(식물과 대화하는 사람: 영국)'가 있음을 안내한다.

3학년 친구들에게!

안녕. 친구들! 난 '케일'이야.
요즘 너희가 애벌레 키우기에 열심히 인 걸 알고 있어.
애벌레는 너희들 사랑을 받고 쑥쑥 자랐지. 벌써 번데기로, 나비로 된 애벌레들도 있구.
그런데 난 매일 내 잎에 구멍들만 늘어갔어. 휴~ 너무 아프고 슬퍼.
물론 너희가 애벌레를 위해 날 키우는 건 알고 있어.
그렇지만 나도 생명이 있는걸! 너희가 내 생각도 해주면 좋겠어.
그럼 안녕

2018년 5월 14일

케일 씀

교사 질문	생명을 소중히 한다는 것은 무엇일까요?우리는 케일에게 어떻게 했어야 할까요?

교사 발언	'생명을 소중히 한다는 것은 무엇인지/어떻게 하는 것인지'함께 이야기해봅시다. 오늘은 주제와 관련된 동화를 읽고 '생명을 소중히 한다는 것'에 대한 여러분의 생각을 서로 나눠보도록 하겠습니다.

활동1

'하느님의 눈물' 동화책 읽기

동화를 읽기 전 활동(책제목, 등장인물)을 한다.

작가를 소개하고, 권정생 선생님 책을 읽어 본 게 있는지도 물어볼 수 있다.

교사 발언	케일과 같은 식물의 아픔을 먼저 느낀 토끼이야기를 소개하려고 합니다. 이야기 제목은 하느님의 눈물입니다.
	여기서 하느님은 종교적인 사람이 하니라, 하늘에 사는 신을 말해요.
	이야기 속 인물은 '돌이토끼(산토끼의 이름입니다)', 하느님, 풀무꽃풀입니다.
	그 외에 여러 가지 풀이 나옵니다.
교사 질문	하느님이 왜 눈물을 흘렸을까? 궁금하지 않나요?

동화가 쓰인 활동지를 나눠주고 읽기활동을 한다. 처음 읽기는 선생님과 아이들이 한 줄씩 나누어 읽는다. 한 줄이 넘더라고 인물이 한 말은 내용이 끊어지지 않을 때 까지 읽음을 안내한다.

활동2

생명의 소중함을 이야기 나누기전 돌이토끼와 풀무꽃풀이 가진 생각을 살펴보고 나라면 어떻게 말할지 역할놀이로 활동해 본다. 짝꿍과 돌이토끼, 풀무꽃풀 역할을 나누어 맡고 어떤 말을 할지 바꿔보게 한다.

돌이토끼: "풀무꽃풀아, 널 먹어도 되니?"
풀무꽃풀이 깜짝 놀라 쳐다봤습니다.
풀무꽃풀: "＿＿＿(……)＿＿＿＿＿＿"

짝꿍과 달님, 돌이토끼 역할을 나누어 맡고 어떤 말을 할지 바꿔보게 한다.

돌이 토끼는 오늘 하루 동안 겪은 이야기를 모두 들려주었습니다.

해님: "정말 넌 착한 아이로구나. 하지만, 먹지 않으면 죽을 텐데 어쩌지."

해님이 걱정스레 말했습니다.

돌이토끼: "(차라리 죽는 것이 낫겠어요. 괴롭지만 않다면 죽어도 좋아요.)"

활동3

케일화분의 편지, '하느님의 눈물'을 읽고 아이들이 생각하는 '생명의 소중함'을 이야기 해보게 한다.

예시) 돌이토끼는 풀이 죽는 걸 마음 아파한다. 나는 고기(동물)만 그렇게 생각했는데 앞으로는 모두 감사히 생각해야겠다.

'생명의 소중함이란   이다.'

와 같이 네모 칸을 채우는 활동으로 발표할 수도 있다.

마무리

케일에게 답장을 써 보게 한 후, 케일화분이 그려진 종이에 포스트잇 편지(나뭇잎 색 선택)로 잎을 달아준다.

[반영 질문]

생명의 소중함을 생각하면, 우리는 식물을 어떻게 대해야 할까요?

수업을 하며 느낀점이나 떠오르는 생각은 무엇인가요?

내가 먹는 동식물들은 어떤 것이 있고, 어떤 환경에서 자라고 있을까요?

 누구의 발자국?

성취기준 3학년 1학기 탐구단원으로 성취기준 없음

수업목표 추리의 뜻을 알고 과학자처럼 추리할 수 있다.

단계	활동 내용	유의점(준비물)
준비	다섯고개 하기	–
활동	발자국 살펴보기	발자국 모양
	일어났던 일 추리하고 발표하기	발자국 자료
	노래를 듣고 일어났던 순서 생각해보기	노래
마무리	노래제목 알아맞히기	노래, 노래가사

수업의도

탐구활동의 추리는 아이들이 가장 좋아하는 내용이다. 교과서에 제시된 공룡발자국은 그림도 작고 직접관찰하기 어려운 부분이 있어 아이들이 직접 관찰하고 측정하며 추리할 수 있도록 새롭게 구성해 보았다. 다만 논리적인 비약이 있을 수 있는 활동이므로 정답을 정해놓지 않고 활동하며, 관찰−측정결과를 바탕으로 추리한 것이라면 맞는 답임을 안내하여 수업한다.

준비

다섯고개를 통해 추리의 뜻을 생각해 본다.

---

1. 먹을 수 있습니다.
2. 길쭉한 모양입니다.
3. 초록색입니다.
4. 까칠합니다.
5. 5X2=10   정답: 오이

교사 질문	추리란 무엇인가요?
교사 발언	추리는 색, 모양, 촉감 등 관찰한 결과와 자신이 경험한 것(먹을 수 있다)을 바탕으로 무엇인지 또는 무엇이 일어났는지 설명하는 것입니다. 다섯고개처럼 여러분이 관찰한 것, 경험한 것을 바탕으로 발자국을 추리하는 활동을 해봅시다.

활동1

발자국을 살펴본다.

교사 질문	무엇을 관찰할 수 있을까요? 색, 길이, 발자국 개수를 알 수 있겠죠. 또 발자국의 길이를 측정해 볼 수 있습니다.
교사 질문	발자국 길이가 다르다면 또는 같다면 무슨 뜻인가요?

① 색, 종류, 어떤 방향으로 움직이는지를 관찰해 봅니다.
② 발자국 종류별로 길이는 어떤지 측정해봅니다. 간격은 어떻게 되는지도 재 봅시다.
③ 움직이고 있는지 멈추어진 발자국인지 어떤 발자국이 먼저 움직인 건지 살펴봅시다.
④ 내 경험을 생각하며 무엇이 일어났을지 추리해봅시다.

발자국 자료	관찰1	측정	관찰2	추리 (일어난 일)
	색 종류 방향성	개수(몇명) 길이 간격	움직임 시간의 흐름	

176

활동2

활동1을 바탕으로 무엇이 일어났는지 추리해보고 친구들과 의견을 나눈다.

돌아가면 각자의 생각을 말하고 가장 설득력있는 것을 모둠의견으로 정하여 발표한다. 시간에 따라 말로 또는 역할극으로 발표한다.

전체발표를 듣고, 발자국 자료의 순서를 정해본다.(일어났던 순서)

이 발자국 자료들은 한 사건의 결과입니다.

어떤 순서로 일어났을지 순서를 배열해 봅시다.

아이들은 순서를 이유와 함께 발표한다.

활동3

추가적인 힌트로 노래를 들려주고, 발자국 자료와 연결해서 순서를 배열해보게 한다. 노래 제목도 추리해보는 활동을 한다.

교사 질문   노래제목은 무엇일까요?

마무리

[반영 질문]

활동을 통해 느낀 점 또는 알게 된 것은 무엇인가요?

물질나라 물체나라

성취기준	서로 다른 물질로 만들어진 물체들을 비교하여 물체의 기능과 물질의 성질을 관련지을 수 있다.	
수업목표	추리의 뜻을 알고 과학자처럼 추리할 수 있다.	

단계	활동 내용	유의점(준비물)
준비	공간 준비하기	–
활동	물체를 몸으로 표현하기	–
	물체 나라, 물질 나라 분류놀이하기	라벨지, 종이
마무리	도미노로 정리 활동	–

수업의도

물체와 물질의 개념을 이해하고 그 차이를 생활 속에서 찾아보면 교과서 자료만 보는 것보다 효과적이다. 더 나아가 분류하는 놀이를 접목하면 훨씬 자연스럽게 개념이 습득이 될 것이다.

준비

반 아이들이 종이를 가지고 제자리를 찾아가는 분류활동과 짝을 찾아가는 활동이 이루어질 수 있는 넓은 공간이 필요하다. 또한 물질과 물체 이름이 적힌 종이를 아이들이 가슴에 붙일 수 있도록 라벨지를 이용한다.

활동

〈 도미노 활동으로 교실의 물체 찾기 〉

교실 안에서 물체가 무엇이 있는지 찾아보고 도미노로 말해본다. 도미노로 말하면서 몸으로 물체의 모양을 간단하게 흉내내보도록 한다.

〈 물체를 몸으로 표현하기 〉

모둠별로 한 가지 물체를 정하여 몸을 이용하여 선풍기, 책상 등 교실에서 볼 수 있는 물체를 만든다. 이러한 활동으로 물체의 개념을 형성한다. 물체를 이루는 모둠의 각 구성원들 한 명씩을 짚어 무엇으로 물체가 이루어졌는지를 묻고 대답하는 활동을 통해 물질의 개념에 접근한다.

〈 나의 나라로! – 분류놀이 〉

물질과 물체 이름이 적힌 종이를 반 인원 수만큼 준비하고 한 명에 하나씩 갖는다. 교사의 신호에 따라 각자는 종이에 적힌 것을 스스로 판단하여 '물질나라'나 '물체나라'의 푯말이 적힌 곳에 가서 선다. 모두 서면 반 전체 아이들과 같이 확인하도록 한다.

〈 짝꿍 찾기 – 물체와 물질의 관계 찾기 〉

반 아이들이 모두 앉아있는 상태에서 물질나라에서 한 명이 일어나 자신의 이름을 외치면, 해당 물질로 만들어진 물체의 종이를 가지고 있던 아이들이 일어선다. 예를 들어 '고무'라는 물질을 외치면 '고무장갑', '지우개'등이 일어서는 것이다. 물질을 외친 아이 뒤에 그것으로 만들어진 물체를 가진 아이들로 꼬리를 이어본다.

분류놀이를 통해서 물질과 물체에 대한 개념이 제대로 이루어 진 것 같다. 또한 짝꿍을 찾는 과정에서 반 친구들끼리 서로 이야기를 나누어 가면서 잘 찾지 못하는 아이들도 수업내용을 익힐 수 있었다.

마무리

여러 가지 물질로 만들어진 물체들을 적어보면서 마무리 한다.

🖼 물의 신이 되어 보자

성취기준   물이 수증기나 얼음으로 변할 수 있음을 알고, 물이 얼 때와 얼음이 녹을 때의 부피와 무게 변화를 관찰할 수 있다.

수업목표   공기 중의 수증기가 지표면으로 돌아오는 과정을 설명할 수 있다.

단계	활동 내용	유의점(준비물)
준비	책상 배열 및 파란 천 준비	–
활동	비! 구름! 태풍! 놀이	–
	나는 '물의 신'이다.	천
	인간세계에 물 내려 보내기	도화지
	'물의 여행'릴레이로 말하기	–
마무리	상호평가	평가지

수업의도

본 수업에서는 아이들에게 '물의 신'이라는 가상의 역할을 부여하고, '인간세계에 물 내려 보내기'라는 가상의 상황을 적용하여 아이들이 학습주제에 보다 흥미를 가지고 집중할 수 있도록 하였다.

준비

앉아서 하는 수업이 아니므로 책상과 의자가 없는 빈 교실을 이용하는 것이 수월하나 여의치 않을 경우에는 책상을 밀어서 공간을 많이 확보한다. 파란 천 (천은 교육연극 수업을 할 때 유용하게 사용된다. 원단 시장에서 흔히 볼 수 있는 TC천은 한 마에 2000원 정도이므로 색깔별로 구입해 놓으면 편하다.)과 도화지, 색연필 (모둠 당 한 개씩 나누어 준다.)

활동1

비! 구름! 태풍! 놀이 (진주조개놀이변형)

① 놀이의 인원은 세 명씩 짝을 지었을 때 한 명, 또는 두 명이 남아야 한다. (남은 사람이 술래이며 교사의 개입으로 인원을 조정한다.)

② 짝 지은 세 명 중 두 명은 손을 잡고 한 명은 그 안에 들어간다. 마주 잡은 두 명은 구름

이고 가운데 있는 아이는 비이다.

③ 술래가 "비!"를 외치면 비인 아이들은 다른 구름을 찾아 이동한다. 그 사이 술래는 재빨리 구름 안으로 들어간다. 술래가 "구름!"이라고 외치면 구름이 이동하여 다른 비를 찾는다. 술래는 재빨리 다른 구름 안으로 이동한다. 술래가 "태풍!"이라고 외치면 모두 다 흩어져 새로운 구름과 비를 만든다.

이 활동은 연극놀이를 적용한 가벼운 몸풀기 활동이므로 장소가 협소하거나 시간이 부족한 경우 생략해도 무방하다.

활동2

나는 '물의 신'이다 (전체활동)

전체 모두 둥글게 둘러앉는다.

교사	지금부터 우리는 물의 신이 될 것입니다. 선생님이 주는 이 천을 쓰면 여러분은 신이 될 거예요. 그런데 물의 신이라도 다양한 신이 있겠죠? 예를 들면 비의 신도 있을 것이고, 눈의 신도 있을 것이고, 얼음 신도 있을 것이고, 물로 만든 모든 것은 신이 될 수 있습니다. 자신은 무슨 신이 되고 싶은지 생각해 보세요. 하지만 앞에서 나온 신은 또 할 수는 없습니다. 자신은 무슨 신이고 어떻게 만들어지는지 자기소개를 하여 봅시다.
아이들	천을 가지고 돌아가면서 자기소개를 한다.

(예시) 나는 수증기의 신이다. 나는 물이 끓어서 증발할 때 나온다.

교사는 액체 형태의 물 뿐 아니라 기체, 고체, 일상생활의 물 등 다양한 예를 통해 생각의 다양화를 유도한다. 가능한 모든 의견을 수용한다.

활동3

인간세계에 물 내려 보내기

교사	지금부터 물의 나라 신들의 회의가 시작될 것입니다. 선생님은 이제 신들의 왕이 될 것입니다. 하나 둘 셋을 외치면 역할 속으로 들어갑니다. 하나, 둘, 셋
(왕) 교사	"모두 모이셨소? 자 그럼 제 1회 물의 신 회의를 시작하겠습니다. 듣자하니 인

간세계에 물이 없어서 매우 불편하다고 하오. 우리가 우리의 분신을 인간세계에 내려 보내면 어떻겠소? 지금부터 여러 신들은 파란색 도화지로 인간세계에 내려 보낼 자신의 분신을 만드시오.

아이들　파란색 도화지를 손으로 찢어 자신의 분신을 만든다. 시간제한을 두어 빠른 시간 안에 이루어질 수 있도록 한다. 한 명씩 나와 자신의 분신을 인간세계에 보낸다. 이 때 물들은 서로 연결이 되어야 한다.

(예시)지하에서 '온천'이 올라온다. ☞ 온천이 증발하여 '수증기'가 된다. ☞ 수증기가 하늘로 올라가 '구름'이 된다. ☞ 구름이 '비'로 떨어진다. ☞ 떨어진 비로 인간이 '음료수'를 만든다. ☞ 음료수를 마셔서 '땀'이 난다.

활동4

'물의 여행'릴레이로 말하기(모둠활동)

다시 모둠끼리 앉는다. 모둠원이 물이 되었다고 생각하고 자신의 여행과정을 순서대로 돌아가면서 말하여 '물의 여행'이라는 하나의 이야기를 만든다.

(예시) 나는 비가 되어 내립니다. ☞ 내린 비가 땅에 들어가 지하수가 됩니다. ☞ 나는 식물의 줄기로 올라갑니다. ☞ 나는 잎을 통해 증발합니다. ☞하늘로 올라가 구름이 됩니다. ☞눈이 되어 내립니다.

몸짓으로 꾸미기

만든 이야기를 몸짓으로 꾸며 발표할 준비를 한다. 다양한 형식을 유도하나 모둠원이 다 같이 물이 되고 해설이 있는 것이 내용을 이해하기 쉽다.

마무리

모둠별로 나와서 발표하며 준비된 평가지로 상호 평가를 한다.

 # 평가요소

• 전 모둠원이 모두 참여하였습니까?

• 만든 이야기가 창의적이고 논리에 맞습니까?

• 이해하기 쉽게 발표를 잘 했습니까?

곤충의 세계

성취기준 움직임 표현 활동을 수행하며 움직임 표현에 따른 자신의 신체 움직임과 신체의 변화 등을 인식한다.

수업목표 곤충의 움직임과 활동을 창의적으로 표현할 수 있다.

단계	활동 내용	유의점(준비물)
준비	몸으로 표현하는 사물	–
활동	몸으로 곤충 특징 보여주기	–
	곤충들의 이야기를 만들어 움직임 표현하기	숲을 연상시키는 음악
마무리	느낀 점 나누기	–

수업의도

본 수업은 우리 주변에서 쉽게 찾아 볼 수 있거나 아이들에게 친숙한 곤충을 소재로 하여 즉흥 표현을 하게 한다. 여러 가지 곤충의 움직이는 모습이나 곤충의 생활과 관련된 특징을 찾아내고 이를 자유롭게 표현하면서 관찰력과 표현력을 기르게 된다. 표현 활동은 아이들의 흥미 유발과 표현 능력 증대에 중점을 두어 수업을 구성해야 한다. 그러므로 아이들 개인의 개성을 인정하는 자유로운 분위기를 만들어야 하며 교사가 어떤 움직임이나 활동을 제시해서는 안 되고, 아이들이 다양한 방법으로 신체를 표현해 본 후 그 중에서 가장 창의적인 것을 선택하게 하는 것이 좋다.

준비

〈 어떤 사물을 흉내 낸 것인지 맞추기 〉

선생님의 시범 몸짓을 보고 어떤 사물을 흉내 낸 것인지 알아맞히면서 나라면 어떻게 표현할지 생각해본다. 되도록이면 음향효과는 내지 않는 것이 도움이 된다. 예를 들어 닭을 표현할 때 교사가 수탉이 목을 길게 빼고 우는 모습이라든가, 먹이를 찾아 분주히 움직이는 모습을 표현한다.

〈 곤충의 특징 알아보기 〉

• 곤충의 특징을 알아봅시다.

   – 내가 좋아하는 곤충의 생김새, 움직이는 모습 발표하기

• 다양한 곤충의 모습을 알아봅시다.

   – 개미의 특징 알아보기 / 나비의 특징 알아보기

   – 잠자리의 특징 알아보기 / 애벌레, 소금쟁이의 특징 알아보기

〈 곤충의 특징을 몸으로 표현하기 〉

• 곤충의 특징을 몸으로 표현하여 봅시다. (개별활동)

   – 그 곤충에만 해당되는 특징 생각하기

   – 특징을 손이나 발, 몸 전체 등을 이용하여 표현하기

• 모둠친구들과 함께 곤충의 모습을 몸으로 표현하여 봅시다.

활동2

〈 여럿이 하나의 움직임 표현하기 〉

표현하고 싶은 곤충을 정하여 모둠전체가 곤충들에게 일어날 수 있는 상황을 생각해서 친구들과 이야기를 나눈 뒤 움직임으로 표현한다. 예를 들어, 개미들이 영차영차 땀을 닦으며 부지런히 음식을 나르는 모습, 부지런히 돌아다니는 모습 등을 표현한다.

〈 이야기가 있는 움직임 표현하고 이야기 나누기 〉

친구들이 표현하는 것을 보면서 어떤 곤충인지, 어떤 이야기인지 생각한다.

마무리

곤충의 특징을 몸으로 나타내기를 할 때 어려웠던 점, 재미있었던 점을 말한다.

4장 교육연극으로 채우는 미술, 음악수업

 패션 외교

성취기준 생활 속에서 다양하게 활용되고 있는 미술을 발견할 수 있다.
이미지를 활용하여 자신의 느낌과 생각을 전달할 수 있다.

수업목표 영부인이 다른 나라를 방문을 할 때 입을 옷을 디자인하여 봅시다.

단계	활동 내용	유의점(준비물)
준비	마음에 드는 나라 찾아 가기	나라 이름이 적힌 낱말 카드 (6개 나라이름 준비)
활동	영부인이 입은 옷에 대한 뉴스 알기	뉴스 동영상 및 기사
	방문할 나라에 입고 갈 옷 토의하기	테블릿이나 스마트 폰
	영부인 옷 디자인하기	스케치북, 그리거나 만들 재료
	인터뷰하기	디자인한 옷이나 악세사리
마무리	느낀 점 정리하기	발표 형식보다는 내용에 중점 두기

수업의도

외교적인 목적을 가지고 다른 나라를 방문하는 영부인의 옷차림에는 우리나라가 추구하는 중요한 신념과 철학이 담겨있다. 클래식한 정장으로 대표되는 대통령의 패션보다 더 뚜렷하게 메시지를 전달하는 영부인이 입는 옷은 그냥 입는 옷이 아니다. 색상부터 액세서리까지 디테일함에 외교적인 목적이 숨겨져 있다. 그야말로 '영부인은 외교를 입는다'. 영부인이 입는 옷은 그냥 옷이 아니라 외교적 의도가 숨어있다는 것을 알게 하고, 좋아하는 나라에 입고 갈 영부인의 옷을 디자인해 보게 함으로써 생활 속에서 미술이 활용되고 있다는 것을 알게 하고자 한다. 또한 조금 더 나아가 우리가 입는 옷을 통해 내가 표현된다는 것을 느끼고 어떤 옷을 어떻게 입는 것이 좋을지 생각해 보는 계기가 되었으면 한다.

세계의 대통령 부인들의 얼굴 사진과 옷을 연결해 보는 학습지를 미리 준비하거나 ppt를 만들어 문제를 풀어볼 수 있게 한다. 영부인 옷과 관련된 뉴스를 검색하거나 옷 디자인 자료를 찾을 수 있는 태블릿이나 스마트폰을 가져오게 한다.

올해 대통령이 방문한 6개의 나라 이름을 쓴 카드 앞에 가서 선다. (미국, 프랑스, 인도, 체코, 러시아) 같은 나라이름 카드에 모인 학생들끼리 왜 그 나라를 선택했는지와 그 나라에 대해 아는 것에 대해 말하는 시간을 갖는다.

활동1

영부인이 입은 옷에 대한 뉴스를 보고 옷의 의미 생각해보기

질문 영부인이 어떤 옷을 입었는지 어떻게 알 수 있나요?

영부인이 미국을 방문했을 때 입은 옷을 보세요.

어떤 느낌이 드나요? 짝과 함께 느낌을 나누어 보세요.

교사가 TV에 '푸른 숲 재킷'을 입은 영부인의 모습을 띄우면, 아이들은 옷의 모양과 옷에 그려진 그림을 보고 어떤 느낌이 드는지 짝과 함께 얘기를 나눈다. (인터넷 포털사이트에서 '푸른 숲 재킷 영부인'이라고 검색하면 관련 자료를 쉽게 찾을 수 있다.) 찬찬히 옷을 관찰하고 나서 짝과 함께 충분히 느낌을 자유롭게 얘기 나눈 후에 발표를 하고 싶은 사람은 반 친구들에게 느낌을 발표한다.

교사 안내 뉴스를 보고 옷에 대해 좀 더 생각해 봅시다. 2017년 6월28일 미국 공군기지인 워싱턴 앤드류스 합동기지에 도착한 영부인 김 여사는 전통적인 그림이 더해진 퓨전 스타일의 상의를 선보였습니다. 이 옷은 양해일 패션 디자이너가 만들었으며, 옷에 프린트된 푸른 나무 그림은 정영환 작가의 2015년작 아크릴화 '그저 바라보기-휴'입니다. 이 밖의 옷들도 방문하는 장소에 따라 의미를 가지고 있었습니다.

교사 질문 뉴스와 선생님의 이야기를 듣고 느낀점을 말해 봅시다.

아이들은 궁금한 점이나 느낀점을 말한다. 정답이 없으므로 자연스럽게 생각을 말하게 한다.

내가 선택한 나라를 방문할 때 영부인이 어떤 옷을 입었으면 좋을지 토의한다.

교사 질문　　영부인이 내가 선택한 나라를 방문하였을 때 어떤 옷을 입으면 좋을지 모인
　　　　　　친구들과 얘기를 나누어 볼까요? 어느 계절에 방문할 것인지, 그 나라의 어느
　　　　　　곳을 가게 되는지 생각하며 얘기를 나누어 봅시다.

아이들은 영부인이 입을 옷이 외교라는 사실을 알게 되었으므로 어떤 옷을 입는 것이 내가
선택한 나라와 우리나라의 외교에 도움이 될지 충분히 토의하는 시간을 갖는다.

교사 질문　　스마트 폰이나 태블릿을 이용해서 자료를 조사해가며 토의를 할 수도 있습
　　　　　　니다.

직접 디자인을 하기 전에 충분히 토의를 하여 생각을 깊고 넓게 만들어 본다.

활동3

영부인이 입을 옷 디자인을 하여 봅시다.

교사　　　　옷을 디자인해도 되고 악세사리나 가방, 신발만 디자인해도 됩니다.

선생님이 먼저 디자인 한 옷을 보여주어서 옷 그리는 것을 어려워하는 아이들에게 가이드
라인을 제시한다. 아이들은 토의한 내용을 바탕으로 생각을 직접 각자 연습장을 꺼내서 디자
인을 해본다. 자기가 선택한 나라와 연관 지어서 디자인하는 것이 중요하다는 것을 잊지 않도
록 한다.

활동4

디자인에 대한 인터뷰하기

교사 질문　　내가 디자인한 것을 같은 나라에 모인 친구들에게 보여주고 어떤 의도로
　　　　　　디자인했는지 설명해 봅시다.

세 명 정도의 친구에게 내가 디자인한 옷에 대해 설명을 한다. 설명을 듣는 아이들은 디자인한 옷에 대해 잘 그렸는지에만 신경 쓰는 것이 아니라 어떤 의미를 담고 있는지 생각해 보도록 한다. 친구들의 이야기를 듣고 칭찬할 점을 찾아 칭찬을 한다.

교사 안내   OOO디자이너, 영부인이 왜 이 옷을 입었는지 설명을 해주시기 바랍니다.

교사는 기자가 되어 어떤 의도로 디자인했는지 아이들에게 질문을 던진다.

마무리

[반영 질문]
직접 영부인이 입을 옷이나 악세사리를 디자인해 본 느낌을 말하여 봅시다.
나는 옷을 어떤 기준으로 선택해서 입고 있나요?
내 옷 중 가장 맘에 드는 옷은 왜 맘에 드는지 생각해 볼까요?

그림이 들리고 음악이 보이고

성취기준 다양한 감상 방법(비교 또는 단독 감상. 내용 또는 형식 감상 등)을 알고 활용할 수 있다.
이미지를 활용하여 자신의 느낌과 생각을 전달할 수 있다.

수업목표 그림에 어울리는 음악을 찾아 감상할 수 있다.

단계	활동 내용	유의점(준비물)
준비	돈 맥클린의 '빈센트'음악 감상하기	https://www.youtube.com/watch?v=Ooi2yP_v9lM
활동	미술 작품에 어울리는 음악 찾아보기	여러 장의 명화 준비, 테블릿이나 스마트폰, 이어폰
	미술 작품과 가장 어울리는 음악 투표하기	–
마무리	미술 작품 보며 음악 감상하기	감상 후 느낌 글로 쓰기

수업의도

　시각 예술인 미술작품을 더욱 풍부하게 감상해보기 위한 하나의 방법으로 음악과 연결지어 감상해보는 수업을 해보고자 한다. 가끔 미술 전시회에 가면 잔잔한 음악이나 미술작품 감상에 도움이 되는 음향효과 흘러나오기도 한다. 음악과 미술은 우리의 삶에서 늘 함께 존재하고 있음을 이 수업을 통해 깨닫고 미술작품에 어울리는 음악을 찾아봄으로써 작품에 대한 공감을 키워보는 데 의도가 있다.

준비

돈 맥클린의 '빈센트'음악과 고흐의 '별이 빛나는 밤'그림을 보여주는 유튜브 영상을 시청한다. (해당 사이트: https://www.youtube.com/watch?v=Ooi2yP_v9lM)

'vincent'는 고흐의 삶과 예술세계를 추모하며 돈 맥클린이 1971년에 발표한 곡이다는 것을 알려준다. 가사를 찬찬히 읽으면서 감상하도록 한다.

활동1

그림에 어울리는 음악을 찾아봅시다.

여러 장의 명화(6~8장)를 미리 준비한다. 익숙한 명화여도 좋고, 현대미술 작품이어도 좋다.

교사 질문	돈맥클린은 고흐의 그림에 어울리는 노래를 만들었습니다. 우리는 그림에 어울리는 음악을 찾아봅시다. 선생님이 준비한 그림을 보고 그 중에서 가장 마음에 드는 그림 앞에 섭니다.

아이들은 그림을 둘러보고 그림을 보는 순간에 가장 마음에 드는 작품 앞에 가서 선다.

교사 질문	내가 선택한 그림이 주는 느낌을 말해 봅시다. 나와 비슷한 생각을 한 친구가 있다면 맞장구를 쳐줍니다.

그림의 어떤 부분이 마음에 들었는지, 그림이 주는 느낌이 어떤지 자연스럽게 말을 하도록 한다.

교사 질문	선택한 그림에 가장 어울리는 음악을 찾아봅시다. 유튜브나 음악 사이트에서 어울리는 음악을 검색하고, 곡의 어느 부분이 그림에 가장 어울리는지 재생 구간을 적어 봅시다.

아이들은 음악을 찾아보는데 이어폰을 끼어서 다른 사람에게 방해되지 않도록 한다. 곡의 어느 부분부터 그림에 어울리는지 재생 구간을 적어서 선생님께 드린다. 선생님은 미리 그 부분을 찾아서 재생시킬 수 있도록 준비를 한다.

미술 작품과 가장 어울리는 음악 투표하여 봅시다.

교사는 아이들이 미리 준 곡의 재생 부분을 그림과 함께 들려준다. 교사가 들려주는 곡의 듣고 가장 어울린다고 생각되는 곡에 O표를 하여 가장 많은 O표를 받은 곡이 그림의 어울리는 곡으로 선정된다.

교사 질문   이 음악의 어떤 점이 그림에 어울린다고 생각했습니까?

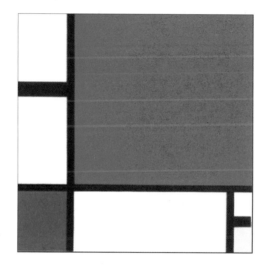

(출처 : wikimedia commons 이미지 갤러리)

아이들 그림과 음악의 어울리는 점을 자신만의 언어로 설명한다. 그림을 감상하면서 느낀 감동을 음악과 연결 지으려고 할 때 어떤 점을 가장 신경 썼는지 말하게 한다. 말을 하면서 자신의 생각이 정리되기도 하므로 먼저 짝에게 말을 해보게 하고 난 후 발표를 하는 것도 좋다.

예시)   저는 몬드리안의 '빨강, 파랑, 노랑의 구성'작품에 어울리는 음악이 '네모의 꿈'이라고 생각했습니다. 다함께 들어보겠습니다. (https://www.youtube.com/watch?v=pe-xR_E6v1k)

이 노래는 네모난 세상에 대해 말을 하고 있는데 몬드리안의 구성이 네모로 이루어져 있어서 잘 어울린다고 생각했습니다.

교사 질문   정말 어울리는 음악입니다. 다른 친구들도 발표해 봅시다.

아이들이 발표를 듣고 나서 음악을 감상할 수도 있고, 음악을 감상한 다음, 그 음악을 정한 까닭에 대한 발표를 들을 수도 있다.

교사 질문   어느 곡이 몬드리안의 '빨강, 파랑, 노랑의 구성'작품에 가장 어울리는지 투표
            하여 봅시다.

아이들은 손을 들거나 크게 박수를 치거나 스티커를 붙이거나 다양한 방법으로 투표를 하여 가장 많은 득표를 한 곡이 그 그림의 대표곡으로 선정된다. 이런 식으로 다른 그림에 어울리는 음악을 투표로 결정한다. 장난스럽지 않게 수업이 진행되어야 하고, 또 순위를 매기는 것이 주가 되지 않도록 그림에 대한 예의를 갖추도록 분위기를 만들어 가며 수업을 진행한다.

마무리

[반영 질문]

오늘 미술작품(그림)에 어울리는 음악을 다시 한 번 감상해봅시다.
그림만 감상할 때와 음악과 함께 감상할 때 어떤 점에서 차이가 있는지 얘기하여 봅시다.

음악을 보고 그림을 듣다.

음악과 그림이 만나서 만드는 시너지를 생각해 본적 있나요? 시너지(synergy)란 신서시스 (synthesis, 합성)와 에너지(energy)의 합성어로, 두 힘이 합쳐질 때 각자가 갖는 힘 이상의 에너지를 내는 것을 말합니다. 1+1=2가 아니라 3 또는 그 이상의 효과를 내는 것이 바로 시너지입니다. 시너지 효과는 반드시 수평 네트워크에서만 나온답니다. 두 힘이 수직으로 연결되는 경우에는 시너지 효과를 내지 못한다고 합니다. 음악과 그림 나란히 수평으로 만나서 만드는 시너지를 생각하면서 함께 수업해 보도록 합시다. 출처: 정재승의 과학콘서트

빈센트 반 고흐,〈별이 빛나는 밤〉,1889.캔버스에 유화, 73.7×92.1cm.

Don Mclean(돈 맥클린) −Vincent(빈센트,Starry, Starry Night)

빈센트 반 고흐, 〈밤의 카페테라스〉, 캔버스에 유채, 81×65.5cm, 크뢸러 뮐러 미술관 (네덜란드 오텔로)

Billy Joel (빌리 조엘) − Piano man (피아노맨)

빌리조엘 미국의 가수로 · 피아노 연주와 작곡 그리고 피아노 맨으로 유명하다. 그의 음악은 팝 팬들에게 인기는 가히 상상을 초월한다.

'이 그림은 푸른 밤공기 속에 가스등 불빛에 비쳐진 카페의 바깥을 그린 것으로 파란 별하늘이 내다보이고 있습니다. 나는 밤의 광장 정경과 그 모습을 그리는 일, 혹은 밤 그 자체를 그리는 일에 흠뻑 빠져 있습니다.'

− 고흐

로이 리히텐슈타인, 〈행복한 눈물〉, 1964, 캔버스에 마그나펜, 96.5×96.5cm,

리쌍 – 내가 웃는게 웃는게 아니야(2005.10.)
리아 – 눈물 (1998)

'행복한 눈물'은 미국의 대표적인 팝아트작가 로이 리히텐슈타인이 캔버스에 오일로 그린 가로. 세로 96.5㎝
의 그림으로 만화 이미지를 그대로 베낀 전형적인 팝아트로 원화 속 여자의 머리가 검정인데 반해 붉은 머리
로 변형시킨 작품이다.

모나리자, 레오나르도 다 빈치, 나무판 위에 유채, 77×53cm. 파리 루브르미술관 소장.

조용필-모나리자 (10집)

모나리자는 그 알 수 없는 묘한 느낌, 즉 웃고있는 것인지 가만히 입을 다물고 있는 것인지 울상인지 도무지 알 수가 없는 분위기로 유명하다. 바로 모나리자의 미소이다.

 나도 화가

성취기준 미술 작품이 시대적 배경과 관련된다는 것을 이해할 수 있다.
연상, 상상하거나 대상을 관찰하여 주제를 탐색할 수 있다.

수업목표 박수근의 그림(아기 보는 소녀)을 감상하고 자신의 의도대로 새롭게 표현해 봄으로써 적극적으로 감상하는 태도를 기를 수 있다.

단계	활동 내용	유의점(준비물)
준비	작품 보기	박수근의 아기보는 소녀
활동	직관적인 인상 및 조형요소의 특징 발견하기 작품의 감상을 토대로 재해석하여 교육연극하기 새롭게 표현하기, 비교 감상하기	크레파스, 발포벽지, 유성매직 등 그림 그릴 재료
마무리	감상 후 새롭게 표현한 느낀 점 정리하기	편지지

수업의도

교육연극 방법을 활용하여 미술 작품을 감상한 후 새롭게 작품을 바꾸어 보는 표현활동을 해보는 수업이다. 몸으로 직접 활동해보고 그 느낌을 다시 표현하게 하므로 작품에 대한 자기 생각을 확실하게 가질 수 있고, 여러 사람 앞에서 발표해 봄으로써 생각의 교류가 이루어져 다각적으로 작품을 이해 할 수 있는 계기가 된다. 교육연극은 아이들에게 다양한 사고를 가능하게 해주므로 보다 적극적으로 감상을 하여 나만의 창의적인 표현을 이끌어 내는데 도움을 준다.

준비

박수근의 '아기보는 소녀'를 보여준다. 찬찬히 보도록 지도한다. 박수근이라는 화가에 대해 들어본 적이 있는지 질문을 하거나 박수근의 그림을 본 적이 있는지 그림과 관련된 경험을 떠올려 본다.

직관적인 인상 및 조형요소의 특징을 발견하여 본다.

교사 질문　　　이 사람은 몇 살일까요? 처음 그림을 본 느낌을 말해 볼까요?

"저랑 같은 8살 일 것 같아요. 얼굴이 잘 안보여도 어른스러워 보여요." 등 등 선생님의 질문에 대답을 한다.

교사 질문　　　그림을 좀더 자세히 살펴보고 답하여 보세요. 겉 테두리는 어떤가요? 선의
　　　　　　　변화에는 어떤 느낌이 드나요? 형태는 어떻게 나타냈나요? 인물이 어떻게
　　　　　　　배치되었나요? 이 그림의 재료는 무엇이었을까요? 재료를 이용한 표현의
　　　　　　　특징을 찾아볼까요?

아이들의 느낌과 생각이 다른 것을 그대로 받아들여주고 다른 사람의 생각을 존중해주는 태도를 강조한다.

활동2

작품의 감상을 토대로 재해석하여 표현하여 본다.

교사 질문　　　두 사람이 나와서 이 그림처럼 조각을 만들어 보세요.

선생님이 지목한 아이가 나와서 그림과 똑같이 조각상을 만들어 본다.

교사 질문　　　친구를 업고 있어서 힘들죠? 어떻게 하고 싶어요? 하고 싶은 대로 움직여
　　　　　　　봅시다.

그림처럼 친구를 업고 있던 아이는 앞으로 어떻게 하고 싶은지 말을 하지 않고 몸만 움직여 하고 싶은 일을 몸으로 표현한다. 다른 친구들은 어떤 장면이었는지 알아맞히어 본다.

교사 질문　　　이 소녀에 대해서 생각해 봅시다. 소녀는 어떤 집에서 살고 있을까요? 소
　　　　　　　녀의 가족은 누구누구 였을까요? 소녀는 오전에 어떤 일을 했을까요? 하
　　　　　　　루 생활을 상상하여 봅시다.

아이들은 소녀의 모습을 다시 보고 질문에 대한 답을 한다. 답을 하면서 소녀의 일상을 깊게 생각해 본다.

교사 질문 　모두 일어나서 작품 속 주인공이 되어 봅시다. 먼저 앞의 친구처럼 작품 속 주인공과 똑같은 자세를 하여 봅시다.(조각상 만들기)

아이들은 두 명이 짝을 이루어 한 명은 아기가 되고, 다른 한 명은 소녀가 되어 조각상을 만든다.

교사 질문 　여러분은 이제 작품 속 주인공이 아니라 작품 밖으로 뛰쳐나온 주인공이 되었다고 상상해 봅시다. 주인공은 무엇을 가장 하고 싶어 할까요? 친구들과 함께 하고 싶은 일을 표현해도 됩니다.

아이들은 연극놀이를 해도 되고 가벼운 대사를 주고받으며 역할극을 할 수도 있다.

활동3

'아기보는 소녀'를 새롭게 표현하여 봅시다.

아이들은 친구들과 함께 새롭게 몸으로 표현한 그림 속 장면을 발포 벽지위에 그려 본다.

선생님이 나누어주는 발포 벽지는 박수근만의 독특한 그리기 방법인 '마티에르'의 느낌을 살려줄 수 있다. 발포 벽지 위(B5크기)에 그림을 잘 그리려면 재료를 어떻게 사용해야 하는지 생각해보고 그려본다.

활동4

박수근 화가의 작품과 자신의 작품을 비교하여 유사점과 차이점을 찾아 말한다.(첨가,삭제와 주제 재료 등의 차이점)

교사 질문 　자신이 표현 한 작품이 원래 박수근 화가의 작품과 어떤 점이 비슷하고 어떤 점이 다른지 말하여 봅시다.

교사 질문 　특히 마음에 드는 부분은 무엇입니까?

교사 질문 　자신의 작품을 다른 사람들에게 소개하여 봅시다.

제목: 잠자는 아기와 소녀	제목: 학교에 가고 싶은 소녀	제목: 유모차를 샀어요.
이제 겨우 잠이 들었어요. 책상에 앉아서 밀린 공부를 할 수 있을 거 같아요. 공부하는 것이 참 좋아요.	전쟁으로 엄마와 아빠가 돌아가셨어요. 친구들은 모두 학교에 있어요. 저는 동생을 돌보아야하기 때문에 학교를 보면 눈물이 나와요. 학교와 저의 마음의 거리는 언덕으로 나타내었어요. 지금의 나의 상황은 앙상한 나뭇가지로 표현했어요.	유모차에 동생을 태우니까 더 이상 아기를 업지 않아도 되요. 유모차에 동생을 태우고 이곳저곳을 돌아다닐 거예요. 그리고 아기가 잠들면 친구들과 놀 거예요.

마무리

[반영 질문]

오늘 여러분이 감상하고 변형시켜 표현한 작품에 대해 느낀 점이나 생각한 점이 있으면 말해 볼까요?

수업의 정리는 글쓰기로 하는 것이 좋다. 생각을 글로 옮기는 활동은 수업을 깊이 있고 진지하게 만들기 때문이다. 편지지에 박수근 화백에게 보내는 편지나, 작품 속 주인공에게 보내는 편지를 쓰게 하는 것이 좋다.

박수근 화가님께	아기 보는 소녀에게
박수근 화가님, 호랑이는 죽어서 가죽을 남기고 사람은 죽어서 이름을 남긴다는 말을 들었어요. 한국의 국민화가하면 이젠 모두 박수근 화백님을 떠올린답니다. 밀레처럼 말이에요. 저도 그림 그리는 것을 무척 좋아합니다. 엄마는 그림 그리는 것은 취미로만 하라고 하십니다. 하지만 저도 박수근 화가님처럼 멋진 작품을 그리고 싶어요. 오늘 화가님을 알게 되어서 정말 기뻐요. 양구에 박수근 미술관이 있다는 말을 듣고 꼭 한번 가서 진짜 작품을 보고 싶어요. 가족을 사랑하는 마음이 소녀의 편안한 미소 속에 잘 드러나 있었어요. 저희 아빠도 저희를 무척 사랑하셔요. 그럼, 안녕히 계세요.	아기 보는 소녀 안녕? 힘들지? 하루 종일 아기를 보려면 어깨가 많이 아플 거야. 작년에 내 동생이 태어났는데 할머니가 업어주시면서 어깨다 많이 아프다고 하셨어. 넌 할머니가 아니니깐 덜 아프겠지만 아기가 자면 잠시 내려놓고 쉬었으면 해. 만약에 내가 너의 친구라면 같이 아기를 돌보아주었을 텐데....나도 아기 보는 거 참 좋아하거든. 요즘은 구구단 외우느라고 무척 힘들어 학교에 만약에 안 다닌다면 구구단이라도 외워두는 게 좋을 거야. 물건을 살 때 계산할 수 있거든. 이제 여름이 시작되면 음식 조심하길 바래. 항상 건강하고 열심히 책 읽어. 안녕.
박수근 화가님을 좋아하게 된 박○○ 올림	아기 보는 소녀와 친구가 되고 싶은 백○○

옛날에는 어떤 놀이를 했을까?

| **성취기준** | 다양한 분야의 미술 작품과 미술가들에게 관심을 가질 수 있다. |

| **수업목표** | 감상과 놀이를 함께 하며, 옛 그림 속 우리 문화를 체험할 수 있다. |

단계	활동 내용	유의점(준비물)
준비	공간에 따른 놀이 찾기	다양한 공간 사진
활동	풍속화에서 놀이 찾아 체험하기	옛 그림, 놀잇감
	우리 놀이 풍속화로 남기기	화선지, 붓펜
마무리	풍속화 작품전 열기	-

수업의도

놀이는 재미있다. 놀이를 통해서 사람을 만나고 관계를 쌓아간다. 놀이를 통해 삶의 다양한 상황을 연습해 볼 수 있다. 3학년은 옛날과 오늘날의 생활을 비교하는 사회과 단원이 있다. 옛것이 다 사라지는 게 아니라 오늘까지 계속 남아있는 것들도 있다. 남겨진 미술 작품 속에서 전통 놀이문화를 찾아 볼 수 있다. 옛 그림에서 옛 놀이를 찾아 지금 이 공간에서 재연한다. 입은 옷, 시대, 풍경은 달라도 놀이에 대한 태도, 느낌은 비슷할 것이다. 옛날이나 지금이나 놀이는 우리의 소중한 재산임을 알았으면 좋겠다.

준비

여러 가지 공간 속에서 할 수 있는 놀이를 찾아본다.

> 교사 질문   (나무가 있는 풍경 사진을 보여주면서) 여기 한 사람이 있다면 무엇을 하고 있을까요?

아이들은 울고 있거나, 어떤 생각을 하고 있다고 한다.

> 교사 질문   그럼 두 사람이 있을 땐 무엇을 하고 있을까요?

아이들은 둘이 이야기를 나누거나, 공기놀이를 하고 있다고 한다.

교사 질문　　　(모래밭이 있는 풍경 사진을 보여주면서) 여기에 두 아이가 있으면 무엇을 하고 있을까요? 더 많은 아이들이 있으면 무얼 하고 있을까요?

아이들은 씨름, 모래성 쌓기, 닭싸움 등을 하고 있다고 한다.

교사 질문　　　(운동장 사진을 보여주면서 놀이라는 주제로 범위를 좁혀간다.)여기에 아이들이 있으면 무슨 놀이를 하고 있을까요?

아이들은 축구, 야구, 농구, 경찰과 도둑놀이를 하고 있을 거라고 한다.

교사 질문　　　(마지막으로 집안 사진을 보여주며)여기에 아이들이 있으면 무슨 놀이를 할까요?

아이들은 집에서는 인터넷 게임, 보드게임을 할 거라고 한다. 이처럼 사진 속 장소에 어울리는 놀이를 찾으면서 공간에 따른 놀이 변화를 느낄 수 있게 한다.

활동1

옛 그림 속에서 놀이를 찾아본다.

아래 그림을 준비하여 하나씩 보여준다.

- 김홍도의 고누놀이, 씨름도, 활쏘기/ 신윤복의 투호,
- 박수근의 공기놀이하는 아이들/ 김준근의 널뛰기, 팽이치기

교사 질문　　　이 그림 속 놀이 중 여러분이 해본 놀이가 있나요? 옛 그림 속의 사람들은 언제 놀았을까요? 그림 속 인물들은 무슨 이야기를 하고 있을까요? 이 작품에서 가장 마음에 드는 부분은 어떤 부분인가요? 이 그림을 그린 작가는 어디에서 무슨 생각으로 그렸을까요?

옛 놀이를 지금, 이곳에서 체험해 보도록 한다.

모둠별로 고누놀이, 윷놀이 판, 공기놀이 등 교실에 준비된 놀잇감을 가져와서 놀이를 체험해 본다.

현재 우리가 하는 놀이를 몸으로 표현해보고 그림으로 그려본다.

교사 질문   우리도 옛날에 우리 조상들이 남긴 풍속화를 보고 그 시대 놀이, 어떤 생활을

했는지 알 수 있었습니다. 여러분도 미래의 후손에게 남겨주고 싶은 놀이가

있나요?

아이들은 남겨주고 싶은 놀이를 모둠별로 몸짓으로 발표한다. 발표한 놀이를 참고하여 화선지와 붓 펜을 활용하여 풍속화를 그린다. 그림 속에는 현재 풍경과 놀이가 잘 드러나게 그릴 수 있도록 한다.

\# 작품 내용 : 보드게임, 연극놀이, 레고, 긴줄넘기, 피구, 축구

마무리

각자 그린 그림을 교실 벽을 걸어두어 '풍속화 작품전'을 연다.

각자 자유롭게 감상하면서 마음에 드는 작품에 스티커를 붙여준다.

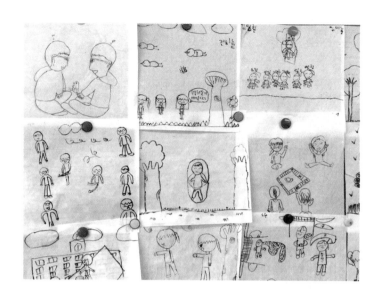

[반영 질문]

오늘 활동을 통해 느낀 것은 무엇인지 발표해본다.

여러분이 그린 작품은 다 혼자가 아닌 여럿이 하는 것입니다. 놀이할 때 친구에게 하면 안 되는 말은 무엇인가요? 놀이할 때 지켜야할 태도는 무엇인가요? 놀이할 때 속상했던 점은 무엇인가요? 앞으로 어떤 놀이를 하고 싶은가요?

사운드 드라마 – 소리로 그리는 연극 1

| 성취기준 | 다양한 분야의 미술 작품과 미술가들에게 관심을 가질 수 있다.
주변의 소리를 탐색하여 다양한 방법으로 표현한다.
상황이나 이야기 등을 표현한 음악을 듣고 느낌을 발표한다.
리듬 표현 활동을 수행하며 리듬의 특징과 변화를 빠르게 수용하고 이를 신체 움직임에 반영하여 표현한다. |

| 수업목표 | 소리를 듣고 떠오른 느낌에 따라 움직임으로 표현할 수 있다.
소리를 듣고 어울리는 장면을 글로 써 보고 발표하여, 다양한 이야기를 감상할 수 있다 |

단계	활동 내용	유의점(준비물)
준비	'똑똑' 게임을 통해 소리의 상황 상상하여 맞추기	–
활동	'아' 전달하기 게임을 통해 소리에 따른 느낌을 동작으로 전달하기 소리를 듣고 움직임으로 나타내기 소리에 따라 어울리는 장면 이야기 해보기	블루투스 스피커, 포스트잇
마무리	다른 소리가 입혀진 같은 영상 보며 청지각 알기	–

수업의도

오래 전부터 많은 연극교육가들이 다양한 형태로 음악과 연극을 접목시켜 왔다. 의미를 나타내는 과정에서 음악은 언어, 이미지, 몸짓, 공간과 함께 창작물의 이미지와 방향성을 좌우하는 중요한 요소이다. 특히 시각과 청각이 결합되어 새로운 의미가 만들어질 수 있고, 늘 듣던 일상의 소리가 저마다의 경험과 사회문화적 배경에 따라 다른 의미로 해석되어 다양한 이야기의 소재로 쓰일 수 있다고 생각하였다.'사운드 드라마–소리로 그리는 연극'수업은 학교 현장에서 아이들이 소리를 듣고 떠올린 이미지로 이야기와 연극을 스스로 창작해볼 수 있도록 계획한 수업이다.

'사운드 드라마–소리로 그리는 연극 1'에서는 소리에 따라 사람마다 떠올릴 수 있는 이미지가 다양하고 의미가 달라질 수 있음을 느끼며 장면을 상상하는데 초점이 맞춰져 있는 수업이다. 아이들은 4차시 수업 동안 음악을 듣고 떠오르는 이미지를 움직임으로 나타낸다. 준비 활동에서는 '똑똑' 노크하는 소리가 상황별로 다르게 들릴 수 있음을 체험해 본다. 본 활동에서는 다양한 장르와 빠르기, 악기, 화음의 음악을 선정하여 음악을 듣고 연상되는 장면과 느낌을 움직임으로 표현해 보고, 떠오르는 장면을 한 문장으로 만들어 이야기를 나눈다. 마지막으로 같은 동영상에 다르게 입혀진 소리를 들으며 시각과 청각이 결합됨에 따라 각각 의미가 어떻게 달라지는지 경험하게 한다.

〈 '똑똑' 게임을 통해 소리의 상황 상상하여 맞추기 〉

아이들은 원으로 둘러앉고 그 중 술래 1명이 자신이 생각한 상황에 따라 문을 두드려 '똑똑' 소리를 낸다. 아이들은 술래가 낸 소리를 듣고 어떤 상황 속 소리인지 맞춰본다. 교사가 시범으로 보인 후 아이들이 술래가 되어 문제를 내고, 술래의 의도를 말한 친구와 자리를 바꿔 자연스레 자리를 섞는다. 술래가 생각한 상황을 맞추는 퀴즈 형태 활동이긴 하지만, 술래가 낸 소리를 듣고 다양한 상황을 제시할 수 있도록 유도한다.

〈 '아' 전달하기 게임을 통해 소리에 따른 느낌을 동작으로 전달하기 〉

단순한 '아' 소리를 가지고 다양하게 내 보고, 그 소리가 나올만한 상황을 나타내는 간단한 동작과 함께 소리를 전달해 보는 게임을 구성하였다. 원으로 둘러 앉아 '아' 라는 소리를 어떤 장면에서 낼 수 있을지 떠올린다. 돌아가며 자신이 떠올린 장면에 어울리게 '아' 소리를 내 본다.

그런 다음 자신이 내는 '아' 소리에 어울리는 동작을 정하여 교실 안을 돌아다니다 만난 친구에게 자신의 동작과 함께 '아' 소리를 낸다. 서로가 보여준 동작과 소리를 교환하여 다시 새로운 친구를 만나 동작과 소리를 재현한다. 다시 원으로 모여 자신이 마지막으로 보았던 동작과 '아' 소리를 함께 내며 어떤 상황인지 맞춰본다.

〈 소리를 듣고 움직임으로 나타내기 〉

반 아이들을 크게 두 팀으로 나누어 한 팀당 5곡을 1분씩 들으며 방향, 크기, 속도, 동작 등을 달리하며 움직임으로 나타낸다. 한 팀이 소리를 듣고 움직임을 나타내는 동안 다른 팀은 움직임을 관찰한다. 두 팀의 역할을 바꿔가며 움직임으로 표현하고 관찰한다. 이 때 쓰이는 소리는 장르, 화성, 전조, 곡의 템포, 악기편성이 다양한 음악들을 선곡하여 들려준다. 미디어에 흔히 노출된 음악이나 가사가 있는 음악보다는 연주음악, 특히 영화나 드라마 OST 들 중 장면별 연주곡을 골고루 섞어 쓰면 좋다.

두 팀이 번갈아 가며 움직인 후, 원으로 둘러 앉아 노래에 따른 친구들의 움직임을 관찰하고 발견한 점을 이야기한다.

– 노래의 특징에 따라 친구들의 움직임이 어떻게 달라졌나요?

- 나는 노래에 따라 어떻게 움직였나요?

활동3

〈 소리에 따라 어울리는 장면 이야기 해보기 〉

활동 2에서 사용된 노래를 다시 들어보며 각각 어울리는 장면을 떠올려 포스트잇에 적어본다. '이 노래가 어울린다고 자신이 생각한 장면'을 서로 이야기 나눈다. 이 과정에서 대중문화에 익숙한 아이일 경우 그 음악이 쓰인 미디어의 내용과 비슷한 내용이 나오기도 하지만, 아이들의 상상에 따라 다양한 이야기가 나오곤 한다. 각자 상상한 이야기가 다름을 느끼는 것이 목적인 활동이므로, 최대한 모두 자신의 생각을 공유할 수 있도록 한다.

마무리

〈 다른 소리가 입혀진 같은 영상 보며 이야기 떠올리기 〉

같은 장면에 노래를 다르게 입힌 25초씩 4가지 버전의 1분짜리 영상을 본 후 각각 어떤 이야기로 느껴지는지 포스트잇에 적어본다. 각 음악에 따라 포스트잇에 적은 것을 발표하고 공유한다. 예를 들어 도심 속 고가다리를 지나가는 차 안의 남자를 비추는 짧은 영상에 악기, 템포, 장르, 리듬이 각각 다른 음악을 편집하여 감상하면 다음과 같이 의미가 달라질 수 있다.

Q: 각 노래에 따라 어떤 이야기가 떠올랐나요?

A: 성공한 CEO같았어요.

A: 뭘 해야 할지 모르는 실의에 빠진 사람이요.

A: 여행가는 중이라 신난 장면이요.

A: 급하게 피신가는 사람인 것 같아요.

사람들마다 같은 소리를 듣고 떠올린 장면이 비슷하거나 다른 이유를 생각해보고 이야기를 나눈다.

[반영 질문]
왜 같은 소리를 듣고서도 서로 떠올린 장면이 비슷하거나 달랐을까요?

사운드 드라마 – 소리는 그리는 연극 2

성취기준
주변의 소리를 탐색하여 다양한 방법으로 표현한다.
상황이나 이야기 등을 표현한 음악을 듣고 느낌을 발표한다.
관심 있는 주제에 대해 자신의 의견이 드러나게 글을 쓴다.
이야기의 흐름을 파악하여 이어질 내용을 상상하고 표현한다.
작품을 듣거나 읽거나 보고 떠오른 느낌과 생각을 다양하게 표현한다.

수업목표
소리를 듣고 떠올린 장면으로 이야기를 쓸 수 있다.
친구들의 이야기를 다양하게 감상하며 다름을 이해하고 느낌을 표현할 수 있다.
주변의 소리를 듣고 이야기를 상상하여 자신이 표현하고자 하는 주제에 맞게 글을 쓸 수 있다.
이야기를 선정하여 주제가 잘 드러날 수 있도록 즉흥적으로 연극을 만들 수 있다.

단계	활동 내용	유의점(준비물)
준비	일상의 소리를 듣고 떠오른 장면을 타블로로 나타내기	소리 녹음 파일, 블루투스 스피커
활동	소리를 듣고 떠올린 장면을 이야기로 만들기 모둠별로 이야기 각색하여 연극 만들기 모둠별로 연극 발표하기	활동지, 각종 소품으로 쓸 도구 (천, 음악, 등)
마무리	연극 발표 후 감상 소감 나누기	–

수업의도

'사운드 드라마–소리로 그리는 연극 2'에서는 4차시 동안 아이들이 직접 자신의 일상 속 소리를 녹음해 와서 그 소리를 듣고 떠오르는 장면을 타블로로 나타내는 준비활동 후 소리를 듣고 이야기를 만드는 본 활동을 실시한다. 단계에 따라 각자 만든 이야기를 모둠원과 공유하여 모둠의 이야기로 선택하고 각색한 후, 즉흥적으로 연극을 만든다.

준비

〈 일상의 소리를 듣고 떠오른 장면을 타블로로 나타내기 〉

아이들은 숙제로 자신의 일상 속 소리를 녹음하여 교사에게 파일로 제출한다. 교사가 녹음 파일 중 선별하여 아이들에게 들려주면, 아이들은 그 소리를 듣고서 떠오르는 장면을 타블로(정지장면 만들기)로 나타내 본다. 학급 구성원 모두 동시에 진행하여 멈춘 상태에서 서로의 정지장면을 보며 친구들이 무엇을 하는 장면인지 맞춰본다. 이 때 들려주는 녹음 파일은 ①소리를 듣고서 떠오르는 정보가 다양한 것과 한정적인 것 즉, 소리의 해석이 다양한 것과 그렇지 않은 것, ②특정 아이가 아닌 여러 아이들의 녹음파일을 골고루 섞기를 기준으로 삼으면 좋다.

활동1

〈 소리를 듣고 떠올린 장면을 이야기로 만들기 〉

이번에는 교사가 여러 가지 소리 6가지를 연달아 들려주며 아이들이 상상한 장면을 이야기로 쓰게 한다. 아이들에게 이야기를 무작정 쓰라고 하면 막연하게 여기거나 혹은 전혀 맥락에 어울리지 않게 주제가 엇나가는 경우가 많이 있다. 그리하여 교사가 소리를 들려주고서 학생들이 떠오른 이미지를 다음과 같은 절차를 밟아 써 내려갈 수 있도록 안내한다.[1]

1. 누가 등장하나요? 다섯 단어로 설명하세요.
2. 언제, 어디인가요? 다섯 단어로 설명하세요.
3. 무엇을 하고 있나요? 다섯 단어로 설명하세요.
4. 그 전 장면에는 무엇을 하고 있었나요? 다섯 단어로 설명하세요.
5. 그 이후엔 어떤 장면이 이어지나요? 다섯 단어로 설명하세요.
6. 어떤 느낌인가요? 다섯 단어로 설명하세요.
7. 1~6번을 순서를 자신이 강조하고 싶은 순서대로 나열하세요.
8. 나열한 순서대로 각 번호별 문장을 적어 연결해보세요

같은 소리를 듣고 각자 만든 이야기를 모두 돌아가며 발표한다. 친구들의 이야기를 들으며 더 보태고 싶은 이야기가 있으면 즉흥적으로 발표하여 이야기를 수정해 볼 수 있다. 이야기 만드는 작업이 원활하면 바로 활동 2를 진행해도 좋고, 한 번 더 이 작업을 수행해도 좋다.

활동2

〈 모둠별로 이야기 각색하여 연극 만들기 〉

활동 1에서 아이들 개별로 자신의 이야기를 창작한 후, 학급 인원에 따라 4~6명씩 무작위로 모둠을 편성하여 각자 만든 이야기를 공유한다. 가장 인상적인 사람의 이야기를 정하거나 합의 하에 각자의 이야기 중 부분적으로 조합하고 각색하여 하나의 이야기를 만들고 그 이야기로 즉흥적으로 연극을 만든다. 아이들은 내레이션을 비롯한 극 중 역할을 맡고, 자신들이 만든 이야기에 따라 즉흥적으로 대사나 연기행위를 해 보며 소품과 음악을 챙긴다. 이 때 교사는 모둠별로 진행상황을 지켜보면서 의견이 수렴이 안 되는 경우 의견을 합의할 수 있도록 중재해 주기도 하고, 수업 상황 내에서 최대한 허용할 수 있는 범위를 아이들에게 제시하여

---

1 ibid.

아이들의 자발성과 창의성을 존중해 준다. 또한 중간 중간 소요된 시간과 다음 활동 목표를 공지하면서 아이들이 리허설까지 진행할 수 있도록 독려한다.

활동3

〈 모둠별로 연극 발표하기 〉

각 모둠별로 준비한 공연을 보기 전에 아이들에게 공연하는 배우이자 관객으로서 연극을 공연하고 관람할 때 주의사항을 함께 체크한다. 발표할 모둠 순서를 함께 미리 정하고, 경청하며 관람할 분위기를 조성한 후 모둠별로 연극을 발표하고 관람한다.

마무리

〈 연극 발표 후 감상 소감 나누기 〉

모둠별 연극이 끝난 뒤 다음 팀이 연극을 준비하는 동안, 관람한 연극에서 잘 표현된 부분과 보완하고 싶은 부분을 학생 개별 학습지에 적게 하고 몇 명씩 발표해 본다.

－재밌거나 인상적인 표현은 어느 부분이었나요?
－나라면 보완하고 싶은 부분이 있나요? 어떤 부분을 어떻게 보완하고 싶은가요?

교사는 발표할 모둠이 준비가 끝날 때까지 아이들과 인터뷰 하되, 비난하거나 부정적인 면만을 부각시키지 않도록 배려심을 가지고 발표를 진행한다.

교육과정 상 시간을 좀 더 할애할 수 있다면, 모둠별로 발표한 연극을 촬영해 뒀다가 다 함께 촬영 본을 감상하며 팀별로 친구들의 코멘트를 반영하고 보완할 수 있는 지점을 의논하는 것도 좋다. 후속 작업으로 자신들의 연극을 보고 친구들의 피드백을 참고하여 자신들이 표현하고자 하는 주제가 잘 드러날 수 있게 역할, 소품, 대사, 동선 등 다듬어질 수는 부분을 아이들이 직접 의논하여 수정하는 것이다. 교사가 직접 수정하고 연출하지 않아도, 집단지성을 통해 아이들이 교사가 생각한 지점보다 훨씬 많이 극적인 요소를 살리는 모습을 발견할 수 있을 것이다.

[반영 질문]
같은 소리를 듣고 친구들과 연극을 만들고 다른 팀의 연극을 본 소감은 어떤가요?

우리도 눈사람처럼

성취기준 인물의 모습, 행동, 마음을 상상하며 그림책, 시나 노래, 이야기를 감상한다. 겨울 모습과 느낌을 창의적으로 표현한다.

수업목표 인물의 모습과 행동을 상상하며 이야기를 들을 수 있다.

단계	활동 내용	유의점(준비물)
준비	눈사람 만나기	스티로폼 공
활동	눈사람 행동과 성격 파악하기(빈의자)	그림책
	눈사람 만들기, 눈사람 몸짓표현하기	자석판
마무리	나도 눈사람처럼	스티로폼 공 2개

수업의도

국어과와 통합교과 간 재구성으로 나르와 눈사람 그림책을 활용한 수업이다. '나르와 눈사람'은 우즈베키스탄 옛날이야기를 담은 그림책이다. 주인공 눈사람은 자신을 희생하고 배려하는 마음이 강하다. 아이들도 이 겨울 눈사람처럼 나눔과 배려를 실천하고 자신과 주변을 변화시키고 따뜻한 겨울을 보내길 바란다.

준비

아이들에게 스티로폼 공 하나를 보여주면서 떠오르는 것을 물어봤다. 아이들은 눈, 사탕, 공을 이야기 한다. 스티로폼 공 2개를 보여주면서 떠오르는 것을 물어봤더니, '눈사람'을 이야기한다. 수업 소재가 되는 '눈사람'이 자연스럽게 등장했다.

활동1

그림책 속에 나온 눈사람 그림을 보여준다.

교사 질문   오늘 우리가 만날 눈사람입니다. 어떤 재료로 만들었나요?

– 수박껍질, 감자, 양파, 당근으로 눈사람을 만들었어요.

그리고 책의 일부분을 다시 들려준다.

> 나르는 눈사람을 만들고 피곤해서, 가축들에게 밥 주는 것을 까먹고 잠이 들었어요. 주인공 대신 눈사람이
> 깨어나 자기 몸에 있는 과일, 채소들을 떼어서 먹이고 정작 자신은 녹아버렸답니다.

질문을 통해서 책 속에 나온 눈사람의 성격을 파악해본다.

교사 질문   이야기 속의 눈사람은 어떤 인물인 것 같나요?

교사 질문   눈사람이 녹아버렸습니다. 흔적만 있네요. 여러분 기분은 어떤가요?

교사 질문   (빈의자 활동) 가축들은 눈사람을 다시 만날 수 있을까요? 눈사람이 다시
            돌아올 수 있다면 여러분은 무슨 이야기를 해주고 싶나요? 여기 빈의자에
            눈사람이 있다고 상상하고 이야기를 건네 보세요.

다시 뒷부분을 들려준다.

> 가축들은 나르를 깨우고. 그제야 일어난 나르는 다시 눈사람을 만들었어요.

교사 질문   눈사람은 다시 만들어졌답니다. 눈사람이 다시 또 사라질 위험은 없을까요?
            이 겨울이 지나고 봄이 오면 어떻게 될까요?

아이들은 다시 애써 복구한 눈사람이 사라지지 않도록, '냉장고에 넣자. 북극으로 보내자.
아이스박스에 넣어두자.'등 다양한 의견을 제시했다.

책 속에는 나르와 가축들은 눈사람을 산으로 옮겼다. 봄, 여름, 가을이 지나 겨울이 올 때까지 눈사람은 혼자 지내야한다. '눈사람'이 혼자 있을 때 어떤 감정을 느낄지 생각해보고 이야기를 나누도록 한다.

교사 질문　　　눈사람은 혼자 있으면 무슨 생각을 할까? 무슨 일을 할까?

아이들은 눈사람이 되어 산 위에서 무엇을 하면서 하루를 보낼지 몸짓으로 발표한다. 망원경으로 나르네 집을 내려다보고 있거나, 산에 있는 다른 동물들이랑 친구하면서 놀고 있다고 발표했다.

'나르와 눈사람'나머지 이야기를 들려주고 혼자 있는 눈사람을 위해 우리 반 아이들은 눈사람이 산에서 함께 놀 친구를 만들어주기로 한다. 아이들은 스티로폼 공과 천사점토를 이용해 눈사람을 만들었다. 그리고 수업처음 등장했던 눈사람 옆에 놓아두었다.

마무리

[반영 질문]
눈사람처럼 다른 사람을 도와준 적이 있나요?
눈사람이 그 다음 겨울에 다시 돌아온다면 어떤 이야기, 어떤 일을 하고 싶나요?

안녕! 겨울도깨비!

성취기준	여름 날씨의 특징과 주변의 생활모습을 관련짓고, 여름에 사용하는 생활 도구의 종류와 쓰임을 조사 할 수 있다.	
수업목표	더위를 이길 수 있는 방법을 말할 수 있다.	

단계	활동 내용	유의점(준비물)
준비	역할 내 교사 도깨비 등장	두꺼운 겨울 옷차림
활동	도깨비에게 여름 사용서 만들어주기	여름관련 사진
마무리	떠나는 도깨비에게 선물하기	바구니

수업의도

도깨비는 우리 반 아이들이 연극놀이를 통해 만난 친근한 캐릭터이다. 도깨비가 땀을 뻘뻘 흘리면서 "왜 이렇게 덥지?"로 수업을 시작하면 아이들은 여름 날씨와 그 여름을 이기기 위해 어떤 옷차림과 어떤 행동을 해야 하는지 자연스럽게 이야기해줄 것이다. 누구에게나 그렇듯 자기의 경험을 공유하고 누군가를 돕는 행위는 아이들에게도 유쾌하고 행복한 시간이 될 거라 믿는다.

준비

〈연극적 약속하기〉 하나! 둘! 셋! 하면 선생님은 도깨비가 될 거예요.

겨울 코트와 모자를 쓴 역할 내 교사 도깨비가 아이들 앞에 나타난다.

"안녕! 나는 겨울나라에서 온 겨울도깨비야. 그런데 여기는 왜 이래? 땀도 나고 너무 너무 답답해."라고 말하면서 아이들에게 더위를 하소연했다. 아이들은 여름은 햇빛이 강해서 덥다고 말해주고 역할 내 교사가 입고 있는 옷차림과 날씨가 어울리지 않다고 설명해줬다.

준비

"어떻게 하면 더위를 피할 수 있을까? 난 아무것도 모르겠어."

아이들은 도깨비에게 더위를 피하는 방법을 알려준다.

"모자를 벗어요.", "코트를 벗으세요.", "덧신도 벗어요."

역할 내 교사가 무슨 말인지 모르겠다고 하자, 아이들은 직접 나와서 모자도 벗겨주고, 겨드랑이에 끼고 있던 핫팩도 가져갔다.

"아까보가 훨씬 더 낫네. 고마워. 아차! 그런데 우리 가족들도 곧 여기로 올 건데. 무지 덥다고 하겠지? 어떡하지? 우리 도깨비 가족에서 여름을 어떻게 설명하지? 여름을 어떻게 피하라고 설명하지?"

셋! 둘! 하나! 역할 내 교사 도깨비에서 원래 교사로 돌아온다.

교사 안내　　방금 만난 겨울도깨비는 가족들에게 더위를 피하거나, 시원하게 보내는
　　　　　　　방법을 설명하기가 어려운가 봐요. 여러분이 글이나 그림으로 여름을 잘
　　　　　　　이기는 방법을 적어서 준다면 도깨비에게 큰 도움이 될 거랍니다.

아이들은 각자 도깨비에게 알려줄 여름 사용 설명서를 만들어준다. 아이들은 여름에 먹는 시원한 음식, 시원한 옷차림, 시원한 장소, 바람을 만들어주는 도구 등으로 분류하여 그림이나 사진으로 여름 사용 설명서를 만들어서 준다.

활동2

하나! 둘! 셋! 다시 교사는 역할 내 교사 도깨비가 된다.
"이건 뭐야? 언제 사용해? 어떻게 사용해?"
아이들은 설명서를 보여주면서 이름이랑 사용하는 방법을 설명해준다.
"이것은 부채라는 것이야. 부채는 이렇게 들고 살랑살랑 부쳐주면 돼."

"고마워. 애들아. 겨울이 되며 다시 올게!"
설명서를 챙기면서 가족들에게 보여주겠다고 떠날 준비를 한다.
"너희들 덕분에 땀도 흘리지 않고, 시원했어. 이제 난 가족들에게 갈 거야. 안녕!"

셋! 둘! 하나!

도깨비라는 역할에서 나온 선생님이 떠나는 도깨비에게 여름을 이기기 위해 선물을 주고 싶은 사람이 있는지 물어본다. 아이들은 하나 둘 씩 조심스럽게 나오더니 자기가 갖고 있는 물건을 바구니에 넣어준다.

아이들이 준 선물은 부채, 시원한 물이 담긴 물병, 머리를 올릴 수 있는 머리핀을 줬다.

마무리

[반영 질문]

도깨비를 만나고 도와주면서 무엇을 느끼고 배웠나요?

도깨비는 더위를 잘 이길 수 있을까요?

넌, 감사할 줄도 모르니?

성취기준 친구의 소중함을 알고 친구와 사이좋게 지내며, 서로의 입장을 이해하고 인정한다.

수업목표 감사할 줄 아는 사람의 올바른 태도는 어떤 것인지 바르게 판단할 수 있다.

단계	활동 내용	유의점(준비물)
준비	생일 초대 카드가 도착했어요.	생일 초대 카드, 포장용 장식 리본
활동	○○생일 이야기	고깔모자
	주인공의 문제 파악하기	빈의자
마무리	올바른 감사태도	-

수업의도

감사는 밖에서 주어지는 것이 아니라 스스로 느끼고 받아들이는 긍정적인 마음가짐에서 비롯된다. 진정한 감사는 작은 것도 기쁘고 즐거운 마음으로 받아들이는 것임을 자신의 경험을 통해 추론하여 판단한다. 아이들은 또래 친구인○○의 생일 파티에 직접 참여하고 교사는 역할 내 교사로서 생일 주인공이 되어 생일 파티에 찾아온 친구에게 감사할 줄 모르는 태도를 보여준다. 이 과정 속에서 아이들은 문제를 지적하고 감사할 줄 아는 태도란 무엇인지 고민한다. 감사하는 마음을 갖는 것은 단지 도움이나 선물에 대한 보답, 예의를 갖추어야 하는 의무가 아니라 타인에 대한 기본적 태도라는 것을 알았으면 한다.

준비

〈 생일 초대 카드가 왔어요. 〉

아이들과 생일과 관련한 개인 경험이나 생각이나 느낌을 나눈다.

> 교사 질문 (생일 초대 카드를 꺼내들면서) 여기 생일 초대 카드가 있습니다. ○○이라는 친구가 여러분을 생일 파티에 초대한다고 하네요. 우리 한 번 가볼까요? 무엇을 준비해야 할까요?

당연히 아이들은 생일 파티 초대에 응했고 생일 선물을 준비해야 한다고 했다. 아이들에게 선물 포장용 장식에 쓰이는 작은 리본을 하나씩 나눠주고, 본인이 현재 갖고 있는 물건 중 하나를 골라 리본을 붙이도록 했다. 아이들은 연필, 사전, 필통 등 학용품 위주로 골라서 붙였다. 선물이 준비된 아이들은 생일 파티로 갈 수 있다. (물론 모든 생일 파티가 선물이 필요한 건 아니다. 축하하는 마음 역시 의미 있는 선물이 될 수 있다. 만약 선물대신 축하하는 마음을 주고 싶다는 아이가 있으면 리본을 자기 가슴이나 손 등에 붙이도록 해도 된다.)

활동1

〈 생일 파티에 갔어요. 〉

아이들이 생일 선물이 준비되었으면 주인공을 만나러 간다. 주인공은 역할 내 교사로 선생님이 고깔모자를 쓰고 아이들을 맞이한다.

교사 안내   각자 생일선물을 준비하면 선생님이 ○○이 집으로 안내해줄게요. 선물이 준비되어 있으니 지금부터 생일 장소로 이동합니다. 거기에 가면 여러분은 '○○이'를 만날 수 있답니다. 여기 이 행거를 통과하면 됩니다. 그리고 그 곳에는 ○○이가 기다리고 있답니다.

아이들은 준비한 선물을 들고 차례를 지키며 행거를 통과한다. 교사는 고깔모자를 쓰고 의자에 앉아서 아이들을 맞이한다.

역할 내 교사   안녕 얘들아! 내 생일에 정말 잘 와주었어.

아이들은 준비한 선물을 차례로 역할 내 교사에게 주면서 생일을 축하해줬다. 역할 내 교사는 선물 하나 하나를 받으면서 감사 인사를 건넨다. 교사는 의도적으로 선물 크기나 가격에 따라 반응을 달리한다.

| 역할 내 교사 | (선물을 받으면서) 난, 이 선물은 별로야. 연필이 뭐야. 오! 이거 정말 비싼데. 정 |
| | 말 좋구나. |

실제 아이들은 교사가 선물을 받고 긍정적으로 답하면 웃었고, 반대로 부정적으로 반응을 하면 표정이 굳었다. 시간이 조금 걸리더라도 모든 아이들의 선물을 받도록 한다. 이 과정에서 아이들이 연극적 약속을 지킬 수 있도록 주의하고, 다양한 관점에서 ○○의 문제점을 찾을 수 있게 역할 내 교사를 적절히 활용한다. 처음엔 교사의 반응에 적잖이 당황하는 아이들이 있었지만 20여명 넘는 아이들 선물에 일정한 패턴을 갖고 반응하자, 아이들은 역할 내 교사의 문제점을 찾아낸 듯 했다.

활동2

〈 감사할 줄 모르는 친구에게 우린 어떻게 해야 할까? 〉

교사는 고깔을 벗고 역할 내 교사에서 빠져나온다. 아이들도 셋! 둘! 하나! 신호에 맞춰 다시 행거를 통과하여 자기 자리에 앉는다.

교사 안내	우리는 ○○이 생일파티에 다녀왔습니다. 어땠나요?
교사 질문	○○에게 기분이 많이 상했군요. ○○이의 문제는 무엇인 것 같나요? 우리가
	○○이의 문제 해결을 위해 무엇을 할 수 있을까요?

아이들은 ○○이가 친구의 선물로 차별하는 문제점이 있고, 감사할 줄도 모른다고 했다. 그리고 ○○이에게 어떻게 감사해야하는지 감사하는 태도가 뭔지 알려줘야 한다고 했다.

| 교사 안내 | 여기 빈의자에 ○○이가 앉아있습니다. 여러분이 ○○이에게 하고 싶은 말이 |
| | 있으면 서로 기분 상하지 않게 알려줄 수 있나요? 친구잖아요. |

아이들은 '선물로 차별 하지 마. 친구 차별 하지 마. 친구들이 파티에 와준 것도 고마워해야 해. 우리가 없으면 너도 외로울 거야.'라고 이야기를 했다.

〈 감사할 줄 아는 사람의 태도 〉

교사 안내   감사할 줄 아는 사람의 태도는 어때야 하나요?

아이들은 '웃어야 해요. 감사하다는 말로 표현해야 해요. 진심으로 고마워해야해요. 사람을 무시하면 안돼요.'라고 했다.

교사 질문   그럼, ○○이가 감사할 줄 아는 아이였다면 생일파티는 어떻게 달라졌을까요?

                           다시 조금 전 생일파티로 돌아가서 상황을 표현해 볼까요?

아이들은 모둠별로 ○○이와 초대받은 친구 역할로 나누어 감사할 줄 아는 ○○이의 생일파티로 장면을 수정하여 발표한다.

[반영 질문]

오늘 활동을 통해 느낀 것은 무엇인지 발표해본다.

감사할 줄 아는 사람의 태도는 어떠해야하는지 정리해본다.

손기정 선수를 만나다

| | 성취기준 | 우리나라의 상징을 여러 가지 방법으로 표현한다. |

성취기준 우리나라의 상징을 여러 가지 방법으로 표현한다.

수업목표 태극기를 소중히 여겨야 하는 까닭을 알고 태극기에 대해 바른 태도를 가질 수 있다.

단계	활동 내용	유의점(준비물)
준비	어느 나라 선수일까요?	'손기정', '황영조'사진
활동	손기정 선수 마음 헤아리기	빈의자
	태극기를 찾아주세요.	태극기가 남긴 국기함
마무리	타임머신을 타고 시상식으로 가자!	애국가

수업의도

공식적인 학교생활을 처음 시작하는 1학년 학생들은 자기중심성이 강하게 남아있다. 옳고 그름이나 좋고 나쁨의 가치 판단 역시 자신이나 가족을 중심으로 이루어진다. 그래서 나와 국가 민족 공동체의 관계를 쉽게 인식시키기는 참 어렵다. 손기정 선수 일화를 활용한 교육연극 수업으로 아이들에게 나라를 상징하는 태극기의 소중함과 의미를 알게 하고 싶다.

준비

〈 어느 나라 선수일까요? 〉

인터넷 포털 사이트에서 '손기정, 황영조'선수 이름을 검색해서 나온 이미지 파일 중 가슴에 ①번 일장기(손기정선수)와 ②번 태극기(황영조선수)가 붙어있는 사진을 준비한다. 아이들에게 두 장의 사진을 비교할 수 있게 한 화면에 담아서 보여준다.

- 교사 : 어느 나라 선수일까요?
- 아이들 : ①번은 일본 선수
- 아이들 : ②번은 우리나라 선수
- 교사 : 왜 그렇게 생각했나요?
- 아이들 : 가슴에 붙은 국기를 보면 알 수 있어요.
- 아이들 : ②번 선수는 태극기를 달고 있거든요.

이 활동에선 교사가 ①번이 베를린 올림픽 마라톤 대회에서 한국인 최초의 올림픽 금메달

222

을 딴 손기정 선수라는 것은 아이들에게 밝히지 않고 태극기가 애국가, 무궁화와 더불어 우리나라를 상징하는 것 중 하나임을 알려준다.

활동1

〈 손기정 선수 마음 헤아리기 〉

베를린 올림픽 손기정 선수의 금메달 시상식 사진을 보여준다. '손기정 선수'는 베를린 올림픽 대회에서 금메달을 받았는데, 왜 웃지도 않고 고개를 푹 숙이고 있는지 아이들에게 질문해 본다. 그리고 1학년 아이들 수준을 고려하여 옛날 일본이 우리나라를 지배했을 때 손기정 선수는 우리나라 사람임에도 태극기를 가슴에 달지 못하고, 일본 국기인 일장기를 달고 뛰어야 했다고 간단하게 이야기 해준다.

교사 안내   (빈의자를 앞에 두고) 지금 손기정 선수를 여기에 모셔올 거예요. 여러분은 궁금
한 점, 느낀 점을 한 번 이야기 해보세요.

아이들은 '일등하면 좋지 않아요? 왜 일장기를 달고 뛰었어요? 슬프지 않았어요? 태극기를 달고 싶지 않나요? 우리가 태극기 찾아 줄 까요?'라고 이야기 했다. 빈의자 기법을 통해 '손기정 선수'의 마음을 헤아려 보고 자연스럽게 다음 '태극기 찾기'활동과 연결한다.

활동2

〈 태극기를 찾아 주세요. 〉

교사   우리들이 손기정 선수의 태극기를 찾아서 갖다드릴까요?
아이들   소리 크레센도 놀이를 이용하여 국기 함에 담긴 태극기를 찾는다.

소리 크레센도란 소리의 강약을 이용해서 대상을 찾는 놀이이다.

술래 한명이 교실 밖에 나가 있는 동안 교사는 태극기를 교실에 있는 아이 한명에게 숨겨 놓고 다시 들어오게 한다. 술래가 태극기를 가진 아이에게 가까이 가면 다른 아이들은 '태극기'노래를 크게 불러 위치를 알려준다. 태극기에서 멀어지면 약하게, 가까이 다가가면 더 크게 불러서 술래가 쉽게 태극기를 찾을 수 있게 한다.

준비

〈 타임머신을 타고 1936년 시상식으로 가자! 〉

술래가 찾은 태극기를 꺼내어 앞 활동에서 사용한 시상식 장면의 '손기정 선수'의 사진(가슴 부분)에 붙여 준다.

| 교사 | 우리 모두 1936년 베를린 올림픽 경기장으로 타임머신을 타고 날아가서 손기정 선수를 응원해줘요. |

아이들은 자리에서 일어나 교사 주변에 모인다. '애국가'를 들려주면서 시상식 분위기를 만들어 놓고 아이들은 관람객이 되어 시상식에 참여하도록 한다.

마지막으로 가상의 편지를 아이들에게 읽어주면서 마무리 한다.

〈편지내용〉

안녕하세요? 손기정 선수입니다.

여러분이 저를 위해서 태극기를 찾아줘서 고맙고, 또 저를 응원하기 위해 먼 데까지 찾아와서 고마워요. 나라를 잃어버리면 슬픈 일이 아주 많이 생긴답니다. 여러분은 우리나라를 사랑하고, 아끼는 사람이 되길 바랍니다.

아껴 쓰기 실천하기

| 성취기준 | 시간과 물건의 소중함을 알고 자신이 시간과 물건을 아껴 쓰고 있는지 반성해 보며 그 모범 사례를 따라 습관화한다. |

| 수업목표 | 물건을 아끼고 소중히 해야 하는 까닭을 알 수 있다. |

단계	활동 내용	유의점(준비물)
준비	아껴 쓸 것 발표 놀이	–
활동	나무와 석유가 주는 이로움을 몸짓으로 표현하기	검은 색, 녹색 도화지
	지구에 물건을 함부로 버리면 어떻게 될까?	–
마무리	아껴 쓰는 습관에 대하여	–

수업의도

요즘 아이들은 새 물건이 홍수처럼 쏟아져 나오고 물질 만능주의의 사회 풍조 속에 살고 있다. 이들이 물건을 아껴 써야하는 이유와 아껴서 사용하려는 실천의지를 자기들의 마음과 말을 통해서 내면화하고자 한다.

준비

〈 아이 엠 그라운드 아껴 쓸 것 발표 놀이 〉

'아이 엔 그라운드 친구 이름 대기'노래에 맞춰 '아이 엠 그라운드 아껴 쓸 것 발표하기'놀이를 도미노순서로 발표한다.

활동1

〈 나무가 주는 이로움을 몸짓으로 표현하기 〉

나무가 주는 이로움을 몸짓이나 말로 표현한다. 녹색 색도화지를 나무로 생각하고 녹색 색도화지를 든 사람 8명이 나와서 도화지로 얼굴을 가린 채 서 있으면 종이를 함부로 사용하는 상황을 발표한 후 그 때마다 나무가 없어지게(서 있던 자리에서 멀어지면서 앉기) 한다.

교사   종이를 함부로 쓸 때 지구에 있는 나무는 어떻게 될까? 이렇게 물건을 다시 만들

기 위해 계속 나무를 베어내어서 나무가 없어지면 어떤 일이 일어날까?

〈 석유가 주는 이로움을 몸짓으로 표현하기〉

석유가 주는 이로움을 몸짓이나 말로 표현한다. 검은색 색도화지를 석유로 생각하고 검은색 색도화지를 든 사람 8명이 나와서 도화지로 얼굴을 가린 채 서 있으면 석유를 함부로 사용하는 상황을 발표하고 그 때마다 색도화지를 든 사람을 앉힌다. 석유와 나무를 아이들이 색도화지를 들고 서 있게 함으로서 학습활동 진행이 상당히 쉬워지고 목표 달성도도 높았다.

교사　　석유가 계속 없어지면 우리들은 어떻게 될까?

아이들은 석유와 나무를 검정색, 녹색 도화지로 형상화해서 본다. 석유, 나무를 낭비했을 때 없어지는 것을 눈으로 보고 석유, 나무가 조금 밖에 남지 않은 것을 봄으로 아끼겠다는 마음이 강하게 일어난 듯이 보였다.

활동2

〈 지구에 물건을 함부로 버리면 어떻게 될까? 〉

교실 바닥에 분필로 큰 지구를 그리고 그 안에 작은 땅덩이 3개를 동그라미로 그린다. 아이들 2명씩 동그라미 안에 들어가게 한다. 연필이나 옷, 필통, 지우개, 쓰레받기 등을 지구에 함부로 버릴 때 사람들은 쓰레기 때문에 다른 땅으로 옮겨 가는 것을 아이들이 나와서 직접 한다.

교사　　쓰레기 때문에 계속 옮겨가면 사람들은 어디에 가야할까?

〈 물건을 어떻게 사용하고 싶은가? (몸짓표현하기) 〉

앞 활동을 통해 느끼고 생각한 점을 바탕으로 종이나 전기를 어떻게 사용해야할지, 물건을 함부로 버릴 때 우리들은 어떻게 될지 몸짓으로 표현하게 한다.

여러 가지 가족

성취기준 현대의 여러 가지 가족 형태를 조사하여 가족의 다양한 삶의 모습을 존중하는 태도를 기른다.

수업목표 가정의 여러 형태에 대하여 알아보고, 오늘날의 가정생활 모습과 옛날의 가정생활 모습을 비교하여 말할 수 있다.

단계	활동 내용	유의점(준비물)
준비	사전과제(가족생활에 대한 이야기 듣기)	–
활동	가족사진 찍기 및 이름 짓기	카메라
	가족의 생활 모습 동영상 만들고 인터뷰하기	카메라
마무리	여러 가지 가족의 형태 확인	–

수업의도

움직임 활동을 통해 가족의 수와 구성원에 따라 달라지는 가정의 여러 형태를 체험하게 한다. 더 나아가 오늘날의 가정생활과 옛날의 가정생활을 비교하여 가정생활의 변화 경향을 파악하고, 오늘날 가정생활의 특징 및 그 다양성을 이해하도록 하는데 중점을 두었다.

준비

조부모님, 부모님의 어렸을 적 가족생활에 대한 이야기 듣기를 사전과제로 내준다. (가족의 수, 가족의 구성원, 구성원들이 했던 일 등)

〈 가족 구성하기 〉

• 교사가 제시하는 낱말을 기준으로 하여, 공통점을 가진 사람끼리 모인다.

　낱말의 예시) 생일이 같은 달, 성씨가 같은 사람, 가족의 수가 같은 사람 등.

• 만들어진 모둠 안에서 구성원들끼리 서로의 차이점을 찾아본다.

　예시) 가족의 수는 4명으로 같으나 가족 구성원은 다를 수 있다.

• 기준에 따라 모이는 활동을 3-4번 정도 하다가 만들어진 각 모둠의 인원수가 1,2,3,4,6,8명 정도로 여러 개로 나눠지면 활동을 마친다. 제시하는 수에 따라 집단을 만드는 짝짓기 놀이를 응용한 것으로, 기준에 따라 집단 내에 모여지는 인원수는 각각 다를 수 있다

〈 가족사진 찍기 〉

• 가족의 형태 구상하기

　– 만들어진 모둠을 가족이라 칭한다.

　– 각 모둠은 인원수에 맞는 가족의 형태를 정하고, 가족을 이루기 위해 필요한 가족의 구성원을 생각하여 각자의 역할을 정한다.

　예시) 1명인 모둠 : 독신, 2명인 모둠 : 부부, 3명인 모둠 : 부부와 자녀1명

　　　　　6명인 모둠 : 할아버지, 할머니, 부모님, 손자 2명 등.

• 가족의 형태에 따라 특징이 드러나게 사진 찍기

　– 모둠별로 나와서 각자 맡은 역할에 맞게 포즈를 취하고 가족사진을 촬영한다.

　– 가족의 형태와 가족 구성원의 특징이 잘 드러나게 표현하도록 한다.

　– 나머지 모둠은 그 가족들의 모습을 보고 가족의 이름을 지어본다.

〈 가족 이름 짓기 〉

• 가족사진을 보며 가족의 수, 세대간 구성원들의 관계 등 특징을 파악하여, 'ㅇㅇㅇ가족'이라고 가족의 이름을 지어본다.

• 가족의 구성원과 반 아이들이 동의한 가족 이름을 각자 명찰에 써서 달고 다음 활동을 계속한다.

〈 가족의 생활 모습 동영상 만들기 〉

- 모둠별로 가족이 거주하는 곳, 구성원의 직업, 하는 일 등을 정한다.
- 정한 내용에 따라 각 구성원이 집 안에서 생활하는 모습을 생각한다.
- 가족의 특징에 따라 구성원들이 집안에서 하는 일들을 동영상으로 표현한다.

  (예시1) 대가족 – 어머니 식사 준비, 할머니 바느질, 할아버지 마당청소 등.

  (예시2) 핵가족 – 어머니 식사준비, 아버지 설거지 등.
- 가족의 대표는 사는 곳, 가족 구성원 등 간단하게 가족을 소개한다.
- 나머지 모둠은 발표를 보면서 오늘날의 가족형태인지, 옛날의 가족형태인지를 구분하고, 각 구성원들이 하는 일들을 살펴본다.
- 활동 후 오늘날과 옛날의 가족의 형태의 차이점에 대해서 각자의 생각을 발표한다. 각각의 인물이 가족의 어떤 사람인지를 알 수 있도록 특징을 잘 살려 표현하게 한다. 사진 찍을 때 정지동작으로 표현해도 좋지만, 가능하다면 직접 동영상을 찍어서 화면에 제시해 주면 더욱 좋다.

〈 가족 인터뷰하기 〉

- 기자가 각 가족을 찾아가서 가족의 구성에 대해 인터뷰한다. 기자 역할은 교사가 하거나 다른 모둠의 아이들이 한다.
- '핵가족이 많아지고 있는 까닭'과 연관되는 질문을 많이 하도록 안내한다.

  (예시) 왜 그곳에 살게 되었는가? 가족 구성원은 왜 그렇게 구성되었는가? 등

마무리

여러 가지 가족의 형태를 확인하고, 오늘날과 옛날의 가족의 다른 점과 각각의 가족 형태가 좋은 점 등을 발표한다.

수업 후기(교사): 짝짓기 게임을 통하여 아이들의 수업에 참여하려는 적극성을 키울 수 있었다. 가족을 직접 구성해 보고, 구성원의 역할을 활동해 봄으로써 체득하여얻는 학습 효과가 더욱 높았다. 인터뷰 활동을 통해 현대 가정의 모습에 대한아이들의 생각을 읽을 수 있었고, 아이들의 상상력에 의해 다양한 가족 구성의 형태를 볼 수 있는 수업이었다. (아이들) 선생님! 딸부자 가족은 수는 많아도 핵가족이네요. 선생님! 미래에 나타나게 될 가족 형태도 교육연극

으로 만들어봐요! 수업하기 전에는 1세대, 2세대 가정, 핵가족, 대가족 구분하는 것이 어려웠는데, 활동을 하고 나서 친구들의 가족형태를 떠올리며 구분하니 이해가더 쉬워졌어요.

 ## 조상들의 생활 엿보기

성취기준 고장에 전해 내려오는 대표적인 문화유산을 살펴보고 고장에 대한 자긍심을 기른다.

수업목표 장승과 솟대의 의미를 알고, 마을 제사를 지낸 이유를 알 수 있다.

단계	활동 내용	유의점(준비물)
준비	고고학자 O.X 퀴즈	–
활동	사진보고 추측하기, 유물 찾기	마을 제사를 지낸 장소 사진
	유물보고 추측하기, 전설 만들어 역할극 표현	–
마무리	의미 발견하기	–

수업의도

예부터 전해 오는 의례, 종교 등에는 우리 조상들의 정신과 생활 모습이 담겨있다. 고고학자라는 가상 상황을 설정하여 오늘날까지 남아있는 유적지와 유물을 통해 조상들의 생활 모습을 추측해 봄으로써 그 속에 어떤 정신이 담겨져 있는지 알아보기로 한다.

수업의도

유물이 적힌 쪽지는 수업 전에 미리 숨겨둔다.
고고학자란 무엇일까? O.X 퀴즈를 통해 알아본다.

-고고학자는 옛날의 유물들을 통해 과거를 추측해 나간다.(O)

-고고학자는 발굴을 통해서만 자료를 얻는다.(×)

-유적지란 옛 유물 등 고고학 자료가 발견된 장소를 뜻한다.(O)

-고고학자는 주로 시체들만 발굴한다.(X)

-발굴과정에서 개인적인 편지들도 읽는다.(O)

서낭당과 마니산참성단 등 마을 제사를 지냈던 장소가 나온 사진을 보여준다.

교사	이제 여러분은 고고학자가 됩니다. 지금 보여주는 사진들은 유적지가 발굴된 장소입니다. 과연 어떤 장소였을까요? 사진을 보고 추측해 보세요.
아이들	전체적으로 보여준 사진들을 흑백으로 프린트해서 1장씩 모둠별로 나누어 준 뒤, 자세히 보고 추측해서 활동지에 추측한 내용을 각자 적는다.

그 다음 미리 교실 곳곳에 숨겨둔 유물이 적힌 쪽지를 모둠별로 한 개씩 찾는다. 소란스럽지 않게 조용히 찾도록 하고, 모둠원이 유물을 찾으면 모둠원이 모두 앉도록 한다.

〈 쪽지에 적힌 유물 〉

5M 정도 되는 기다란 나무막대(장대)	크고 널찍한 돌계단과 오래된 큰 나무	크고 작은 돌멩이들
두꺼운 나무도막 (여러 색이 칠해져 있음.)	나무로 만든 오리인형 (목각인형)	길 다란 새끼줄
불에 탄 흔적이 있는 쇠 그릇 (큰 술잔 모양처럼 생겼음.)	나무로 만든 까마귀 인형 (목각인형)	여러 가지 색깔의 천 (빨강, 노랑, 파랑......)

활동2

유물보고 용도를 추측해서 발표한다.

- 유물쪽지를 보고 어떻게 쓰였을지 앞에서 본 사진과 관련하여 그 유물의 용도를 추측해서 발표한다.
- 교사가 이곳에서 마을제사를 지냈기도 했음을 보충 설명한다.

마을 전설 만들어 역할극으로 보여준다.

이 마을에는 어떤 전설이 숨겨져 있길래 이곳에서 마을 사람들이 제사를 지내게 되었을지 상상해보고 이야기를 만들어 발표한다. 만든 이야기를 모둠별 역할극으로 보여주어도 좋다.

솟대, 장승, 마을 제사의 의미 찾아본다.

'은산 별신제'이야기를 읽고 마을 제사를 지낸 까닭과 마을 제사를 지내면 좋은 점을 알아본다.

〈 '은산 별신제'줄거리 〉

옛날 은산 마을에 점염병이 돌아 많은 사람들이 죽었는데, 특히 젊은 사람들이 많이 죽었다. 그러던 어느 날 밤, 마을 노인의 꿈에 한 장군이 나타나, 마을에 도는 병을 없애 줄 테니 백제를 지키다 억울하게 죽은 자신과 부하들의 시신을 양지바른 곳에 잘 묻어 달라고 부탁하였다. 꿈에서 깬 노인이 마을 사람들과 함께 장군이 꿈에 나타나 말한 곳으로 가 보니, 그 곳에는 오래 된 뼈들이 잔뜩 널려있었다. 마을사람들은 그 뼈들을 잘 묻어 주고, 그들의 영혼을 달래기 위해 굿을 하였다. 그러자 전염병이 사라지고, 마을 사람들은 다시 평화롭고 행복하게 살게 되었다. 이렇게 은산 마을 사람들은 장군과 병사들의 넋을 위로하는 뜻으로 제사를 지내 왔는데, 이것이 오늘날의 은산 별신제이다.

★ **미술교과와 연계학습 - 장승 만들기**

– 음료수 유리병에 뚜껑을 닫아놓은 상태로 지점토를 입혀 장승의 얼굴을 만든 후 채색하고 니스를 바른다.
– 장승은 마을 어귀에서 귀신을 쫓기 위해 세운 것이므로 예쁘게 만들기 보다는 무섭고 힘상궂게 만들도록 한다.

농촌 문제 해결하기

성취기준 촌락과 도시의 공통점과 차이점을 비교하고, 각각에서 나타나는 문제점과 해결 방안을 탐색한다.

수업목표 촌락의 문제점을 알아보고, 문제점을 해결할 수 있는 방안을 세울 수 있다.

단계	활동 내용	유의점(준비물)
준비	뉴스 동영상 보여주기	뉴스 동영상
활동	'농촌, 어촌, 산촌 살리기 대책본부'세우기	편지 자료
	촌락의 문제점 정지동작으로 표현하기	–
	'모두가 살고 싶은 촌락 만들기'프로젝트	–
마무리	가상 일기 쓰기	

수업의도

본 차시는 촌락의 생활 모습 변화를 알아본 후 이루어지는 수업으로 촌락의 여러 문제점들을 살펴보고 그 원인을 찾아 해결방안을 세워보는 데에 주안점을 두었다.

준비

촌락의 문제를 소재로 한 뉴스 동영상들을 쭉 보여준다. 뉴스 동영상을 보여주는 동안 교사는 설명을 하지 않음으로써 아이들이 문제 상황에 몰입할 수 있는 분위기를 조성해 준다.

활동1

〈 모둠별로 '농촌, 어촌, 산촌 살리기 대책본부'세우기 〉

농촌 문제의 심각성을 제기하면서 농촌을 다시 살릴 수 있도록 각 모둠별로 농촌, 산촌, 어촌 중 한 촌락을 정하여 대책본부를 세운다.

〈 대책본부에 날아든 편지 〉

각 대책본부별로 상황에 맞는 편지를 나누어준다.
 – 농업, 광업, 양식업을 하는 어려움을 토로하는 농부, 광부, 어부의 탄원서
 – 친구들이 이사를 많이 가서 외로워하는 시골 친구의 일기글

- 다니던 학교가 폐교될 위기에 처해 있는 시골 친구의 일기글
- 일손이 부족하여 일 하는 데 어려움을 겪는 시골 노인들의 편지 등.

(편지 예시)

2〇〇〇년 〇월 〇일 날씨 : 맑음

제목 : 세영이가 전학 간 날

오늘 세영이네 집이 이사를 해서 전학을 갔다. 세영이네 집은 우리 마을에서 배 타고 버스타고 가야하는 멀리 도시로 이사한다고 한다. 세영이가 전학을 가서 체육시간에 6학년 언니 오빠들과 함께 피구를 하는 데 운동장이 텅 빈 느낌이었다. 영지도 은철이도 현정이도 나도 짝꿍이 있는데 세영이짝꿍 민수만 짝꿍없이 혼자 앉는다. 책상에 혼자 앉는 민수를 보니깐 한달 전 전학 갔던 내 짝꿍 미영이가 떠올랐다. 한달 전에는 은철이가 혼자 앉았었는데 지금은 민수가 혼자다.

활동2

〈 촌락의 문제점 정지동작으로 표현하기 〉

모둠별로 편지를 읽고, 각 촌락의 문제점을 정지동작으로 표현해 본다.
- 편지의 내용을 토대로 해도 좋고, 편지의 내용에 덧붙여 표현해도 무방하다.
- 다른 모둠들이 잘 못 알아들을 경우에는 교사가 '재생'하여 간단한 역할극으로 표현해 보도록 한다. (정지동작에 있는 아이들의 일부를 터치하여 부분 재생할 수도 있고, 모둠원 전체를 한꺼번에 재생시킬 수도 있다)

활동3

〈 '모두가 살고 싶은 촌락 만들기'프로젝트 〉

촌락의 문제를 해결할 수 있는 방안을 모둠별로 토의하여 의논한 후, 그 방안을 사용하여 문제를 해결하는 과정과 그로 인해 바뀔 촌락의 변화 모습을 역할극으로 보여준다. 역할극이나 몸짓으로 표현하기 어려운 아이템은 8절 도화지에 그림으로 그려 역할극을 제시할 때 첨부자료로 활용해도 좋다. 그림 내용을 간단하게 설명한 후 역할극 활동으로 들어가도 된다. 자칫 아이들의 해결방법이 결국은 도시의 모습과 비슷하게 만들어 버리는 것으로 변할 수 있

기 때문에, 교사는 사전에 촌락의 장점을 주지시켜 그 장점을 살리는 방향으로 해결할 수 있도록 한다.

마무리

각 모둠에서 해결한 촌락의 모습을 토대로 10년 후에 내가 그 촌락에서 살았다고 가정하고 10년 후의 일기를 가상으로 쓰는 시간을 갖는다.

 초콜릿은 만두다?

| 성취기준 | 지속가능한 미래를 건설하기 위한 과제(친환경적 생산과 소비 방식 확산, 빈곤과 기아 퇴치, 문화적 편견과 차별 해소 등)를 조사하고, 세계시민으로서 이에 적극 참여하는 방안을 모색한다. |
| 수업목표 | 초콜릿 속에 담긴 어린이 노동의 비참한 상황에 대해 알 수 있다. |

단계	활동 내용	유의점(준비물)
준비	빼빼로 day에 대한 나의 생각 말하기	–
활동	빼빼로 분석하기	빼빼로
	카카오 농장 어린이 만나기	편지, 빈의자
마무리	느낀 점 이미지 표현하기	칼라 찰흙

수업의도

빼빼로 day, 그 빼빼로의 달콤함을 즐기는 우리가 있고 그 달콤함의 원료인 초콜릿을 공급하기 위해 임금착취와 강제노동에 시달리는 농장의 어린이가 있다. 초콜릿이라는 공통점 아래 서로 너무 다른 상황이 있음을 알려주고자 한다. 이 활동은 사회과의 지구촌 여러 문제, 아동 인권과 연결되어진다.

'빼빼로 day'에 대한 나의 생각 말하기

- (좋다) : 우정을 확인할 수 있다. 공식적으로 내 마음을 고백할 수 있다. 맛있는 걸 먹을
  수 있어서 좋다. 자기 인기를 확인 할 수 있다.
- (싫다) : 용돈이 함부로 낭비된다. 쓰레기가 넘친다. 못 받는 사람과 받는 사람끼리 차별
  이 생겨서 기분이 나쁘다.

빼빼로라는 특정 상품 대신 일반 초콜릿을 활용해서 수업을 할 수 있다.

'빼빼로'분석하기

- 빼빼로 먹기 → 느낌 말하기(달콤하다. 고소하다. 달다. 기분이 좋다. 계속 먹고 싶다.)
- 빼빼로의 원료 살피기 → 포장지나 직접 눈으로 관찰할 수 있는 것을 말한다. (코코아, 초콜
  릿, 밀가루, 맥아엿 등)
- 여러분에게 달콤함과 즐거움을 주는 곳은 빼빼로의 어떤 점이었나요? (초콜릿)

| 〈 선물로 주고받은 과자 〉 | 〈 제품 원료 살피는 중 〉 |

카카오 농장 어린이의 편지 읽기

교사 여기 그 카카오 농장에서 일하는 어린이의 편지 글이 있어요. 한 번 읽어 봅시다.

"우리의 하루는 새벽 5시에 시작된다. 무거운 농기구를 머리에 이고 6km의 진흙탕과 돌무더기 길을 맨발로 걸어 농장에 도착한다. 도착할 때면 우리는 이미 온 몸이 흠뻑 젖었고 갈증이 난다. 우리가 도착하면 관리인은 하루 일과가 끝날 때까지 우리를 감시한다. 우리가 가장 두려운 것은 하루 할당량을 채우지 못하는 것이다.

만약 이를 채우지 못하면 음식을 먹을 수 없기 때문이다. 일은 무척 힘들고 몸을 구부려서 해야 하기 때문에 허리가 아프다. 아프거나 일을 하지 못할 경우 고문과 그로 인한 죽음이 뒤따르기 때문에 두렵다. 어느 날은 친구 두명이 도망가다가 잡혀 고문을 받았는데, 심각한 후유증으로 죽는 걸 봤다."

출처 – (www.anti-slavry.org))

카카오 농장 어린이 – 빈의자

교사　여기 빈의자에 앉아 있는 이 어린이의 모습은 어떠한가요?

아이들　상처가 많아요. 못 먹어서 저희들 보다 훨씬 작고 말랐어요. 지저분해요. 겁에 질려 있어요. 피곤해보여요

교사　이 아이에게 하고 싶은 질문, 하고 싶은 말이 있으면 해보세요.

아이들　나랑 도망가자. 우리가 즐거운 날 너희는 참 힘들겠구나. 병원에 가서 진찰받자. 하루 임금은 얼마나 받니? 우리 집에서 같이 살자. 너희 친구들은 어떻게 지내니? 너희 가족들은 어떻게 사는지 궁금하니? 네가 힘들게 만든 초콜릿을 가지고 우리가 너무 즐거워하는 것 같다.

교사　이 아이에게 필요한 것은 지금 무엇일까요?

아이들　집, 자유, 교육, 부모님의 사랑, 친구들의 사랑, 신발, 인권, 돈, 칼, 카카오 열매를 따는 기계, 부모님

마무리

교사　"초콜릿 맛이 씁쓸한 이유를 아시나요?", "초콜릿이 검은 이유를 아시나요?" 이러한 말들이 있습니다. 이것들은 지금 여러분이 새롭게 안 카카오 농장의 아이들의 생활과 관련이 있는 것입니다. '초콜릿은 ○○이다.'로 느낀 것을 이미지로 표현해 봅시다.

초콜릿은 아이들의 붉게 충혈 된 눈이다. 초콜릿은 분노이다. 초콜릿은 만두이다. 초콜릿은 그 아이들의 씻지 못하고 쌓여있는 때이다. 눈물이다. 땀이다. 달팽이다.

수업 후기 : (교사) 이 수업을 통해 아이들에게 '너희가 하고 있는 행위를 반성하라'는 의미는 담아놓진 않았다. 단지 너희가 즐거운 이날 이것을 위해 한 쪽에서 고통스러워하는 전혀 다른 상황의 아이들이 있다는 것을 알려주고 싶었다. 단지 먼 나라.......하지만 내 앞에 내 입 안에 있는 초콜릿이라는 매개로 연결되어 있는 카카오 농장 아이들을 기억했으면 했다. 미래의 소비자로서 나의 행위가 어떤 영향을 미치게 될지 생각해보고, 그 아이들의 인권을 위해 노력하는 미래의 어른이 되었으면 했다.

어버이날 행사

성취기준　가족을 사랑하고 감사해야 하는 이유를 찾아보고, 가족 간에 지켜야 할 도리와 해야 할 일을 약속으로 정해 실천한다.

수업목표　어버이날을 맞이하여 부모님께 감사하는 마음을 전하는 편지를 쓸 수 있다.

단계	활동 내용	유의점(준비물)
준비	부모님 목소리 흉내 내기	–
활동	신발 신고 부모님 되어보기	남자, 여자 어른 신발
	신발에 담긴 부모님의 무게	쪽지
마무리	부모님께 편지쓰기, 선물 만들기	편지지, 칼라찰흙

수업의도

신발을 보면 그 주인의 모습이 떠올려진다. 어떤 일을 하고 무슨 생각을 하고 있는지 궁금해 질 때가 있다. 우리 부모님의 신발은 어떠할까? 신발이라는 구체적인 물건과 상상력을 이용하여 부모님의 마음을 헤아려보고 감사하는 마음을 가져 보고 그 마음을 편지에 그대로 담아 보도록 한다.

준비

'○○야~' 부모님 목소리를 흉내내본다.
도미노로 한 명씩 자기 부모님 목소리로 본인이름을 부른다.
(예시) 승현 : "승현아~" → 나머지 아이들 : "네~"(계속 반복)

활동1

신발 보고 느끼거나 생각나는 것 말하기

보자기를 교실 공간 중앙에 깔고 신발 올려놓는다. (아빠 신발로 운동화와 구두, 엄마 신발로 하이힐과 슬리퍼)

교사   여러분 앞에 놓인 신발을 보고 생각나는 것 있으면 발표해보세요
아이들   발 냄새, 가족, 자살한 장소에 놓여 진 신발, 신발장, 굽이 높은 신발 낮은 신발

신발 신고 부모님 되어보기

부모님이 평상시에 나에게 어떤 말을 자주하시는지, 어떤 모습을 보여주셨는지 생각해 보고, 원하는 대상의 신발을 신고 말과 행동으로 나타내본다.

(예시) 여자 슬리퍼를 신은 아이 : '엄마 쓰레기 버리고 올 테니 공부하고 있어','외할머니 댁에 갔다 올게 문단속 잘하고 있어', '반찬거리 사가지고 올게'

남자 구두를 신은 아이 : '아빠 회사 갔다 올게', '오늘은 왜 이렇게 밥이 맛이 없어!', '컴퓨터 좀 그만해!'

활동2

부모님 죄송합니다.

① 부모님 생각하면서 2분 명상하기 → 명상이 끝난 뒤 쪽지에 부모님께 속상하게 했던 일, 잘못한 일 적기

② 두 분 중에서 가장 죄송한 마음을 가진 쪽 신발 속에 쪽지를 넣고 그 다음 복도로 나가 자기 신발을 들고 오기

③ 쪽지를 다 넣을 때까지 기다리기 → 교사의 설명을 듣고 부모님 신발 주위에 자기 신발을 놓고 넣었던 쪽지 다시 옮기기

교사 설명	부모님은 여러분의 그릇된 행동과 말 때문에 속상하시고 이 신발처럼 마음이 무거워져 있지만 항상 여러분들을 사랑하고 건강하게 커가길 바라며 사십니다. 이런 부모님 마음을 이해하고 여러분들이 했던 잘못들을 다시 가지고 와서 우리 부모의 마음의 짐을 덜어봅시다.
아이들	모둠별로 조용히 나와서 자기쪽지를 자기 신발 속에 넣고 '다짐'을 말한다. (다짐 내용) 열심히 할게요, 죄송합니다, 감사 합니다, 오래 사셔야 해요

〈 아이들이 적은 쪽지 내용 〉

텔레비전만 보고 동생하고 싸우고, 밤 10시에 자라고 했는데 늦게 잔거, 할머니께 소리 지른 거, 짜증낸 거, 엄마 속상하게 해서 우시게 한 거, 벽에 엄마 짜증난다고 낙서 한 거, 물건 집어 던진 거, 무뚝뚝함, 컴퓨터만 한 거, 엄마 때린 거, 공부 열심히 안한 거

마무리

부모님 감사합니다.

• 칼라찰흙을 이용하여 부모님께 드리고 싶은 내 마음과 선물 만들어 보기

• 어버이날 편지쓰기 (A4종이를 직접 꾸며서 정성스럽게 편지쓰기)

〈 칼라찰흙으로 만든 선물내용 〉

건강 목걸이, 손 맛사지 , 장어구이, 칼국수(이거 드시고 힘내세요), 오뚝이 (힘들어도 쓰러지시지 마시고 저희를 위해 일어나세요), 말동무 쿠폰(부모님 적적하실 때 말벗 해드릴게요)

아이들은 어버이날 편지나 카네이션 접기만 했는데 이렇게 부모님을 생각해 보는 시간이 있어서 좋았다고 했다. 그리고 몇 몇 아이들은 찰흙으로 만든 선물을 커서 꼭 사드리겠다고 한다.

4막

연극 1도 모르는 내가 소꿉놀이 선생님께 묻습니다

1장   교육연극의 개념과 목적

Q. 선생님! 교육연극의 개념은 무엇인가요?
A. 우리, 아래 글을 통해 교육연극의 개념을 살펴봐요.

연극은 인간 역사에서 가장 오래된 예술의 형태이면서 동시에 세계를 이해하는 중요한 통로의 역할을 해 왔다. 그러나 현대로 오면서 예술의 모체인 연극은 분화를 거듭하여 공연 예술로서의 장르로 내려앉으면서 연극의 본질이 왜곡되어 왔다.

연극을 철학적 관점에서 탐구한 황정현에 의하면, 연극은 허구(fiction)와 모방(mimesis)의 세계로 이루어져 있다. 일반적으로 허구와 모방은 사실(fact)이 아니며 실재(reality)의 이데아와 거리가 멀다고 생각하기 때문에 단순한 오락거리로 인식하고 실제의 학습 활동에 있어서는 하찮은 것으로 생각하기 쉽다. 그러나 이 두 요소는 실재의 이데아를 인식하는 데 있어 중요한 역할을 한다.[1]

연극의 철학적 이해를 바탕으로 인지적 과정을 살펴보면 연극의 본질은 진리 인식의 중요한 매개체로서 인간의 인지적 능력의 상당한 부분을 차지하고 있다. 이것은 극적 세계의 가능성이 우리의 삶에서 지적인 요소를 풍부하게 하는 것이다. 앞으로 연극의 이러한 인지적 과정을 학습 활동과 적극적으로 연결하여 활용할 수 있어야 할 것이다.[2]

우리나라는 교실연극(D.I.E., Creative Drama, 연극 만들기 등을 포함한)이나 T.I.E., Youth Theatre, 사회 참여극, 아동/청소년극, 연극치료 등 다양한 세부장르들을 총체적으로 아우르는 하나의 "우산 용어(umbrella term)"로서의 '교육연극'이라는 포괄적 명칭을 지닌, 전 세계에서 거의 유일한 나라이다.[3]

영국이나 미국, 호주, 캐나다 등 영어권 국가들에서는 여전히 우리의 '교육연극'에 해당하는 하나의 포괄적인 명칭이 존재하지 않는다. 자연히 교육연극에 해당하는 작업과 연구를 하는 전문가들 사이에 용어 및 개념의 혼재와 논란은 계속해서 진행되며, 기존 개념을 극복할 새로운 명칭을 찾고 있기도 하다. 내용상 형식상으로 지극히 유사한 작업임에도 주체나 대상, 혹은

---

1   황정현(2006), 교육연극의 교과교육학적 이해, 교육연극의 이론과 실제, 서울교대 초등교육연수원, 15면.

2   황정현(2006), 교육연극의 교과교육학적 이해, 교육연극의 이론과 실제, 서울교대 초등교육연수원, 16면.

3   김병주(2012), 교육연극의 확장 – 시민연극(Applied Theatre), 교육연극학 제4집, 한국교육연극학회, 1면.

목적에 따라 서로 다른 명칭과 용어를 주장하는 경우도 많을 뿐더러, 계속 새로운 용어가 탄생하거나 기존의 용어를 새롭게 재해석하기도 한다.

예컨대 서양 교육연극에는 다음과 같은 다양한 종류들이 있다. 창의적인 연극(Creative Dramatics), 창의적인 성장(Creative Growth), 아동극(Child Drama), 아동 공연(Children's Theatre), 학교 연극(The School Play), 공동체 연극(Community Theatre), 즉흥극(Improvisation), TIE, 청소년 연극(Youth Theatre), 창의적인 언어(Creative Language), 창의적인 움직임(Creative Movement), 연극적 방법(Dramatic Method)[4]이 그것이다. 이 외에도 최근 주목받은 교육연극 관련 용어로 DIE(drama in education)와 과정드라마(process drama)가 있다.

DIE(drama in education)는 영국의 교육연극 실천가인 도로시 헤스콧이 발전시킨 개념으로 '학습방법으로써의 드라마(drama for learning)'를 지칭한다. 그는 연극이 '학생의 생각을 자극'하는 역할을 해야 한다고 보았고, 관객을 위한 공연이 아니라 참여자가 주체가 되는 자발적인 의미 구성 과정을 중시했다. 헤스콧의 DIE의 특징은 '살아보기', '역할 내 교사', '감정적인 몰입과 거리두기'라고 할 수 있다.[5]

과정드라마(process drama)는 영국의 교육연극 전문가 세실리 오닐이 발전시킨 개념으로 '연극 형식과 예술로서의 드라마(drama as art)'를 지칭한다. 그는 교육 활동에서 풍부한 미적 체험을 중시하였고, 과정드라마가 학생 자신과 세계를 이해하고 변화시키는 것을 희망했다. 오닐의 과정드라마의 특징은 '구조'와 '즉흥', '예비텍스트'라고 할 수 있다.[6]

Q. 제가 알기로는 교육연극은 여러 교과시간, 생활지도, 학급경영 방법으로 많이 사용되고 있습니다. 교육연극의 목적이나 교육적 효과는 무엇인가요?

A. 교육연극의 목적과 효과 부분도 아래 글에서 자세히 설명해 드릴게요.

연극은 바라보는 사람의 관점에 따라 다양한 모습으로 보인다. 장님들이 코끼리를 만지며 서로 다른 말을 하는 것처럼, 각자의 관심사에 따라 서로 다른 점에 주목할 수 있다. 초등교육의 장에서 바라보는 연극이 연극 전체는 아니지만, 연극의 중요한 부분이라는 사실만은 분명하다. 이 자리에서는 학교 교육의 장에서 교사들이 '어린이의 성장'[7]을 위해 연극을 어떻게 활

---

4   Richard Courtney(1989), Play, Drama & Thought, Toronto:Simon & Pierre, p.26.

5   최지영(2014), 과정중심연극으로서 교육연극의 특성 연구, 동국대 박사논문.

6   김주연(2016), 생각이 터지는 교실 드라마, 연극과인간.

7   2015 개정 교육과정에서는 '핵심 역량'이란 용어로 지칭하고 있다.

용할 것인가 고민하고 있기 때문에 이런 맥락을 바탕으로 초점화하는 것이 필요하다. 그래서 그게 교육연극의 전부를 아니지만, 연극을 교수법 차원에서 바라볼 수도 있고, 레포를 형성하는 놀이로 볼 수도 있으며, 공연 감상이나 공연 제작 체험을 하는 과정으로 볼 수도 있다. 교사가 잊지 말아야 할 명제로는 교사의 노력이 어린이의 성장과 발달을 지향하고 있으며, 어떻게 하면 연극을 통해 이 목표에 근접할 수 있느냐이다.

교육연극에서 주된 지향점은 교육이고 연극은 그 목적 달성을 위한 수단, 방법으로서 작용하게 된다. 교육연극의 출발점은 극적 놀이의 실존적 체험 양식이지만 궁극적으로 지향하는 바는 참여자의 전인적인 성장이다. 그것은 곧 삶의 주체로서 비판적으로 사고하고 행위를 할 수 있는 인간으로서의 성장을 꾀하고 있는 것이라고 할 수 있다. 다시 말해서 교육연극은 전인교육이라는 궁극적 목적 달성을 위하여, 더욱 효과적인 매개체로써 연극을 교육 현장에 활용하는 것이라고 할 수 있다. 일반적으로 널리 받아들이고 있는 교육연극의 목표는 창의성과 미적 발달, 비판적 사고력, 사회적 성장과 협동력, 의사소통 기술의 증진, 도덕적 정신적 가치의 발달, 자아 인식에 있다. 그렇다면 이러한 목표 아래 수행되는 교육연극이 학생들에게 가져다 주는 기능과 효과는 무엇일까? 이를 살펴보면 다음과 같다.

첫째, 교육연극은 참여자에게 연극을 교육하는 기능이 있다. 아울러 참여자는 연극 작업에 참여하여 연극적 경험을 겪음으로써 연극에 대한 예술적 이해력을 습득하는 데 효과를 얻을 수 있다.

둘째, 교육연극은 참여자에게 사회화 활동을 교육하는 교육 매체로서의 기능을 수행한다. 아울러 참여자는 연극적 경험을 통하여 기존 행동의 변화를 겪음으로써 언어능력, 의사소통능력, 인성 개발, 문제해결력, 도덕성 함양 등 사회화 교육의 효과를 얻을 수 있다.

셋째, 교육연극은 참여자에게 교과 내용을 교육하는 학습 도구의 기능이 있다. 아울러 참여자는 연극 활동을 통하여 학습 동기를 유발함으로써 학습 능력을 향상하는 효과를 얻을 수 있다.

넷째, 교육연극은 참여자에게 개인적 집단적 카타르시스를 얻는 치료 기제의 기능이 있다. 아울러 참여자는 연극을 심리 치료 기제로 사용하여 상담기법과 치료방법으로 적용하는 효과를 얻을 수 있다.

이처럼 교육연극의 기능과 효과는 기본적으로 연극을 매체로 하여 학생들을 교육(education), 재창조(re-creation) 및 치료(therapy)하는 것이며, 궁극적으로 전인교육을 달성하는 것에 있다.

교육연극은 현실 세계에서 직면한 문제를 해결해야 할 시점에 연극이라는 가상세계를 통하여 그 문제와 해결책을 시험, 점검, 확인함으로써 현실 문제를 해결하는 기능을 수행하고 그러한 효과를 산출하는 것이다.[8]

8　민병욱 · 심상교(2001), 교육연극의 이론과 실제, 연극과 인간, 60~62쪽.

2장

교육연극 적용을 위한 소소한 질문

Q. 선생님~교육연극 수업에 도움 되는 사이트나 도서 좀 알려주세요.

A-1. 교육연극이나 연극 만들기 자료도 검색 할 수도 있고, 교사 대상 연수도 진행하는 전문 사이트를 알려드릴게요.

- ☞ 교육연극 소꿉놀이 (http://cafe.daum.net/dramaineducation)
- ☞ 한국교육연극학회(http://kade.kr)
- ☞ 한국예술교육포털(http://artsedu.kice.re.kr)
- ☞ 전국 교사 연극모임(전교연)(http://cafe.daum.net/momzit2014)
- ☞ 아르떼(http://www.arte365.kr)

A-2. 최근 교육연극 번역서, 교육연극 수업사례, 연극 만들기 책들이 많이 나왔답니다. 먼저 우리 소꿉놀이 선생님들이 쓴 책을 소개하겠습니다.

 ☞ 아이들과 함께 하는 교육연극/ 교육연극 아동극집 /옛이야기 희곡집/교육연극으로 만나는 환경수업/ 생각이 터지는 교실드라마/ 몸짓으로 배우는 초등수학

 그리고 함께 읽으면 좋은 책들도 안내해드릴게요.

 ☞ 무대가 된 교실/우리반 연극수업 어떻게 할까?/전래동화를 활용한 드라마 만들기/교육연극 입문 / 시실리 오닐의 교육연극 – 과정드라마 : 구조와 즉흥 / 책카드 놀이수학

Q. 저도 몇 번 교육연극 수업을 해봤는데, 아이들이 제 의도대로 잘 따라오지 않고, 친구들을 방해하는 아이들도 있어요. 어떻게 하죠?

A. 방해꾼이라고 할 수 있을까요?

 연극놀이 활동에서 볼 수 있는 "방해꾼"이란 술래를 목적으로 일부러 잡히는 아이, 규칙을 계속 어겨서 흐름을 끊어 놓는 아이, 자신의 역할이 마음에 들지 않는다고 불성실하게 하거나 다른 친구에게 화를 내는 아이를 말합니다. 정도가 약할 경우는 잠시 놀이를 멈춘 다음 집중하도록 타이르거나, 스스로 무엇이 잘못되었는지 말하게 한 다음 다시 놀이를 시작하게 합니

다. 하지만 몇 번의 경고에도 불구하고 멈추지 않는다면 본인의 행위가 다른 친구들에게 얼마나 피해가 가는지 알게 하고 놀이에서 분리시키고 참관하게 합니다. 하지만 우리가 잊지 말아야 할 부분은 방해꾼을 다루는 목적은 놀이에서 영원히 배제시키는 것이 아니라, 이 활동이 얼마나 진지한 것이며 중요한지를 일깨우고 규칙을 지키게 하여 놀이로 다시 들어오게 하는 것입니다.

Q. 교육연극 교재나 지도안 그대로 따라 하면, 저도 선생님들처럼 교육연극 수업을 잘 할 수 있나요?
A. 선생님과 해당학급 상황에 맞춰 선별적으로 사용하는 게 좋아요.

처음엔 연극놀이나 교육연극 기법부터 하나씩 적용해보세요. 교육연극 수업은 적용사례를 그대로 따라하면 실패할 가능성이 높습니다. 선생님께서 수업하시는 교실 상황 속에서 아이들과 수업 내용을 살펴보시고 새롭게 바꾸시는 것이 좋습니다. 가장 쉽고, 자신 있다고 판단되는 방법을 선택하여 수업설계하시고 적용하는 것으로 시작하시면 좋습니다.

Q. 저처럼 연극 보는 것도 싫어하고, 연기력이 없는 교사는 어렵겠죠?
A. 교육연극 수업은 누구나 할 수 있습니다. 연극지도도 누구나 할 수 있습니다.

'교육연극은 연기도 잘하고 끼가 많은 선생님이나 할 수 있다.' 많은 선생님들이 오해하고 걱정하는 부분입니다. 뛰어난 연기로 수업을 진행하는 것이 아닙니다. 교사의 연극적 재능이 도움은 되겠지만, 필수는 아닙니다. 제가 지팡이를 들고 할아버지 목소리를 낸다고 해서 진짜 할아버지가 되는 건 아니잖아요. 아이들과 역할을 인식할 수 있는 약속을 정하면 됩니다.